JN444697

클라우드 컴퓨팅의 이해

Understandings of Cloud Computing

클라우드 컴퓨팅의 이해

이종득 지음

전북대학교출판문화원

머리말

인공지능(Artificial Intelligence), 빅 데이터(Big Data), 사물 인터넷(Internet of Things), 5G(5th Generation), 6G(6th Generation), 그리고 클라우드 컴퓨팅(Cloud Computing)과 같은 기술들이 새롭게 등장하면서 이들 기술들을 기반으로 한 데이터 처리는 빠른 속도로 진화하고 있으며, 획득된 데이터는 매우 중요한 자원으로 인식되고 있다.

이처럼 데이터는 기업 또는 조직이 의사결정을 하는 데 있어서 매우 중요한 도구로 사용되며, 데이터의 중요성을 인식한 사용자들은 클라우드 컴퓨팅 기술을 혁신과 성장발전을 위해 활용하고 있다.

클라우드 컴퓨팅 기술은 기업 및 사용자가 사용하려고 하는 데이터와 소프트웨어를 인터넷상의 서버에 저장하고, 인터넷 접속을 통하여 언제 어디서든 데이터를 사용하는 클라우드 기반의 기술을 말하며, 기술의 발전과 함께 다양한 형태로 진화하고 발전될 것으로 전망된다. 클라우드 기술은 데이터 이용 및 분석 영역을 더욱 확대시킬 것으로 전망되며, 환자의 건강기록을 분석하여 질병의 조기발견과 예방을 위한 의료분야, 가정의 가전제품을 원격으로 모니터링하고 제어하는 스마트 가전분야, 그리고 고객의 구매패턴 등을 분석하여 마케팅 전략을 수립하는 스마트 마케팅 등과 같은 여러 분야에 폭넓게 활용될 것으로 전망된다. 향후 클라우드 컴퓨팅 기술은 스마트 TV 스트리밍, 소셜 미디어 앱, 그리고 지능형 온라인 서비스 등과 같은 분야에 활발하게 활용될 것으로 전망되며, 인공지능, 빅 데이터, 사물 인터넷 등과 같은 응용기술과 융합되어 다양한 형태로 진화 발전될 것으로 전망된다.

본 저서는 대학에서 컴퓨터 관련 교과목 및 클라우드 컴퓨팅을 공부하는 학생 그리고 IT 관련 분야에 종사하는 전문가를 위한 전문 도서로써 총 10장으로 구성하였다.

제1장에서는 클라우드 컴퓨팅의 기본개념
제2장에서는 클라우드 컴퓨팅의 배경
제3장에서는 클라우드 플랫폼 서비스
제4장에서는 클라우드 스토리지
제5장에서는 클라우드 가상화
제6장에서는 클라우드 네트워크
제7장에서는 클라우드 운영체제
제8장에서는 클라우드 관리
제9장에서는 클라우드 분산처리
끝으로 제10장에서는 클라우드 응용에 대해서 서술하였다.

저자는 지난 수십 년 동안 강단에서 컴퓨터 관련 교과목을 강의하면서 학생들이 좀 더 쉽게 이해하고, 체계적인 학습이 되도록 많은 고민을 해왔다. 그 결과 강의 경험을 토대로 자료를 정리하고, 국내외의 여러 많은 전문서적과 참고문헌을 참조하여 저서를 저술하였으며, "클라우드 컴퓨팅의 이해"라는 기본 개념에 충실하려고 노력하였다.

기존의 외국 저서 및 번역서들은 내용을 이해하고 체계화하기에는 분량이 너무 많아 어려움이 많았으며, 본 저서에서는 클라우드 컴퓨팅에 대한 기본개념과 한 학기 강의가 진행되도록 꼭 필요한 부분만 저서에 담으려고 노력하였다. 물론 많은 부분이 부족하리라 생각한다. 집필 과정에서 부족한 점, 보완해야 할 사항들은 독자의 지적과 충고를 겸허히 받아들여 수정할 것을 약속드린다.

지난 3년 간 "클라우드 컴퓨팅의 이해"라는 저서를 집필하기 위하여 관련 자료를 정리하고, 내용들을 체계화하기 위해 깊은 고민과 노력을 해 왔으며, 이제야 작은 결실을 맺은 거 같아 기쁘기도 하지만 한편으로는 마음이 무겁다. 가족들의 이해와 사랑이 없었다면 결코 쉽지 않았을 것이다. 집필 과정을 이해해 준 사랑하는 가족들에게 감사를 표하며, "클라우드 컴퓨팅의 이해"라는 저서를 공부하는 학생 및 관심 있는 독자들에게 작은 도움이 되기를 희망해 본다.

2024년 7월 건지벌에서 저자 씀

목차

머리말 4

제1장 클라우드 컴퓨팅의 기본개념

1.1 기본개요 11
1.2 특징 15
1.3 클라우드 구현기술 17
1.4 서비스 모델 20
1.5 빅데이터와 클라우드 25
연습문제

제2장 클라우드 컴퓨팅의 배경

2.1 기본개요 31
2.2 도입배경 32
2.3 기능적 특징 36
2.4 클라우드 구조 40
2.5 장/단점 44
연습문제

제3장 클라우드 플랫폼 서비스

3.1 기본개요 49
3.2 클라우드 플랫폼 50
3.3 플랫폼 특징 53
3.4 기본 서비스 플랫폼 54
3.5 서비스 플랫폼 차이점 60
3.6 서비스 인프라 63
3.7 클라우드 계층구조 64
연습문제

제4장 클라우드 스토리지

4.1 기본개요 71
4.2 스토리지 서비스 73
4.3 스토리지 서비스 유형 75
4.4 스토리지 구조 78
4.5 스토리지 고려사항 79
4.6 클라우드 자원 82
4.7 아키텍처 모델 85
4.8 아키텍처 설계사항 86
연습문제

제5장 클라우드 가상화

5.1 가상화 91
5.2 클라우드 가상화 97
5.3 콘테이너화 104
5.4 가상머신 106
5.5 전가상화와 반가상화 108
연습문제

제6장 **클라우드 네트워크**

6.1 클라우드 네트워크 115
6.2 컴퓨터 네트워크 124
6.3 가상 네트워크 151
연습문제

제7장 **클라우드 운영체제**

7.1 운영체제 161
7.2 분산운영체제 194
7.3 클라우드 운영체제 196
7.4 임베디드 운영체제 201
연습문제

제8장 **클라우드 관리**

8.1 기본개요 219
8.2 클라우드 운영환경 220
8.3 클라우드 관리 플랫폼 222
8.4 클라우드 관리기능 225
8.5 클라우드 관리전략 230
연습문제

제9장 **클라우드 분산처리**

9.1 기본개요 237
9.2 시스템 목적 238
9.3 분산처리 모델 239
연습문제

제10장 **클라우드 응용**

10.1 인공지능 클라우드 255
10.2 클라우드 빅데이터 262
10.3 IoT 클라우드 272
연습문제

참고문헌 281
찾아보기 287

제1장

클라우드 컴퓨팅의 기본개념

1.1 기본개요

1.2 특징

1.3 클라우드 구현기술

1.4 서비스 모델

1.5 빅데이터와 클라우드

제1장

클라우드 컴퓨팅의 기본개념

1.1 기본개요

클라우드 컴퓨팅(Cloud Computing)이란 데이터 스토리지 등과 같은 컴퓨터 자원을 사용자가 직접 능동적으로 관리하지 않고도 컴퓨팅 성능을 주문형으로 사용할 수 있도록 지원하는 컴퓨팅 기능을 말한다.

일반적으로 대규모 클라우드에는 데이터 센터가 있으며, 이는 여러 위치에 분산되어 분산기능을 제공하기 때문이며, 클라우드 컴퓨팅은 일관성과 성능유지를 위해 컴퓨팅 자원을 서로 공유하는 기능을 제공한다. 이러한 자원 공유기능은 비용을 줄이는 데 도움이 되지만 때로는 사용자에게 지나친 운영비용을 초래하는 결과를 제공하기도 한다.

클라우드 컴퓨팅은 인트라넷(Intranet) 중심의 네트워크 환경에서 사용자가 필요한 만큼의 비용을 지불하는 형태의 서비스 환경으로 전환되면서 하드웨어(HW) 및 소프트웨어(SW)등을 빌려 쓰는 형태로 서비스 패러다임이 빠르게 변화되고 있다.

미국 국립표준기술연구소(NIST, National Institute of Standards and Technology)는 2011년 "클라우드 정의에 대한 보고서"를 통해 클라우드 컴퓨팅에 대한 개념을 새롭게 접근하고 있으며, 이는 클라우드 컴퓨팅 개념을 IT 서비스 산업에 대한 새로운 패러다임으로 정의하고 있음을 보여주는 하나의 사례이다. 컴퓨팅 환경에서 지금까지의 컴퓨팅 운영 및 이용은 기업이 자체 구축해서 운영하던 서비스 방식으로써 이는 기업의 부담을 가중시키는 원인을 제공하였으며, 이러한 부담에서 벗어나기 위한 하나의 방법이 소유가 아닌 서비스에 대한 공유 사용의 개념이다. 즉 이러한 개념은 IT 자산의 가치가 '소유'가 아닌 서비스에 대한 '사용'으로 그 패러다임이 전환되고 있음을 의미하며, NIST에서 정의한 클라우드 컴퓨팅의 5가지 특징을 살펴보면 다음과 같다.

- On-demand self-service

On-demand self-service 기능은 각 서비스 제공자와 사용자 간의 상호작용 없이 필요에 따라 서버시간 및 네트워크 스토리지와 같은 컴퓨팅 자원을 자동으로 제공하는 기능이다. 이 기능은 컴퓨팅 자원을 자동으로 제공하여 사용자의 자원 서비스 요구를 실시간으로 처리하는 기능을 제공하게 된다.

- Broad network access

Broad network access 기능은 예를 들어 휴대폰, 태블릿, 랩톱 및 워크스테이션 등과 같은 이종환경의 플랫폼을 사용할 수 있도록 지원하는 기능으로써 네트워크를 통한 플랫폼 서비스 공유기능을 수행한다.

- Resource pooling

Resource pooling 기능은 사용자가 컴퓨팅 자원을 요구할 때 사용자의 요구에 따라 다양한 물리적 또는 가상자원을 동적으로 할당 및 재할당 해주는 기능으로써 이 기능은 멀티 테넌트 모델을 사용하여 여러 소비자에게 서비스를 동적으로 제공하는 기능을 수행한다.

- Rapid elasticity

Rapid elasticity 기능은 사용자에게 컴퓨팅 자원을 융통성 있게 할당하고 해제해 주는 기능으로써 경우에 따라 사용자의 수요에 맞춰 자원을 자동으로 내/외부로 확장하는 기능을 수행한다.

- Measured service

Measured service 기능은 예를 들어 스토리지, 처리 성능, 대역폭 및 사용자 계정과 같은 서비스 유형을 제어하고 최적화하는 기능으로써 측정 모델을 통해서 리소스 사용을 자동으로 제어하는 기능을 수행한다. 이러한 측정 과정은 리소스 사용량의 모니터링, 제어 및 보고 기능이 용이하여 서비스의 사용자와 제공자 간의 클라우드 컴퓨팅 이용 및 자원 서비스의 기능을 보다 투명하게 제공하는 기능을 제공하는 장점을 제공한다.

이와 같이 클라우드 컴퓨팅은 데이터 스토리지 등과 같은 컴퓨터 자원을 사용자가 직접 능동적으로 관리하지 않고도 컴퓨팅 성능을 주문형으로 사용할 수 있도록 지원하는 컴퓨팅 기능으로써 정보처리를 자신의 컴퓨터가 아닌 인터넷으로 연결된 다른 컴퓨터로 처리하는 역할을 수행한다. 사용자가 사용하고 있는 개인용 컴퓨터(PC), 노트북, 워크스테이션 등에는 다양한 형태의 응용 소프트웨어뿐만 아니라 동영상 편집기 및 문서관리를 위한 소프트웨어가 설치되어 있으며, 이러한 소프트웨어를 이용하여 작성하고 처리된 데이터가 저장되게 된다. 이때 사용자가 필요로 하는 특정 데이터 처리와 문서를 작성하기 위해서는 이러한 작업처리를 위한 소프트웨어가 미리 준비되어 있어야 하는데 이러한 작업을 인터넷을 통하여 보다 쉽게 접근하고 처리해 주는 기술이 클라우드 컴퓨팅이다. 즉, 클라우드 컴퓨팅은 프로그램과 문서를 다른 곳에 저장해 놓고 내 컴퓨터를 통해서 인터넷에 접속해서 문서처리 및 작업을 보다 쉽게 처리할 수 있도록 지원하는 방식이다. 예를 들어, 클라우드 컴퓨팅 기반의 기술은 자동차를 사지 않고도 필요할 때 공유 및 빌려 쓰거나 또는 대중교통을 이용하는 것과 같은 서비스 방식이다.

| 정의 |

"클라우드 컴퓨팅이란 데이터 스토리지 등과 같은 컴퓨터 자원을 사용자가 직접 능동적으로 관리하지 않고도 컴퓨팅 성능을 주문형으로 사용할 수 있도록 지원하는 컴퓨팅 기술이다."

이러한 서비스 방식은 사용자가 필요한 소프트웨어를 자신의 컴퓨터에 설치할 필요도 없고, 또 주기적으로 업데이트 하지 않아도 되는 장점을 가지게 된다. 이러한 개념은 회사원이 자신의 컴퓨터를 인터넷에 접속하여 작업처리를 바로 수행할 수 있기 때문에 자원 이용에 대한 부담을 가질 필요가 없으며, 자원 이용에 따른 비용이 줄어드는 장점을 가질 수 있다. 또한 자신의 컴퓨터가 고장이 발생했을 때 데이터 손실에 따른 부담과 복구부담을 줄일 수 있는 장점을 가질 수 있다.

기업의 관점에서 클라우드 컴퓨팅 환경은 시스템 구축에 따른 비용부담을 줄일 수 있으며, 시스템 구축에 따른 시간을 최소 할 수 있는 장점을 제공한다. 즉 클라우드 컴퓨팅 기술이 도입되기 이전의 환경에서는 필요한 시스템을 직접 구축해야 하는 불편을 겪어야만 했으며, 이는 시스템을 구축하고 운영하는데 시간이 많이 걸리는 문제를 초래하였고 뿐만 아니라 비용 또한 많이 드는 문제를 초래하였다. 그러나 클라우드 컴퓨팅 기술의 등장으로 인하여 이러한 부담과 문제는 점차 사라지기 시작하였으며, 많은 장점으로 인하여 공기업, 중소기업 및 대기업에서 클라우드 컴퓨팅 서비스 도입에 많은 관심을 보이고 있다.

클라우드 컴퓨팅은 크게 인프라 스트럭쳐(Infrastructure), 플랫폼(Platform), 그리고 응용(Application) 도메인의 3개의 영역으로 구성되며, 인프라 스트럭쳐는 클라우드 컴퓨팅 사용을 위한 컴퓨터 시스템, 스토리지, 통신 네트워크와 같은 자원 형태를 말하며, 플랫폼은 인프라 스트럭쳐 상에서 응용 소프트웨어가 구동되도록 지원하는 하드웨어 구조 또는 소프트웨어 프레임워크이다. 그리고 응용도메인은 플랫폼 위에서 구동되는 각종 응용 소프트웨어이며, 그림1.1은 인프라 스트럭쳐, 플랫폼, 응용 도메인의 관계를 보여주는 클라우드 컴퓨팅 구조이다.

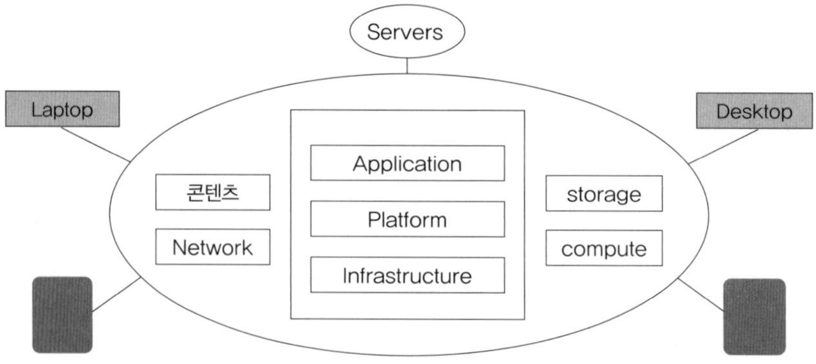

그림 1.1 클라우드 컴퓨팅의 기본구조

클라우드 컴퓨팅 개념은 그림1.1에서 보듯이 인터넷 환경이 마치 하늘에 떠있는 "구름"과 같다라는 의미에서 도입되었으며, 인터넷은 수많은 컴퓨터가 하나의 거대 망으로 구성되어 있음을 의미한다. 즉, 수많은 컴퓨터가 연결되어 있는 인터넷 환경이 마치 하늘 저편에 떠 있는 구름과 같기 때문이다.

1.2 특징

퍼블릭 클라우드(Public cloud)와 하이브리드 클라우드(Hybrid cloud) 관점에서 볼 때 클라우드 컴퓨팅은 기업의 초기 IT 인프라 비용을 줄이거나 없앨 수 있는 장점이 있다. 또한 클라우드 컴퓨팅을 통해서 향상된 관리 효율성과 적은 유지 관리 비용으로 애플리케이션을 더 빠르게 시작하고 실행할 수 있으며, IT의 변동성과 컴퓨팅 리소스를 보다 신속하게 예측하고 조절할 수 있는 장점을 제공할 수 있다. 이러한 기능은 클라우드 컴퓨팅 관점에서 볼 때 비용 경제적이며, 빠른 의사결정을 위한 특징적 요소와 기능적 요소를 살펴보면 다음과 같다.

| 특징적 요소 |

- 비용경제성

  하드웨어 또는 소프트웨어 등의 자원을 소유하지 않고 사용한 만큼만 지불한다.

- 확장성

  필요할 때 필요한 만큼만 확장한다.

- 가용성

  일부 서비스에 장애가 생기더라도 나머지 방대한 규모의 서버를 통해 계속해서 서비스의 연속성을 유지시킨다.

• 신속성

서비스 구축 측면에서 클라우드 사업자가 이미 구축해 놓은 시스템을 통해서 서비스를 신속하고 빠르게 수행한다.

| 기능적 요소 |

• 비용절감

IT 시스템 구축 및 사용에 따른 비용을 절감한다.

• 장치 독립성

장치 및 위치 독립성을 통해서 사용자는 위치나 사용하는 장치(예: PC, 휴대폰)에 관계없이 웹 브라우저를 사용하여 시스템에 접근할 수 있도록 한다. 또한 인터넷을 통해서 사용자가 어디에서나 접속할 수 있도록 지원한다.

• 유지관리

클라우드 컴퓨팅의 IT 유지 관리는 클라우드 공급자의 IT 유지 관리 팀에서 관리하고 업데이트하도록 지원하며, 온프레미스 데이터 센터에 비해서 클라우드 컴퓨팅 유지관리 비용이 절감되도록 설계한다.

• 성능유지

서비스 제공업체의 IT 전문가가 성능을 모니터링 함으로써 웹 서비스의 성능을 일관되게 유지하도록 하는 기능을 제공한다.

• 생산성

여러 사용자가 동일한 데이터를 저장하고 동시에 작업할 수 있도록 지원함으로써 생산성 향상에 기여하도록 한다. 또한 필드가 일치할 때 정보를 다시 입력할 필요 없이 사용자가 컴퓨터에 응용 프로그램 소프트웨어 업그레이드 할 수 있도록 보장한다.

• 이용가능성

여러 중복 사이트를 사용함으로써 이용 가용성 향상이 보장되도록 하며, 잘 설계된 클라우드 컴퓨팅을 통하여 비즈니스 연속성과 복구성을 보장하도록 한다.

• 확장성

셀프 서비스 기반의 동적 즉, 주문형 리소스 프로비저닝을 통하여 확장성 및 탄력성이 보장되도록 하며, 리소스 사용량이 증가할 때 확장하거나 축소하도록 하는 기능을 보장한다.

• 보안성

데이터의 중앙화, 보안 중심 리소스 확장 기능을 통해서 보안이 향상되도록 보장한다. 특히, 특정 민감한 데이터에 대한 통제력 상실 및 저장된 커널에 대한 보안성이 발생하지 않도록 하며, 사전 모니터링 기능을 보장하도록 한다.

1.3 클라우드 구현기술

클라우드 컴퓨팅을 구현하기 위해서는 여러 가지 기술이 요구되지만 특히 가상화(Virtualization) 기술과 분산처리(Distributed Processing) 기술이 매우 중요한 기술이며, 가상화란 서버, 스토리지, 네트워크 및 기타 물리적 시스템에 대한 가상 표현을 생성하는 데 사용하는 기술을 말한다. 예를 들어, 실제로는 정보를 처리하는 서버(server)는 한 대지만 한 대의 서버를 여러 개의 작은 서버로 분할해 동시에 여러 작업을 가능하게 만드는 기술이 바로 가상화 개념이며, 이는 서버의 이용률 및 작업 처리율을 향상시킬 수 있을 뿐만 아니라 이를 통해 기업은 하드웨어 투자 수익률을 향상시키는 기능을 제공하게 된다. 이에 반해서 분산처리는 다수의 컴퓨터를 네트워크로 연결하여 사용자가 여러 컴퓨터에 있는 데이터를 한 대의 컴퓨터 시스템에 저장된 것처럼 데이터를 분산 처리하는 기술로써 여러 대의 컴퓨터에 작업을 나누어 처리하고 그 결과를 통신망을 통해 다시 전송하는 방식이다. 분산 처리 방식은 중앙 집중식 데이터 처리 방식에 비해 빠른 데이터 처리 속도, 컴퓨팅 자원 활용, 데이터 손실에 대한 고장 허용(fault tolerance) 등 융통적인 장점을 가지고 있는 반면에 보안/통신 관리가 복잡하고, 네트워크 리소스가 필요하다는 단점을 가지고 있다.

클라우드 구현관점에서 가상화와 분산처리 기술을 살펴보면 다음과 같다.

- 가상화 : 서버, 스토리지, 네트워크 및 기타 물리적 시스템에 대한 가상 표현을 생성하는 데 사용하는 기술로써 하이퍼바이저(Hypervisor), 컨테이너(Container) 등을 기반으로 하는 서버 가상화 (Server virtualization)와 저장영역을 제어하기 위한 분할 제어 기반의 스토리지 가상화 (Partition control-based storage virtualization), 그리고 물리적 네트워크 자원에 대한 논리적 분할 병합을 통한 전송 환경을 제공하는 네트워크 가상화 등이 있다.

- 분산처리 : 다수의 컴퓨터를 네트워크로 연결하여 사용자가 여러 컴퓨터에 있는 데이터를 한 대의 컴퓨터 시스템에 저장된 것처럼 데이터를 분산 처리하는 기술로써 동시에 여러 개의 연산 등을 수행하는 병렬 컴퓨팅과는 달리 복수의 컴퓨터에서 나누어 처리한다는 특징이 있으며, 대용량 웹서비스와 같이 한꺼번에 많은 양의 요청을 처리하거나 다수의 사업자가 필요로 하는 서비스를 효율적으로 나누어 처리하는 특징을 가지고 있다. 대표적인 분산처리 방식으로는 아파치 하둡(Apache Hadoop)이 있으며, 이는 대용량의 데이터를 빠르고 효율적으로 처리하는 데 사용된다.

한편 클라우드 컴퓨팅은 서비스 타입에 따라 그림1.2와 같이 폐쇄형 클라우드, 공개형 클라우드, 그리고 혼합형 클라우드(Hybrid Cloud) 3가지 방법으로 분류되며, 폐쇄형 클라우드는 특정한 기업 내부 구성원에게만 제공되는 내부 클라우드 서비스(Internal Cloud Service)이다.

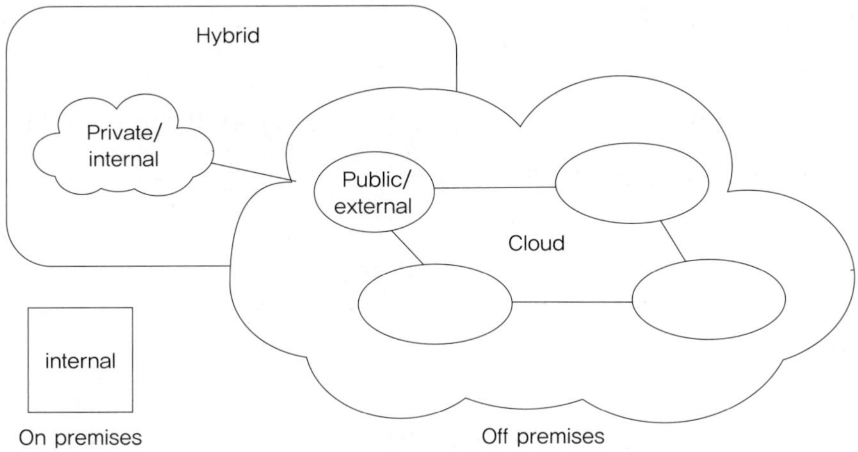

그림 1.2 클라우드 서비스 유형

공개형 클라우드 서비스는 일반인에게 공개되는 개방형 서비스(External Cloud)이며, 혼합형 클라우드 서비스는 특정 업무의 경우 폐쇄형 클라우드 서비스방식과 공개형 클라우드 서비스 방식을 혼합하여 적용하는 방식이다. 보안 및 운영 방식 등을 고려한 서비스 구현방법을 살펴보면 다음과 같다.

- 공개형 클라우드(Public Cloud)
  공개형 클라우드는 클라우드 사업자가 구축해 놓은 시스템에 다수의 기업 혹은 개인이 서비스를 제공받는 형태이다.

- 폐쇄형 클라우드(Private Cloud)
  폐쇄형 클라우드는 기업전용 환경을 구축하여 컴퓨팅 리소스를 기업이 원하는 대로 유연하게 이용할 수 있는 형태이다.

- 하이브리드 클라우드(Hybrid Cloud)
  하이브리드 클라우드는 공개형 클라우드와 폐쇄형 클라우드를 적절하게 혼합, 연계시켜 활용하는 서비스 형태이다.

이밖에 기업 공동으로 클라우드 시스템을 형성하여 운영하는 형태인 커뮤니티 클라우드(Community Cloud) 등이 존재한다.

1.4 서비스 모델

클라우드 컴퓨팅은 하드웨어나 소프트웨어와 같은 컴퓨터 자산을 구매하는 대신 빌려 쓰는 개념으로써 클라우드 컴퓨팅 서비스 모델은 “Everything as a Service: (EaaS or XaaS, or simply aAsS)”를 지향하고 있다. 클라우드 컴퓨팅 서비스 모델은 그림1.3 처럼 어떤 서비스를 적용하느냐에 따라 Infrastructure as a Service (IaaS), Platform as a Service (PaaS), Software as a Service (SaaS), Mobile “backend” as a Service (MBaaS), Serverless computing or Function as a Service (FaaS)로 구분되며, 이들 서비스 모델(SaaS, PaaS, IaaS)과 클라우드의 관계를 살펴보면 그림1.3과 같다.

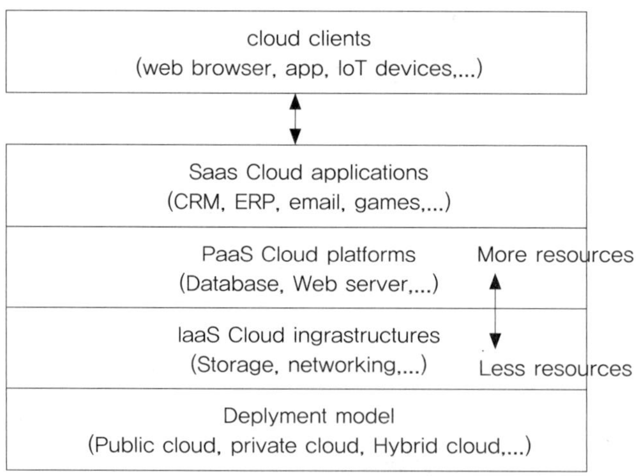

그림 1.3 클라우드와 서비스 모델(SaaS, PaaS, IaaS)의 관계

• Infrastructure as a Service (IaaS)

"서비스로서의 인프라스트럭쳐"(IaaS)는 물리적 컴퓨팅 리소스, 즉 서버, 스토리지, 데이터베이스, 네트워크 등과 같은 자원을 필요에 따라 이용할 수 있게 해주는 서비스로써 위치, 데이터 분할, 확장, 보안, 백업 등과 같은 기본 네트워크 인프라를 제공한다. 클라우드 운영 체제(Cloud operating systems) 내의 하이퍼바이저 풀은 수많은 가상 머신을 지원하며, 고객의 다양한 서비스 요구에 따라 서비스 확장 및 축소 기능을 수행한다. 하이퍼바이저는 가상 머신을 게스트로 실행하며, 아마존의 S3가 대표적인 서비스 예이다. 국내 기업의 경우 삼성SDS가 서버와 스토리지, 백업 인프라를 사용한 만큼 비용을 청구하는 유즈플렉스(USEFLEX) 서비스를 제공하고 있으며, 개인 대상의 서비스로는 KT의 유클라우드(ucloud), 네이버 N드라이브(N drive), 그리고 다음 클라우드가 있다. IaaS 클라우드는 종종 가상 머신 디스크 이미지 라이브러리, 원시 블록 스토리지, 파일 또는 객체 스토리지, 방화벽, 로드 밸런서, IP 주소, 가상 랜(VLAN), 그리고 소프트웨어 패키지와 같은 리소스를 제공하기도 한다.

NIST에서 정의한 IaaS를 살펴보면 "IaaS란 운영체제 및 애플리케이션을 포함하고 있는 임의의 소프트웨어를 사용자가 배포하고 실행하는 서비스이다"라고 정의하고 있으며, 사용자는 기본 클라우드 인프라를 관리하거나 제어하지 않지만 운영체제, 스토리지, 배포된 애플리케이션, 호스트 방화벽과 같은 서비스 기능을 제어하고 있음을 의미한다.

IaaS의 대표적인 특징을 살펴보면 다음과 같다.

| 특징 |

- 가장 기본적인 클라우드 컴퓨팅 서비스이다.
- On-Premises 환경이 구축되어 있을 때 쉽게 클라우드로 마이그레이션이 가능하다.
- 물리적인 인프라를 클라우드 제공사에서 제공해주고 있기 때문에 가상머신, 스토리지, 네트워크 및 운영체제 등을 쉽게 대여해서 사용가능하다.
- 네트워크를 통해서 리소스 등의 배포(프로비저닝)가 가능하다.

• Platform as a Service (PaaS)

Platform as a Service (PaaS)란 운영체제를 빌려 쓰는 방식을 말하며, 여기서 플랫폼이란 마이크로소프트의 윈도즈(Windows)처럼 컴퓨터 시스템의 기반이 되는 하드웨어 또는 소프트웨어와 응용 프로그램이 실행되는 서비스 환경을 말한다. PaaS는 애플리케이션 개발자에게 개발환경을 제공하며, PaaS 공급자는 개발을 위한 툴킷과 표준, 배포 및 지불채널을 제공한다. PaaS 모델에서 클라우드 공급자는 운영체제, 프로그래밍 언어 실행환경, 데이터베이스 및 웹 서버를 포함하는 컴퓨팅 플랫폼을 제공하며, 애플리케이션 개발자는 기본 하드웨어 및 소프트웨어 계층을 직접 구매하고 관리하는 대신 클라우드 플랫폼에서 소프트웨어를 개발하고 실행하는 기능을 제공한다. 구글의 앱 엔진(App Engine), 아마존의 EC2, 마이크로소프트의 윈도 어주어(Window Azure) 등이 대표적인 플랫폼 서비스 상품이다.

일부 PaaS 통합 및 데이터 관리 제공업체는 iPaaS(서비스로서의 통합 플랫폼) 및 dPaaS(서비스로서의 데이터 플랫폼)와 같은 특수 애플리케이션을 데이터 전달 모델로 사용하기도 하며, iPaaS를 통해 고객들로 하여금 통합 흐름 개발, 실행 및 관리 기능을 제공하기도 한다. 이러한 기능은 iPaaS 통합 모델에서 고객이 하드웨어 또는 미들웨어를 직접 설치하거나 관리하지 않고도 개발 및 배포를 할 수 있도록 서비스하는 기능이다. 대표적인 PaaS의 기능을 살펴보면 다음과 같다.

| 특징 |

- 소프트웨어의 개발 및 테스트, 배포에 적합하다.
- 기본 인프라 관리 및 가상 환경에 신경쓸 필요가 없으며, 응용 프로그램 개발에 용이하다.
- 클라우드 업체에서 가용성, 확장성 등의 기능을 제공한다.
- Web, App 등이 대표적인 서비스 유형이다.

- Software as a Service (SaaS)

  Software as a Service (SaaS)는 네트워크를 통해 소프트웨어를 온라인으로 이용하는 방식으로써 이용자가 필요로 하는 기능만을 골라 이용하고 사용한 만큼 요금을 지불하는 방식이다. SaaS(Software as a Service) 모델에서 사용자는 응용 소프트웨어 및 데이터베이스에 액세스 할 수 있으며, 클라우드 공급자는 애플리케이션을 실행하는 인프라와 플랫폼을 관리하게 된다. SaaS는 "주문형 소프트웨어"로써 일반적으로 종량제 또는 구독료를 사용하여 가격이 책정되며, 가장 성공적인 소프트웨어 서비스 제공업체로는 세일즈포스닷컴(salesforce.com)이 있다. 이 회사는 기업의 영업활동과 고객관계관리(CRM)에 필요한 다양한 소프트웨어를 제공한다. 구글 앱스(Apps)는 개인 대상의 서비스로 문서작성과 계산 기능을 제공하는 광고 기반의 무료 서비스다.

SaaS 모델에서 클라우드 사용자는 애플리케이션이 실행되는 클라우드 인프라 및 플랫폼은 관리하지 않으며, 이러한 관리 기능을 통해서 소프트웨어 유지관리 및 지원기능이 단순화되게 된다. SaaS 모델에서 클라우드 애플리케이션은 확장성 측면에서 다른 애플리케이션과 다르며, 확장성은 변화하는 작업수요를 충족하기 위해 런타임에 여러 가상머신에 작업을 복제하는 기능을 제공하고 있다. SaaS의 단점은 사용자 데이터를 클라우드 공급자의 서버에 저장한다는 것이며, 이는 결과적으로 데이터에 대한 무단 액세스를 초래하는 결과를 가져오게 한다.

SaaS의 애플리케이션 예를 살펴보면 Google Docs 및 Office Online 등이 있으며, 클라우드 스토리지 및 파일 호스팅 서비스 등이 있다. 대표적인 SaaS의 특징을 살펴보면 다음과 같다.

| 특징 |

- 최종 사용자를 위해 클라우드 업체에서 호스팅하고 관리하는 소프트웨어이다.
- 인터넷을 통해 클라우드 기반 앱에 연결한다.
- 이용자가 필요한 기능만을 사용하기 때문에 커스터마이징하지 않아도 된다.

- Email과 같은 서비스 유형이 사용된다.

• Mobile "backend" as a Service (MBaaS)

Mobile "backend" as a Service (MBaaS)는 서비스형 백엔드"(BaaS)라고도 하며, 웹 앱 및 모바일 앱 개발자가 클라우드 스토리지 및 클라우드 컴퓨팅 서비스에 접속하여 응용 소프트웨어를 서비스할 수 있도록 제공하는 기술이다. MBaaS 서비스 모델에는 사용자 관리, 푸시 알림, 소셜 네트워킹 서비스 등과 같은 기능이 포함되며, 이러한 기능은 클라우드 컴퓨팅 분야에서 새롭게 적용되고 있는 기술유형이다. 최근의 MBaaS 스타트업은 이러한 서비스 기술을 채택하고 있으며, 이는 기업 소비자에게 상당한 파급효과를 제공할 것으로 보인다.

• Function as a Service

Serverless computing or Function-as-a-Service (FaaS)는 클라우드 공급자가 서비스 요청이 필요할 때 가상 머신의 시작 및 중지를 보다 철저하게 관리하는 클라우드 컴퓨팅 기술이다. 이때 서비스 요청처리는 가상 머신에 의해서 시간단위로 처리되는 것이 아니라 리소스의 추상적인 기준에 따라 처리되며, 실제로 서버리스 컴퓨팅은 서버 없이 코드를 실행하지는 않는다. 따라서 이 서비스 기법을 사용하는 개인 또는 기업은 백엔드 코드가 실행될 서버나 가상머신을 별도로 구매하지 않아도 된다. 즉, FaaS는 서비스 호스팅 원격 프로시저 호출 방법으로써 서버리스 컴퓨팅을 활용하여 실행할 개별 이벤트를 클라우드에 배포하는 서비스 방식이다.

이처럼 클라우드 컴퓨팅 서비스는 IT 자원의 범위에 따라 크게 SaaS(Software as a Service), PaaS(Platform as a Service), IaaS(Infrastructure as a Service) 등으로 분류되며, SaaS는 소프트웨어를 인터넷 네트워크를 통해 필요한 만큼 사용 가능한 서비스 방식이다. 마이크로소프트의 오피스 365나 구글 독스(Google Docs)등이 이 예에 해당된다. PaaS는 소프트웨어에 대한 실행 및 개발 환경을 서비스로 제공하는 서비스 방식이며, 빠른 어플리케이션 개발이나 테스트 환경을 구축하는데 주로 사용된다. IaaS는 서버나 스토리지 같은 대부분의 컴퓨팅 리소스를 네트워크를 통해 서비스로 제공하는 서비스 방식으로써, 저렴한 가격으로 인해 빠른 인터넷 서비스 등을 구축하는데 주로 사용되고 있다.

1.5 빅데이터와 클라우드

빅데이터와 클라우드는 상호보완적 관계로써 매우 중요한 의미를 가지고 있다. 빅 데이터는 데이터베이스에 저장되어 있는 수많은 데이터들을 이용하여 이들 데이터를 가공, 추론 등을 통해서 다양한 형태의 정보처리를 위해 사용되고 있다. 이러한 빅데이터를 가공 및 처리하기 위해서는 다수의 서버를 통한 분산처리가 필수적이며, 분산처리는 클라우드의 핵심 기술로 사용되고 있다. 이러한 관점에서 빅데이터와 클라우드 기술은 상호 보완적 관계를 가지고 있음을 알 수 있다.

이처럼 클라우드 환경에 빅데이터 기술이 적용됨에 따라 빅 데이터를 클라우드 환경에 적용하고자 하는 시도들이 아마존, 구글, 마이크로소프트 등과 같은 상업용 기업체를 중심으로 확산되고 있다. 그중에서 아마존과 구글은 빅데이터 원천 기술을 선제적으로 개발한 업체이며, 이러한 빅데이터 기술을 외부에 공개함으로써 클라우드 서비스를 외부에 제공하는 계기가 마련되었다.

구글은 인터넷 검색 서비스가 중심인 기업으로써 검색 서비스의 성능 개선과 사용자 맞춤형 서비스를 위해 빅 데이터 기술을 클라우드 환경에 적용하였으며, 예를 들어 구글 앱스의 이메일 기능(Gmail) 및 문서도구(Google Docs), 데이터 연산 기능(Google Spreadsheet) 등은 대표적인 구글의 개인 클라우드 서비스이다. 서비스 관점에서 볼 때 서비스의 효율성을 향상시키고, 저장용량과 처리 성능을 지속적으로 향상시키기 위해서는 서비스를 제공하는 여러 주요 지점에 데이터 센터를 지속해서 구축하고 관리해야 한다. 이러한 관점에서 구글은 데이터센터를 오픈소스 소프트웨어 형태로 운영하고 있으며, 데이터 관리를 위한 서버는 직접 구축 운영함으로써 데이터 센터 관리 및 구축에 따른 비용을 최소화하고 있다. 예를 들어 벨기에의 경우 데이터센터의 서버를 야외 컨테이너 박스에 설치하여 운영하고 있으며, 만일 데이터 서버에 이상이 발생하고, 손상될 경우 이를 수리하지 않고 파기하는 방법을 선택하고 있다. 이렇게 함으로써 데이터 센터 구축비용을 줄일 수가 있게 되며 세계 곳곳에 거대 인프라를 보다 능동적으로 구축함으로써 사용자 위주의 클라우드 서비스를 제공하는 계기가 제공되었다.

이외에도 구글은 빅데이터 분석 소프트웨어인 빅쿼리(Big Query) 소프트웨어를 클라우드 서비스로 제공하고 있으며, 빅쿼리는 온라인분석처리(OLAP) 시스템으로써 구글 클라우드 스토리지와 함께 이용가능하다. 빅쿼리는 빅 데이터 기술을 이용하여 테라바이트(TB)급의 대용량 데이터를 구글 검색엔진 인프라로 실시간 분석하는 기능을 제공하고 있다. 한편 빅 데이터 기술을 적용한 또 다른 예로써 구글 예측 프로그램(Google Prediction API)을 살펴볼 수 있으며, 이 프로그램은 기계학습을 이용하여 일정한 데이터 패턴을 발견하고 이를 통해 새로운 예측결과를 제공하는 프로그램으로써 스팸메일을 판단해 삭제하거나 자동차의 운행 경로를 찾아 주는 등 다양한 응용 분야에 적용되고 있다.

그리고 아마존은 인터넷 서점으로 출발한 기업으로써 서적 검색과 추천 기능을 제공하는 대표적인 클라우드 컴퓨팅 서비스이다. 아마존은 방대한 서적 서비스와 상품 정보 서비스를 제공하기 위하여 빅 데이터 기술을 적용하였으며, 대표적인 클라우드 서비스로는 저장 장치를 빌려주는 S3(Simple Storage Service), 데이터베이스를 빌려주는 심플 DB(Simple DB), 서버를 빌려주는 EC2(Elastic Computing Cloud) 등과 빅데이터 분석용 프로그램인 EMR(Elastic Map Reduce)이 있다.

연습문제

1 클라우드 컴퓨팅(Cloud Computing)이란 무엇인지 설명하시오.

2 NIST에서 정의한 클라우드 컴퓨팅의 5가지 특징에 대해서 설명하시오.

3 퍼블릭 클라우드(Public cloud)와 하이브리드 클라우드(Hybrid cloud)의 차이점에 대해서 설명하시오

4 공개형 클라우드, 폐쇄형 클라우드, 하이브리드 클라우드의 차이점을 설명하시오.

5 클라우드 컴퓨팅 서비스 모델의 종류를 쓰고, 각각의 기능에 대해서 설명하시오.

제2장

클라우드 컴퓨팅의 배경

2.1 기본개요

2.2 도입배경

2.3 기능적 특징

2.4 클라우드 구조

2.5 클라우드 컴퓨팅의 장/단점

제2장

클라우드 컴퓨팅의 배경

2.1 기본개요

클라우드 컴퓨팅 서비스는 인터넷망을 통해서 서버, 스토리지, 데이터베이스, 네트워크, 오픈소스 솔루션, 어플리케이션 등의 시스템 리소스를 사용자에게 제공하는 서비스로써 데이터 스토리지 즉, 클라우드 스토리지 및 컴퓨팅 파워와 같은 컴퓨터 시스템 리소스를 직접 관리하지 않고도 필요시 바로 제공(on-demand availability)하는 서비스이다. 일반적으로 클라우드 컴퓨팅 서비스는 인터넷 기반의 컴퓨팅 서비스를 제공하며, 정보를 자신의 컴퓨터가 아닌 클라우드에 연결된 다른 컴퓨터로 처리하고 서비스해주는 기능을 제공한다. 이러한 서비스 기술은 요청 시 공유 컴퓨터 처리자원과 데이터를 다른 컴퓨터 및 장치들에 제공해 준다. 또한 클라우드 컴퓨팅 기능은 주문형 접근을 가능하게 해 주며, 컴퓨터 네트워크, 데이터베이스, 서버, 스토리지, 애플리케이션, 서비스 등을 요청할 때 빠르게 할당 및 릴리스를 지원한다. 클라우드 서비스 관점에서 클라우드 컴퓨팅과 스토리지 솔루션들은 사용자와 기업들에게 개인소유 또는 타사 데이터센터의 데이터를 저장, 처리할 수 있도록 지원하며, 사용자가 필요로 하는 곳이면 어느 곳이던지 서비스 지원이 가능한 특징이 있다.

클라우드 컴퓨팅 서비스를 제공받는 많은 이용자들은 클라우드 컴퓨팅을 통해 기업들이 시스템 구축에 따른 비용을 줄일 수 있다고 생각하고 있으며, 실제 서버 구매와 같은 인프라스트럭처 비용을 줄일 수 있다고 말하기도 한다. 이러한 사고는 시스템 이용자들이 컴퓨터 인프라스트럭처에 시간과 비용을 투자하는 대신 핵심 사업에 투자함으로써 기업의 생산성과 효율성을 향상시키는데 기여한다고 보고 있다. 또한 클라우드 컴퓨팅을 통해 기업들이 자신들의 응용 프로그램의 구동 및 실행 속도를 더 빠르게 할 수 있게 함으로써 유지보수에 따른 비용을 줄일 수 있을 것으로 보고 있다.

최근의 클라우드 컴퓨팅 서비스는 컴퓨팅의 수요가 증가할 경우 규모를 좀 더 능동적으로 확대하는 방안을 채택하는 정책을 사용하고 있으며, 반대로 수요가 적을 경우에는 확대를 축소 운영하는 가변적 정책을 채택하고 있다. 이러한 정책일환으로 2009년도의 경우 고용량 네트워크, 저비용 컴퓨터 및 스토리지 장치를 가변적으로 이용하는 정책이 대안으로 채택되었으며, 이렇게 함으로써 하드웨어 가상화, 서비스 지향 아키텍처, 자율 및 유틸리티 컴퓨팅이 널리 채택되어 클라우드 컴퓨팅 서비스가 성장하는 계기가 마련되었다. 그리고 2013년경에는 클라우드 컴퓨팅 서비스가 높은 컴퓨팅 파워, 값싼 서비스 비용, 고성능, 확장성, 접근성, 이용성 등의 장점이 반영되면서 수요가 점차 증가하면서, 일부 클라우드 업체들은 매년 50%의 성장률을 경험하게 되었다. 그러나 클라우드 컴퓨팅 서비스는 아직 많은 과제를 가지고 있기 때문에 좀 더 사용자 친화적이고, 신뢰성 있는 기술 개발이 요구되고 있다.

2.2 도입배경

클라우드 컴퓨팅의 배경은 기원을 1960년대로 거슬러 올라가 살펴볼 수 있으며, 이 시기에는 시분할(Time Sharing)의 초기 개념이 정립되어 사용되던 시기로 원격 작업 엔트리(Remote Job Entry) 기반의 작업처리가 수행되었다. 이 시기에 사용자가 메인프레임에서 실행하는 작업처리는 주로 "데이터 센터" 모델을 이용한 방법이었으며, 이 방법은 시분할 처리개념을 통해 더 많은 사용자가 대규모 컴퓨팅 성능을 사용할 수 있도록 함으로써 인프라, 플랫폼 및 애플리케이션을 최적화하는 방법이었다.

1994년에 가상화 서비스를 위해 "클라우드"라는 개념이 도입되었으며, General Magic은 Telescript 환경의 모바일 에이전트의 발전방향을 설명하기 위해 "클라우드"라는 개념을 사용하였다. 이와 같은 개념사용은 네트워킹 및 통신 분야에서 오랫동안 사용된 개념을 General Magic 사에서 정리한 것으로써 이후 클라우드라는 새로운 서비스 장르가 탄생하는 계기가 되었다.

이러한 클라우드 개념을 바탕으로 1996년 Compaq Computer 회사가 미래 컴퓨팅과 인터넷에 대한 사업 계획을 수립하면서 클라우드 컴퓨팅이라는 개념이 널리 보급되기 시작하였다. 당초 Compaq Computer사는 "클라우드 컴퓨팅 지원 애플리케이션"을 통해 판매를 강화할 목적으로 클라우드 컴퓨팅 개념을 도입하게 되었으며, 이를 통하여 온라인 소비자 시장을 확대하고자 하였다. 그 결과 Compaq Computer 사는 인터넷 서비스 제공업체에 서버 하드웨어를 공급하는 결과를 가져오기도 하였다.

2000년대에는 클라우드 컴퓨팅 애플리케이션이 구체화되기 시작한 시기로써 Amazon Web Services(AWS)가 클라우드 컴퓨팅의 발전을 위해 견인 역할을 하였으며, 이후 2006년에는 Google Docs의 베타 버전, Amazon S3로 알려진 Amazon Simple Storage Service, 2008년에는 Amazon Elastic Compute Cloud(EC2)가 출시되어 발전되기 시작하였다. 그리고 미국 NASA는 프라이빗 및 하이브리드 클라우드 배포를 위한 최초의 오픈 소스 소프트웨어를 개발하여 클라우드 컴퓨팅 서비스 영역을 한 단계 더 발전시켰다.

2000년대를 거쳐 2010년에 클라우드 컴퓨팅 서비스를 위해 Microsoft는 Microsoft Azure를 출시하였으며, Rackspace Hosting과 NASA는 오픈 소스 클라우드 소프트웨어 프로젝트인 OpenStack을 출시하였다. 그리고 IBM은 2011년에 IBM SmartCloud 프레임워크를 도입하였으며, Oracle은 2012년에 Oracle Cloud를 발표하였다. 이후 2019년 12월 Amazon은 AWS 인프라, 서비스, API 및 고객 데이터 센터 등을 통하여 클라우드 컴퓨팅 서비스를 본격화하기 시작하였다.

무엇보다 2020년경의 코로나 팬데믹으로 인하여 클라우드 컴퓨팅 기술은 한 단계 도약하는 계기를 맞게 되었으며, 그 중심에 Amazon, Google, IBM, 그리고 Microsoft 등과 같은 글로벌 기업들이 함께하고 있다.

이처럼 클라우드 컴퓨팅 기술은 시대를 거쳐 발전해 왔으며, "클라우드"라는 개념은 구름처럼 먼 거리에서 시각적으로 보이는 물건들의 커다란 집합체와 같다는 의미에서 도입되었으며, 또 다른 의미로는 네트워크 도식들이 네트워크 도식 안의 서버 클러스터가 겹치는 원들이 마치 클라우드 즉, 구름과 비슷하다는 의미에서 유래되지 않았나 하는 추측이다. 오늘날 클라우드라는 용어는 인터넷을 비유하는 의미로 사용되고 있으며, 구름과 같은 모습으로 표현되어 사용되고 있기도 하다.

클라우드 컴퓨팅 관점에서 클라우드(cloud)라는 용어는 시대적 배경에 따라 발전해왔으며, 발전과정을 살펴보면 다음과 같다.

• 1970년대

1970년대에는 작업 오퍼레이터를 통해서 작업처리가 수행되던 시기로써, 데이터 센터 모델에 기반하여 데이터처리가 수행되었다. IBM사의 경우 이 방식을 채택하여 작업처리를 수행하였으며, 메인프레임에서 작업 처리를 오퍼레이터에 요청하면 데이터 센터에서 이를 처리하는 방식이었다.

1970년대는 1960년대 초기 시분할 개념을 적용하던 시기로써 IBM과 DEC와 같은 대형 업체들과 대부분 이러한 방식을 채택하여 작업처리를 수행하였다. 이후 완전한 시분할 솔루션들은 1970년대 초에 멀틱스(GE 하드웨어), 케임브리지 CTSS와 최초 유닉스 포트(DEC 하드웨어)와 같은 플랫폼에서 시작되었으며, 시분할 솔루션 기반 하에 클라우드 컴퓨팅 기술이 개발되기 시작하였다.

• 1990년대

1990년대에는 P2P 데이터 서비스를 제공하던 통신회사들이 가상 사설망(VPN) 서비스들을 제공하기 시작하면서 클라우드 컴퓨팅 서비스가 시작되었으며, 이 시기에는 가상 사설망(VPN) 서비스를 통하여 낮은 가격대로 서비스가 제공되었다. 또한 이 시기에 구름 모양의 클라우드 기호를 사용하여 클라우드 제공자와 사용자 간의 책임 역할을 구분하기 시작하였으며, 클라우드 컴퓨팅은 이 경계를 확장하여 모든 서버뿐 아니라 네트워크 인프라 영역까지 확대 적용되는 계기를 맞게 되었다. 뿐만 아니라 이 시기에는 컴퓨터가 점차 활발히 보급되기 시작하면서 시분할을 통한 다양한 작업처리가 수행되었으며, 시분할 기반의 작업처리와 네트워크와의 하이브리드를 통하여 작업처리의 다양화가 적용되기 시작하였다. 그리고 작업처리의 성능향상과 서비스의 이용률의 향상을 위해 인프라스트럭처, 플랫폼, 응용 프로그램들을 최적화하기 위한 알고리즘 개발을 개발하기 시작하였다.

• 2000년대

2000년대는 클라우드 컴퓨팅 개념이 정리된 시기로써 2008년 초 NASA의 오픈 네뷸라(OpenNebula)의 폐쇄형 클라우드와 혼합형 클라우드를 통하여 최초의 오픈 소스 소프트웨어가 클라우드 컴퓨팅 환경에 적용되었으며, 그 해 유럽연합 집행위원회의 IRMOS 프레임워크 프로젝트에 의해 실시간 클라우드 환경이 탄생하게 되었다.

2008년 경 가트너는 클라우드 컴퓨팅 기술이 소유의 개념에서 공유의 개념으로 패러다임이 전환되면서 IT 서비스 소비자와 공급자들 간의 관계를 형성할 수 있을 것으로 전망하였다. 이러한 패러다임에 대한 인식이 전환되면서 IT 서비스 이용자들은 하드웨어 및 소프트웨어 자산을 사용량에 따라 요금을 지불하는 방식의 서비스 기반 모델이 도입되게 되었으며, 사용량만큼의 요금 지불 방식의 서비스 모델이 결과적으로 클라우드 컴퓨팅 서비스 시대를 가져오는 계기가 되었다.

• 2010년대

클라우드 컴퓨팅 기술은 2000년대를 거쳐 2010년경에 서비스 영역이 점차 확대되었으며, Microsoft, Google, Amazon, IBM, 퀄컴 등과 같은 글로벌 기업들이 중요한 역할을 수행하였다. Microsoft는 Microsoft Azure의 출시를 통하여 클라우드 컴퓨팅 서비스를 견인하였으며, NASA는 오픈 소스 클라우드 소프트웨어의 프로젝트를 통하여 클라우드 컴퓨팅 서비스 기술개발에 앞장섰다. 또한 Oracle은 2012년의 Oracle Cloud 프로젝트를 통하여 클라우드 컴퓨팅 기술을 주도하였으며, IBM은 2011년의 SmartCloud 프레임워크 개발 프로젝트를 통하여 클라우드 컴퓨팅 서비스를 주도하였다. 한편 코로나 팬데믹은 전 세계적으로 IT산업에 많은 변화를 가져왔으며, 그 중에서 구글 및 아마존을 비롯한 많은 인터넷 회사들이 클라우드 컴퓨팅 서비스에 중요한 역할을 수행하였다.

실제 클라우드 컴퓨팅이라는 용어는 2005년에서야 자리를 잡기 시작하였으며, 이 당시 클라우드 컴퓨팅 서비스는 SaaS 서비스가 주된 서비스이었다. 이후 2007년도까지 주된 서비스이었던 SaaS서비스가 점차 IaaS 서비스 및 PaaS 서비스로까지 그 영역이 확대되기 시작하였다.

2.3 기능적 특징

클라우드 컴퓨팅은 다른 컴퓨팅 시스템들과 유사한 기능을 가지고 있으며, 클라이언트 서버 모델, 원격 뷰, 그리드 컴퓨팅, 포그 컴퓨팅 등의 기능적 특징을 살펴보면 다음과 같다.

| 기능적 특징 |

- 클라이언트-서버(Client-Server) 컴퓨팅 모델

  클라이언트-서버 컴퓨팅 모델은 서비스 제공자인 서버와 서비스 요청자인 클라이언트 간의 상호작용을 통하여 서비스를 수행하는 시스템으로써 이 모델은 분산 애플리케이션을 제공하고 있다.

- 원격 뷰(Remote View)

  원격 뷰는 1960년대부터 1980년대까지 컴퓨터 서비스를 위해 사용되어 왔으며, 외근, 출장, 휴가뿐만 아니라 PC 원격제어를 통하여 업무경쟁력을 향상시켜주기 위해 사용되었다.

- 그리드 컴퓨팅(Greedy Computing)

그리드 컴퓨팅은 분산병렬 컴퓨팅의 한 분야로써 원거리 통신망(WAN, Wide Area Network)으로 연결된 이기종의 컴퓨터들을 하나의 대용량 고성능 컴퓨터로 구성하여 고속 연산 작업 및 대용량 작업처리를 위한 컴퓨팅 기법이다.

그리드 컴퓨팅은 분산처리 개념을 적용하는 시스템으로써 대용량 작업처리들을 여러 개의 작은 소규모 연산들로 나누어 분산 처리하는 것이 주요한 기능이다. 그리드 컴퓨팅은 현재 글로버스(Globus) 프로젝트를 중심으로 표준화가 수행 중에 있으며, 클러스터 컴퓨팅과의 차이점은 다양한 플랫폼을 서로 연결한다는 점이다. 이러한 관점에서 그리드 컴퓨팅은 분산 및 병렬 컴퓨팅의 한 형태로 간주되고 있으며, 네트워크 구성 방식에 있어서 약결합(loose coupled) 형태를 컴퓨팅 방식으로 채택하고 있다.

• 포그 컴퓨팅(Fog Computing)

포그 컴퓨팅은 포그 네트워킹(fog networking) 또는 포깅(fogging)이라고도 하며, 연산, 기억, 통신을 위해 디바이스 에지와 인터넷 라우팅을 사용하며, 클라우드 컴퓨팅 확장을 통하여 네트워크의 에지에서 서비스를 제공하고 있다. 이 기법은 클라우드 컴퓨팅을 보완하기 위해 도입된 개념으로써 주로 보안 및 데이터 관리 효율화, 그리고 IoT 응용 효율성 향상을 위해 사용되고 있다. 포그 컴퓨팅 기법은 데이터 처리를 위해 데이터를 원격 지점으로 보내는 대신 최종 사용자 클라이언트 측의 네트워크에서 데이터를 처리하고 관리하는 방식이다.

• 듀 컴퓨팅(Dew Computing)

듀 컴퓨팅은 클라우드 컴퓨팅의 핵심 기능과 PC, 휴대폰 등의 컴퓨터 디바이스 기능을 결합한 컴퓨팅 기법으로써 클라우드 컴퓨팅 기능뿐만 아니라 최종 사용자 경험을 반영한 컴퓨팅 기법이다.

Dew Computing은 인터넷 액세스 의존에 따른 클라우드 컴퓨팅 기술의 주요 문제를 해결하기 위해 도입된 기술이며, Dropbox는 듀 컴퓨팅의 한 예이다. 즉 Dropbox는 사용자가 인터넷에 연결되어 있지 않더라도 파일에 액세스하여 사본 데이터를 처리하도록 하는 기법이다. 듀 컴퓨팅은 그림2.1과 같이 클라우드와 포그 컴퓨팅 패러다임의 하단에 위치한 컴퓨팅 구조로써 클라우드의 데이터 분석 및 전송부하를 최종 디바이스로 분산하여 데이터를 처리하는 기법이다. 듀 컴퓨팅 기법과 포그 및 엣지 컴퓨팅 기법과의 차이점을 살펴보면 포그 컴퓨팅 기법은 최종 디바이스에게 데이터 처리를 수행하도록 한다는 점이며, 포그 및 엣지 컴퓨팅 기법은 디바이스들에 분산하여 처리를 수행한다는 점이다.

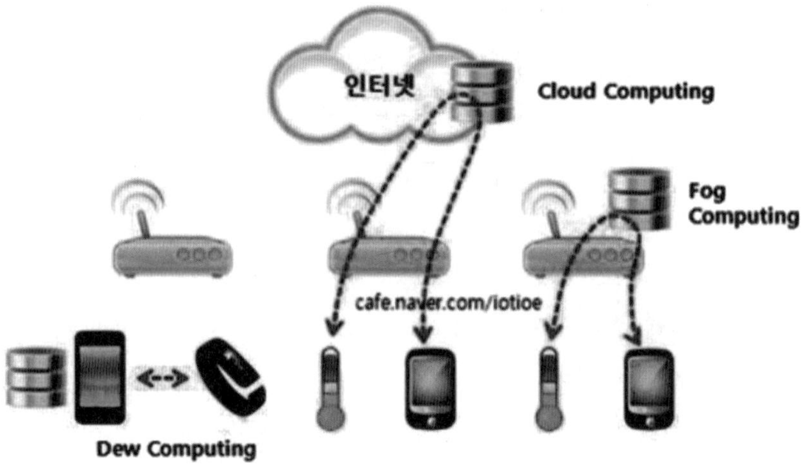

그림 2.1 듀 컴퓨팅 구조 [출처: https://blog.naver.com]

- 메인프레임 컴퓨터(Mainframe Computer)

  메인 프레임 컴퓨터는 인구조사, 산업 및 소비자 통계, ERP, 금융 트랜잭션 처리와 같은 정부 대규모의 데이터 처리와 중요한 응용 프로그램들을 처리하는 데 사용하는 컴퓨터이다. 메인프레임은 더미 터미널 또는 터미널 에뮬레이션을 통해 접근할 수 있도록 지원하며, 초창기 메인프레임은 배치프로세스와 시분할 개념을 지원하였다. 현재의 메인프레임은 WWW와 같은 인터넷을 통하여 시스템에 접근하며, 인터넷 및 전자상거래, 데이터베이스, IoT 등의 분야에 폭넓게 사용되고 있다.

- 서버 기반 컴퓨팅(Server-based Computing)

서버 기반 컴퓨팅은 모든 애플리케이션 및 정보를 서버에 두고 서버에서 모든 작업을 실행하는 컴퓨팅 기법으로써 이때 클라이언트는 단지 서버의 실행 결과만을 컴퓨팅 환경에 제공한다.
서버기반 컴퓨팅에서 개인은 컴퓨터의 모니터, 키보드, 그리고 마우스 등을 이용하여 서버와의 상호작용을 수행하며, 이를 통하여 작업처리를 수행할 수 있는 환경을 제공받게 된다. 서버기반 컴퓨팅 환경에 사용자가 컴퓨팅 이용환경을 구축하면 컴퓨터의 업그레이드 비용 및 기타 네트워크 인프라 구축비용 없이 누구나 서버 기반 컴퓨팅을 활용할 수 있는 장점을 가진다.

- 유틸리티 컴퓨팅(Utility Computing)

유틸리티 컴퓨팅은 수도, 전기처럼 IT 자원을 필요할 때 언제든지 쓸 수 있고, 사용한 만큼 비용을 지불하는 개념이다. 즉, IT 업체가 컴퓨팅파워, 스토리지, 애플리케이션, 네트워킹, 지원 등 IT 기능을 서비스 형태로 제공하고, 고객은 사용한 만큼의 비용을 부담한다는 개념으로써 연산, 저장, 서비스와 같은 컴퓨터 자원의 패키지화를 통하여 서비스를 수행하고 있다. 이 기법은 컴퓨터 서비스의 재패키지화(Repackaging)를 도입한 개념으로써 온 디멘드 컴퓨팅(On Demand computing)에 컴퓨팅 기능, 응용 프로그램, 네트워크의 개념을 도입하였다. 그 결과 클라우드 컴퓨팅 모델을 탄생시켰으며, SaaS는 이러한 서비스의 한 유형이다.

- P2P(Peer to Peer)

P2P는 서버 시스템과 클라이언트 또는 클라이언트와 클라이언트가 동등한 구조로써 데이터를 전송, 처리, 관리하는 분산 아키텍처 방식의 처리구조이다. 이 구조는 인터넷에 연결된 다수의 개별 사용자들이 중개 기관을 거치지 않고 직접 데이터를 주고받는 전송기법으로써 기존의 서버와 클라이언트 개념에서 벗어나 개인 컴퓨터와 컴퓨터가 네트워크에 직접 연결하여 서로 정보와 자료를 공유하는 기법이다. 피디박스, 화일아이, 아이팝 등이 대표적인 웹하드 형태의 그리드 컴퓨팅 P2P 서비스이다.

• 클라우드 샌드박스(Cloud Sandbox)

클라우드 샌드박스(sandbox)는 프로그램, 코드, 또는 파일이 환경 내의 응용 프로그램에 영향을 주지 않고 실행되는 분리된 컴퓨팅 환경이다. 샌드박스는 외부로부터 들어온 프로그램이 보호된 영역에서 동작해 시스템이 부정하게 조작되는 것을 막는 보안의 한 형태이며, 클라우드 샌드박스는 이러한 보안위협으로 위협을 탐지하여 사용자 컴퓨터가 안전하게 보호되도록 조치를 취해주는 클라우드 기술이다. 이 기술은 외부로부터 들어온 프로그램이나 실행 파일을 가상화 내부에서 미리 실행시켜 보안위협을 사전에 예방하기 위한 기법으로써 악성행위 및 악성코드 감지 시스템에 적용되는 일종의 보안 가상화 기법이다.

• 네트워크 컴퓨팅(Network Computing)

네트워크 컴퓨팅이란 네트워크 자체를 하나의 컴퓨터로 인식하여 서비스를 수행하는 컴퓨팅 방법으로써 인터넷이 대표적인 사례이다. 네트워크 컴퓨팅은 네트워크 자체가 하나의 컴퓨터 역할을 수행하며, 이때 서버와 클라이언트 시스템은 시스템들 간의 네트워킹을 수행한다. 네트워크 컴퓨팅은 서버기반 컴퓨팅과 유사하지만 서버기반 컴퓨팅과 달리 네트워크 컴퓨터를 통해서 접속을 수행한다는 점이며, 이러한 기능은 보안과 관리를 용이하게 해주는 장점이 있다.

2.4 클라우드 구조

클라우드의 기본구조는 하드웨어, 가상 리소스, 응용 소프트웨어, 가상 네트워크 시스템 등과 같은 다양한 클라우드 기술요소로 구성되며, 이들 요소들의 상호작용을 통해서 클라우드 컴퓨팅 환경이 모델링 된다. 무엇보다 클라우드 컴퓨팅 환경을 모델링하기 위해서는 클라우드 환경에 최적화된 클라우드 리소스 활용 및 특정 비즈니스 요구사항에 맞는 클라우드 환경을 구축하는 것이 중요하다. 이러한 관점에서 클라우드 구조는 클라우드 모델링의 중요한 구성요소이며, 클라우드 컴퓨팅 환경을 구축하는 길목 역할을 한다.

일반적으로 클라우드 구조는 네트워크를 통해서 리소스를 풀링, 공유, 확장하는 기능을 제공하며, 또한 클라우드 환경에서 애플리케이션을 실행하고 배포하는 기능을 수행한다.

클라우드의 구성요소는 프런트엔드 플랫폼, 백엔드 플랫폼, 클라우드 기반 배포 모델, 네트워크 등으로 구성되며, 이들을 살펴보면 다음과 같다.

| 구성요소 |

• 프런트엔드(Front-end) 플랫폼

프런트엔드 플랫폼은 클라우드 컴퓨팅 환경에서 사용자 인터페이스, 클라이언트 측의 애플리케이션, 그리고 사용자가 서로 클라우드 컴퓨팅 서비스를 수행할 수 있도록 지원하는 클라이언트 디바이스 및 네트워크 기반의 클라이언트 인프라이다. 휴대전화에서 웹브라우저를 열고 Google 문서를 수정하는 기능은 프런트엔드 플랫폼의 한 예이다.

• 백엔드(Back-end) 플랫폼

백엔드 플랫폼은 컴퓨팅 리소스, 스토리지, 보안 메커니즘, 관리 등 클라우드 요소로 구성되며, 구성요소는 다음과 같다.

| 백엔드 구성요소 |

- 애플리케이션

백엔드 소프트웨어는 클라이언트가 클라이언트 요청 및 요구사항을 조정하거나 충족하기 위해 사용되는 소프트웨어이다.

- 서비스

백엔드 플랫폼에서 서비스는 클라우드 아키텍처의 핵심으로써 클라우드 컴퓨팅 시스템 환경에서 실행 중인 모든 작업을 처리하는 기능을 수행한다. 또한 이 기능은 스토리지, 애플리케이션 개발환경, 웹 애플리케이션뿐만 아니라 리소스를 엑세스하고 관리하는 기능을 수행한다.

- 런타임 클라우드

런타임 클라우드는 서비스가 실행되는 환경을 제공하는 기능을 수행하며, 서비스 태스크 및 관리 실행을 처리하는 운영체제 역할을 수행한다. 이 기능은 가상화 기술을 사용하여 앱, 서버, 스토리지, 네트워킹을 통하여 하이퍼바이저를 생성하는 기능을 수행한다.

- 스토리지

스토리지는 애플리케이션 작동을 위한 데이터를 저장하는 기능을 수행하며, 방대한 양의 데이터가 클라우드 컴퓨팅 서비스를 위해 이 스토리지에 저장되고 관리된다. 클라우드 스토리지에 데이터를 저장하기 위한 저장장치로는 하드 드라이브, 솔리드 스테이트 드라이브, 그리고 서버 스토리지 등이 사용되고 있다.

- 인프라

클라우드 아키텍처 구성요소에서 가장 널리 사용되는 요소 중의 하나가 인프라이다. 클라우드 인프라는 클라우드 컴퓨팅이 원활히 수행되도록 CPU, 그래픽 처리 장치(GPU), 네트워크 기기 등의 하드웨어와 그리고 소프트웨어를 갖추어야 한다.

- 보안

보안은 클라우드 컴퓨팅 기능에서 매우 중요한 역할을 하며, 데이터를 안전하게 보호하고 외부 침입으로부터 데이터의 손실을 최소화하는 기능을 수행한다. 클라우드 컴퓨팅 환경에서 데이터 손실 및 다운타임을 방지하고 중복성을 보장하기 위해서는 데이터 보안 및 네트워크 보안을 반영해야 하며, 백업, 디버깅, 가상 방화벽과 같은 기능을 제공해야 한다.

• 클라우드 기반 배포 모델

클라우드 기반의 배포 모델은 소유권, 규모, 액세스, 클라우드의 특성 및 목적에 따라 다양하게 배포 모델이 결정되며, 또한 위치와 인프라를 관리하는 사람에 따라 배포 모델이 다양하다.

배포모델에는 Private cloud 모델, Community cloud 모델, Public cloud 모델, 그리고 Hybrid cloud 모델 등이 있으며, 그림2.2와 같다.

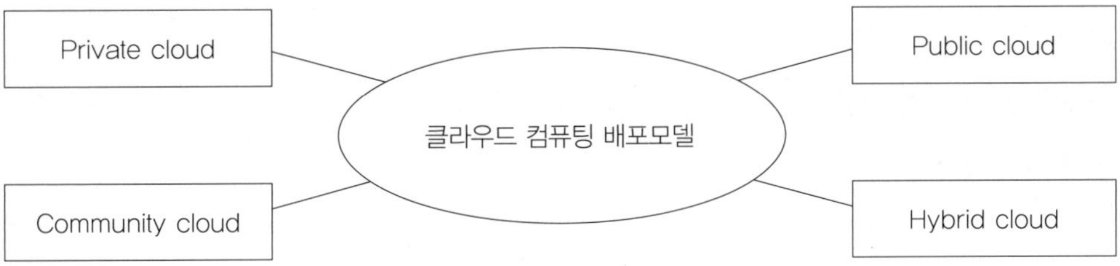

그림 2.2 클라우드 컴퓨팅 배포 모델

• 네트워크(인터넷, 인트라넷 또는 인터클라우드)

네트워크는 클라우드 컴퓨팅에 접속하기 위한 환경을 말하며, 인터넷, 기업에서 운영하는 인트라 넷, 그리고 클라우드와 클라우드 간의 컴퓨팅 서비스를 위한 인터 클라우드 네트워킹이 네트워크의 구성요소이다.

한편, 클라우드 컴퓨팅 레이어는 하드웨어, 가상화, 그리고 애플리케이션 및 서비스의 계층구조로 구성되며, 그림2.3과 같다.

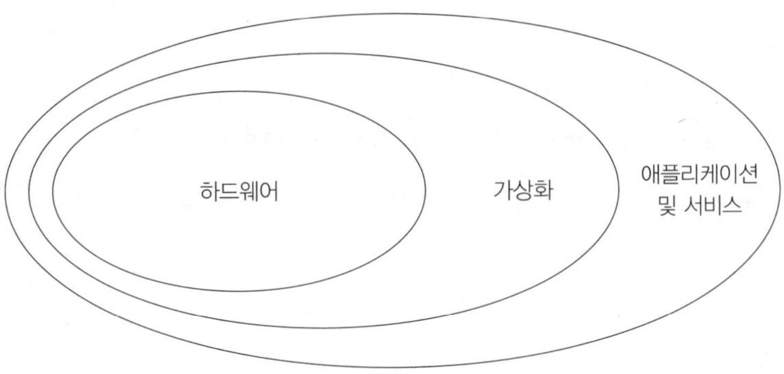

그림 2.3 클라우드 컴퓨팅 레이어

• 하드웨어

하드웨어는 클라우드 컴퓨팅을 실행하기 위해 사용되는 서버, 네트워크, 스토리지 등의 장치이다.

• 가상화

가상화는 물리적 컴퓨팅(Physical computing) 및 스토리지 리소스의 가상표현을 위해 사용되는 추상화 과정이다.

• 애플리케이션 및 서비스

애플리케이션 및 서비스는 리소스 할당부터 애플리케이션 개발도구, 웹 기반 애플리케이션 등의 서비스를 수행하는 기능으로써 프런트엔드 사용자 인터페이스의 요청을 조정하고 지원하는 역할을 수행한다.

2.5 클라우드 컴퓨팅의 장/단점

인터넷의 발달로 인하여 사용자 환경과 이용 서비스는 날로 발전하고 있으며, 이용자 관점에서의 클라우드 컴퓨팅의 장점과 단점을 살펴보면 다음과 같다.

| 장점 |

• 초기 구입비용과 비용 지출이 적으며 휴대성이 용이하다.
• 컴퓨터 가용율이 높다. 높은 가용율은 클라우드 컴퓨팅의 사용이용률을 증가시키는 원인을 제공한다.
• 다양한 기기를 단말기로 사용하는 것이 가능하며, 서비스를 통한 일관성 있는 사용자 환경의 구현이 가능하다.
• 신뢰성 있는 서버에 사용자의 데이터를 안전하게 보관 및 보호함으로써 신뢰성을 향

상시킨다.

- 사용자의 전문적인 하드웨어에 대한 지식 없이도 쉽게 시스템에 접근할 수 있도록 지원한다.
- 시스템의 설치 및 확장이 용이하며, 구축비용이 절감된다.

| 단점 |

- 정보보안이 취약하여 서버가 공격당할 경우 개인정보가 유출될 수 있는 위험이 있다.
- 재난재해에 서버의 데이터가 손상될 경우 백업되지 않은 정보는 복구가 어려우며, 데이터 손실이 발생할 수 있다.
- 사용자가 원하는 애플리케이션을 설치하는 데에 제약이 발생할 수 있으며, 새로운 애플리케이션을 지원하지 못하는 문제가 발생한다.
- 인터넷 통신환경이 지원되지 않을 경우 서비스 접근이 어려우며, 이로 인한 데이터 처리율이 떨어진다.
- 개인 정보가 물리적으로 어디에 저장되어 있는지 위치파악이 어렵다.

연습문제

1. 클라우드 컴퓨팅의 클라이언트/서버 모델, 원격 뷰, 그리드 컴퓨팅 및 포그 컴퓨팅 등의 기능적 특징에 대해서 설명하시오.

2. 듀 컴퓨팅 기법과 포그 및 엣지 컴퓨팅 기법과의 차이점에 대해서 설명하시오.

3. 클라우드 컴퓨팅의 구성요소는 무엇이며, 각각의 요소는 어떤 기능을 수행하는지에 대해서 설명하시오.

4. 클라우드 컴퓨팅의 계층구조에 대해서 설명하시오.

5. 클라우드 컴퓨팅 배포 모델에 대해서 간단히 설명하시오.

제3장

클라우드 플랫폼 서비스

3.1 기본개요

3.2 클라우드 플랫폼

3.3 플랫폼 특징

3.4 기본 서비스 플랫폼

3.5 서비스 플랫폼 차이점

3.6 서비스 인프라

3.7 클라우드 계층구조

제3장

클라우드 플랫폼 서비스

3.1 기본개요

클라우드 플랫폼이란 고객에게 클라우드 컴퓨팅 서비스를 제공하기 위해 구성된 데이터 센터의 서버 운영체제 및 하드웨어를 말하며, 만일 기업이 클라우드 서비스 플랫폼을 사용하면 컴퓨팅 리소스를 사용하는 데 필요한 자체 데이터 센터, 서버 및 소프트웨어를 구입, 설치할 필요가 없으며 이로 인한 관리 비용 및 유지비용을 아낄 수 있는 장점이 있다. 한편 클라우드 서비스란 클라우드 서비스 제공업체가 호스팅 된 자원을 인터넷을 통해 사용자에게 제공하는 인프라, 플랫폼 또는 소프트웨어로써 클라우드 컴퓨팅 기반의 서비스 모델을 의미한다.

클라우드 서비스는 컴퓨팅, 데이터베이스, 스토리지, 네트워크, 보안, 분석, 인공지능 등 다양한 분야에 걸쳐 서비스 기능을 제공하고 있으며, 클라우드 컴퓨팅 계층 내에서 구체적인 기능을 제공하는 다양한 서비스를 포함하고 있다. 앞장에서 살펴본바와 같이 클라우드 서비스는 IaaS, PaaS, SaaS, FaaS, 그리고 MBaaS 등으로 분류되며, 대표적인 클라우드 플랫폼 서비스 회사로는 아마존, 마이크로소프트, 구글, 삼성SDS와 같은 클라우드 서비스 제공자(Cloud Service Provider)가 있다.

예를 들어, 클라우드 서비스는 웹상의 프론트엔드 클라이언트 (Front-end client) 서비스 방식으로써 사용자의 서버, 태블릿 PC, 데스크 탑 컴퓨터, 노트북 등 사용자의 모든 시스템을 이용하여 인터넷을 통해 공급업체의 시스템 또는 그 반대 방향으로 사용자 데이터가 원활하게 서비스되도록 해주는 방식이다. 이처럼 클라우드 서비스는 클라우드 네이티브 애플리케이션의 구축과 클라우드 내에서의 작업 유연성을 보장해 주며, 사용자가 클라우드 서비스에 액세스하고자 할 때 인터넷 접속을 통하여 컴퓨터 및 운영체제에 보다 쉽게 접근하는 기능을 제공한다.

3.2 클라우드 플랫폼

클라우드 플랫폼은 클라우드 사용자에게 클라우드 컴퓨팅 서비스를 제공하기 위해 구성된 데이터 센터의 서버 운영체제 및 하드웨어로써 공유 리소스의 가상 풀을 생성하여 인터넷을 통해 컴퓨팅, 데이터 스토리지 및 네트워크 서비스를 제공하게 된다. 이때 클라우드 사용자는 필요에 따라 클라우드 플랫폼의 리소스에 액세스 하여 리소스 사용비용을 지불하게 되며, 클라우드 플랫폼은 하나의 서버에 여러 개의 가상 머신(Virtual Machine)을 생성하는 가상화 기술을 채택하여 플랫폼 서비스를 지원한다. 이러한 가상머신 하의 플랫폼 서비스는 하나의 물리적 서버에 다양한 고객서비스를 위한 별도의 운영체제를 가지고 있으며, 사용자 서비스를 위한 많은 애플리케이션을 제공하고 있다.

일반적으로 클라우드 서비스 제공업체는 하드웨어 리소스를 사용해 클라우드 플랫폼을 구축하게 되며, 이와 같은 플랫폼은 사용자가 코드를 개발하거나 애플리케이션을 실행할 수 있는 온라인 환경을 제공하게 된다. 클라우드 플랫폼을 구축하기 위해서는 컨테이너화, 오케스트레이션, 애플리케이션 프로그래밍 인터페이스(Application Programming Interface, API), 라우팅, 보안, 관리 및 자동화와 같은 기술을 통합하는 추가적인 개발 방식이 요구되며, 온라인 환경을 구축하기 위해 사용자 환경(User Experience, UX) 설계는 중요한 기능이다.

클라우드 서비스 플랫폼은 퍼블릭 클라우드 서비스 플랫폼과 관리형 프라이빗 클라우드 서비스 플랫폼으로 분류되며, 클라우드 플랫폼은 PaaS 플랫폼의 한 유형으로써 PaaS를 지원하는 인프라 구성 요소가 요구된다.

퍼블릭 클라우드 서비스 플랫폼에는 Alibaba Cloud, Microsoft Azure, Google Cloud, Amazon Web Services(AWS) 및 IBM Cloud 등이 있다. 한편 클라우드 사용자는 그림3.1과 같이 퍼블릭 및 프라이빗 클라우드 플랫폼 모두에서 컴퓨팅 서비스를 수행 할 수 있으며, 클라우드 플랫폼을 통해서 데이터를 저장, 백업 및 복구할 수 있을 뿐만 아니라 앱을 테스트하고 구축하는 기능을 수행 할 수 있다. 또한 클라우드 사용자는 클라우드 데이터베이스에 접근할 수 있으며, 빅 데이터를 분석하고 처리하는 기능을 수행할 수 있다.

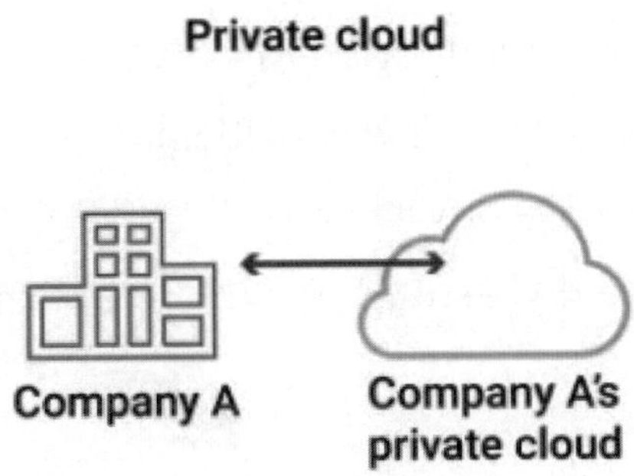

그림 3.1 private cloud [출처: www.akamai.com/glossary]

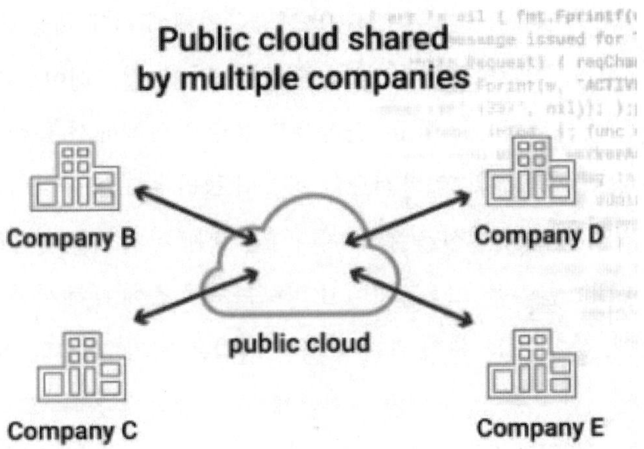

그림 3.2 public cloud [출처: www.akamai.com/glossary]

웹 이용자 관점에서 클라우드 플랫폼은 private 클라우드 플랫폼과, public 클라우드 플랫폼으로 구분되며, 이들을 살펴보면 다음과 같다.

3.2.1 private 클라우드 플랫폼

private 클라우드 플랫폼은 단일 조직 전용 클라우드 컴퓨팅 환경을 말하며, 이러한 private 클라우드 플랫폼은 조직이 소유하고 관리할 수도 있으며, 클라우드 공급자로부터 임대하여 사용할 수도 있다. 단일 조직 전용 클라우드 컴퓨팅 환경을 제공하는 private 클라우드 플랫폼과 달리 public 클라우드 플랫폼은 여러 조직이 하나의 물리적 서버의 컴퓨팅 리소스에 접근하여 공동으로 임대하고 사용하는 컴퓨팅 환경이다. 따라서 private 클라우드 플랫폼은 private 클라우드를 사용하는 조직이 단일 테넌트 또는 베어 메탈 환경이기 때문에 다른 고객들과 함께 리소스를 놓고 경쟁할 필요가 없다는 장점이 있다.

3.2.2 public 클라우드 플랫폼

public 클라우드 플랫폼은 클라우드 서비스 공급업체에 의해 제공되는 플랫폼으로써 클라우드 플랫폼용 하드웨어와 소프트웨어를 소유, 관리, 업그레이드 기능을 수행해 주는 클라우드 컴퓨팅 환경이다. public 클라우드 플랫폼 환경에서 플랫폼의 리소스는 누구나 접근 및 사용이 가능하며, 일반적으로 퍼블릭 클라우드 제공업체는 동일한 물리적 서버에서 서로 격리된 가상 머신을 통해 여러 고객에게 서비스를 제공한다.

일반적으로 public 클라우드는 조직이 소비하는 리소스에 대해서만 비용을 지불하기 때문에 장비 구매, 설치 또는 유지 관리에 대한 책임은 지지 않는다. 이로 인해 거의 무한한 확장성과 뛰어난 비용 효율성을 제공받게 되는 장점이 있다. 그러나 public 클라우드는 동일한 물리적 서버에서 리소스를 사용하는 다른 고객과 리소스를 놓고 경쟁해야 하는 단점이 있다.

반면에 private 클라우드는 전용 리소스에 대해 더 많은 제어와 사용자 정의를 제공하는 기능과 또한 높은 보안성과 개인 정보 보호 기능을 제공하고 있다. private 클라우드의 단점은 하드웨어와 소프트웨어에 더 많은 투자를 해야 한다는 점이며, 또한 클라우드 플랫폼을 운영하는 조직이 있는 경우 내부 IT 팀의 관리와 감독을 보다 철저히 해야 한다는 점이다. private 클라우드는 퍼블릭 클라우드와 동일한 수준의 확장성을 제공하지 않는다는 특징이 있다.

3.3 플랫폼 특징

클라우드 플랫폼 관점에서 플랫폼은 개인 및 클라우드 서비스 제공자들에게 사용의 편리성과 리소스의 사용을 보다 융통성 있게 제공하며, 플랫폼이 제공하는 특징을 살펴보면 다음과 같다.

| 특징 |

- 성능향상

  클라우드 플랫폼은 기업체가 필요로 하는 클라우드 스토리지와 같은 모든 컴퓨팅 자원과 클라우드 기반의 리소스 가상화 및 클라우드 로드 밸런싱을 제공함으로써 높은 성능향상을 유지한다.

- 비용감소

  클라우드 플랫폼은 기업의 온프레미스 데이터 센터 구축비용을 줄이는데 기여하며, 또한 IT 관리 비용을 줄이는 기능을 수행한다. 그리고 클라우드 플랫폼을 통해서 자신이 소비하는 클라우드 리소스에 대해서만 비용을 지불할 수 있도록 함으로써 비용 절감에 기여한다.

- 확성성 보장

  클라우드 플랫폼은 비즈니스 요구사항의 능동적 대처와 과잉 또는 과소 프로비저닝의 위험을 사전에 예방함으로써 시스템의 확장 및 축소를 용이하게 지원한다.

- 민첩성

  클라우드 플랫폼에서 제공되는 주문형 리소스를 통해 기업은 특정 순간에 필요한 클라우드 인프라를 배포하여 혁신과 출시기간을 단축하는데 기여한다.

- 보다 빠른 배치성

  클라우드 플랫폼은 플랫폼을 필요로 하는 기업들로 하여금 시간, 장소에 관계없이 가능한 빨리 필요한 기술을 배포하는 기능을 제공한다.

- 보안성 유지

  클라우드 컴퓨팅에서 보안은 매우 중요하며, 플랫폼은 위협과 중단으로부터 플랫폼을 보호하는 기능을 제공함으로써 클라우드 보안성 기능을 제공한다.

- 신뢰성 제공

  클라우드 플랫폼은 가상화된 리소스 풀로 인하여 확장성과 융통성을 제공하고, 높은 안정성을 보장함으로써 시스템 접근 및 사용에 대한 신뢰성을 보장한다.

- 이동성 보장

  클라우드 플랫폼은 인터넷 웹 서비스를 통해서 사용자가 컴퓨팅 리소스를 사용할 수 있도록 원격 및 하이브리드 기능을 제공함으로써 사용자 위주의 이동성 보장을 지원한다.

3.4 기본 서비스 플랫폼

클라우드 컴퓨팅 서비스에서 제공되는 기본 서비스 플랫폼에는 앞장에서 살펴본바와 같이 IaaS, SaaS, 그리고 PaaS 서비스 방식이 있으며, 서비스 플랫폼 구조는 서비스형

(as-a-Service)에 따라 서비스 방식이 결정된다.

기본 서비스 플랫폼에서 서비스형(as-a-Service)이라 함은 플랫폼이 고객을 대신하여 클라우드 컴퓨팅 서비스를 관리해 주는 방식을 말한다. 서비스형에 따라 서비스되는 플랫폼은 사용자가 인터넷을 통해 모든 인프라, 플랫폼, 소프트웨어 또는 응용기술을 사용할 수 있는 서비스로써 기본 서비스 플랫폼을 살펴보면 다음과 같다.

3.4.1 IaaS 플랫폼

IaaS 플랫폼 서비스 구조는 인터넷 사용자에게 컴퓨팅, 네트워킹 및 스토리지 리소스를 제공하는 구조로써 클라우드를 통해 기업 및 개인에게 컴퓨팅, 스토리지, 네트워킹, 가상화와 같은 주문형 인프라 리소스를 제공하는 클라우드 서비스 방식이다.

기존 방식으로 애플리케이션을 실행하거나 데이터를 저장하기 위해 컴퓨팅 리소스를 사용하기 위해서는 시간과 자본이 필요하며, 사용되지 않는 시스템을 구축할 경우에는 인프라 비용을 지불해야 하는 문제를 가지고 있다. IaaS 플랫폼 서비스는 이러한 문제를 해결하고 사용자가 오버헤드 없이 온프레미스 컴퓨팅 리소스의 모든 장점을 제공함으로써 사용자들로 하여금 애플리케이션, 데이터, 운영체제, 미들웨어, 런타임 등의 기능을 제공받을 수 있도록 지원한다. 그리고 IaaS 벤더 관점에서는 사용자들로 하여금 가상화, 스토리지, 네트워크, 서버 등을 제공함으로써 온프레미스 데이터센터 설치의 부담을 줄여 유지관리에 따른 부담 및 비용을 줄일 수 있도록 한다.

IaaS는 SaaS 및 PaaS와는 달리 유연한 서비스형(as-a-Service) 플랫폼 구조로써 클라우드 스토리지와 마찬가지로 리소스 추가가 용이하며, 추가적인 비용을 지불하지 않고도 업그레이드가 용이하다는 장점이 있다. IaaS 서비스 플랫폼 구조는 그림3.3과 같이 클라우드 인프라 및 데이터 센터가 서비스 공급자와의 상호작용을 통하여 서비스가 수행되며, 단말 사용자인 클라이언트와의 통신을 통하여 서비스가 수행된다.

플랫폼 구조에서 서비스 제공업체가 서비스하는 인프라는 컴퓨팅, 스토리지, 네트워킹, 가상화와 같은 백엔드 인프라이며, 이들 인프라를 이용하여 서비스 제공업체가 유지

보수 및 업데이트를 수행하게 된다. 그리고 운영체제, 미들웨어, 데이터, 애플리케이션을 포함한 다른 항목은 사용자가 운영 및 관리를 수행한다.

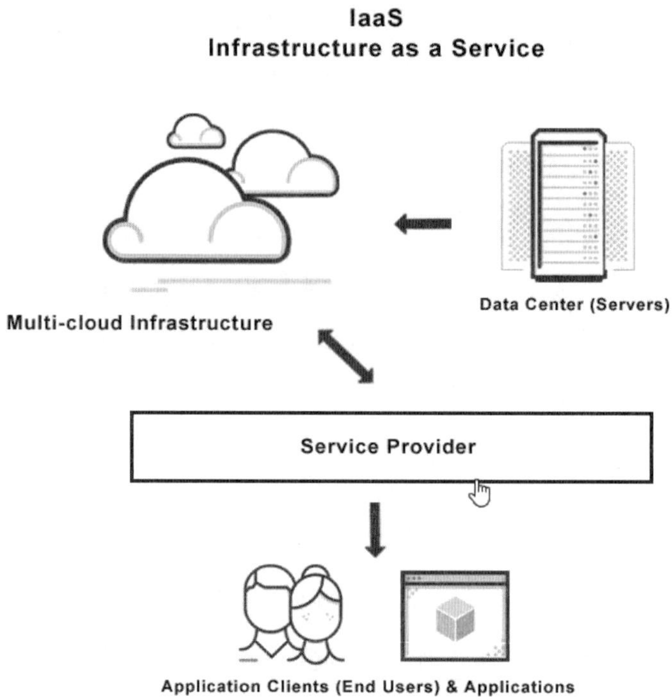

그림 3.3 IaaS 서비스 프랫폼 구조 [출처: Avi Networks]

3.4.2 SaaS 플랫폼

SaaS 플랫폼은 클라우드 애플리케이션과 해당 애플리케이션을 실행하는 플랫폼으로써 클라우드 기반의 소프트웨어를 제공한다. SaaS 플랫폼 사용자가 애플리케이션을 구매한 후 플랫폼을 이용하기 위해서는 애플리케이션에 가입해야 하며, 사용자는 인터넷의 로그인을 통해서 SaaS 애플리케이션에 접속이 가능하다. 실제 SaaS 플랫폼은 클라우드 서버에서 실행되며, SaaS 애플리케이션은 브라우저나 앱을 통해 액세스가 가능하다. SaaS 플랫폼 환경에서 SaaS 애플리케이션 실행은 그림3.4와 같이 컴퓨터 시스템 환경과 클라우드 환경으로 구분되며, SaaS 환경과 SaaS 플랫폼 서비스 구조는 그림 3.5, 그림 3.6과 같다.

그림 3.4 Non SaaS 환경 [출처: www.cloudflare.com]

그림 3.5 SaaS 환경 [출처: www.cloudflare.com]

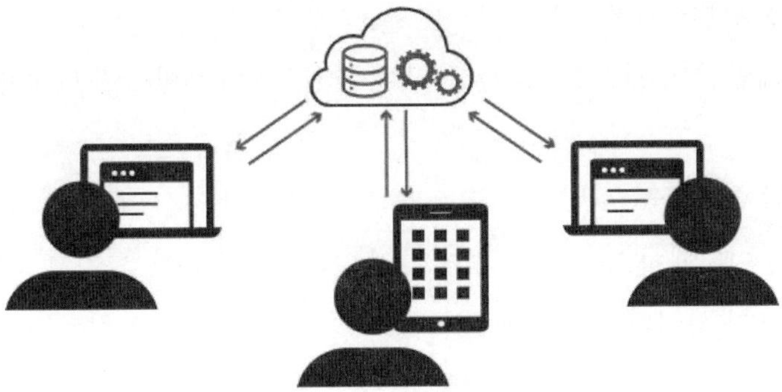

그림 3.6 SaaS 플랫폼 서비스 [출처: www.cloudflare.com]

SaaS 플랫폼의 대표적인 서비스 예로는 Gmail, Office 365 등의 온라인 이메일 애플리케이션 등이 있다.

3.4.3 PaaS 플랫폼

PaaS 플랫폼 서비스는 개발자가 운영체제 및 서버를 포함한 모든 네트워킹, 스토리지, 미들웨어, 도구 등에 이르기까지 애플리케이션의 구축 및 실행환경을 관리하고, 서비스해주는 클라우드 컴퓨팅 서비스이다. PaaS 플랫폼은 애플리케이션 개발에 필요한 컴퓨팅 인프라를 개발자에게 제공하지만 운영체제 및 개발 도구를 업데이트하지는 않으며, 하드웨어를 유지보수 하는 기능 또한 수행하지 않는다. 그 대신에 전체 PaaS 환경 또는 플랫폼을 클라우드를 통해 타사 서비스 제공업체에게 제공하는 기능을 수행하게 된다. PaaS 플랫폼은 애플리케이션 및 소프트웨어 개발전용 솔루션이며, 다음과 같은 기능을 포함한다.

| 제공기능 |

• 클라우드 인프라 제공
 데이터 센터, 스토리지, 네트워크 장비 및 서버 등의 인프라를 제공한다.

• 미들웨어 소프트웨어 제공
 운영체제, 프레임워크, 개발 키트(SDK), 라이브러리 등의 개발 소프트웨어를 제공한다.

• 사용자 인터페이스 제공
 그래픽 사용자 인터페이스(GUI), 명령어 라인 인터페이스(CLI), 그리고 API 인터페이스 등과 같은 사용자 인터페이스를 제공한다.

PaaS 플랫폼 구조는 그림3.7과 같이 호스팅, 데이터베이스, 소프트웨어 등이 제3사를 통해 제공되는 클라우드 컴퓨팅 서비스로써 PaaS 플랫폼은 클라우드 또는 온프레미스 인프라에서 실행되며, PaaS 플랫폼의 장점을 살펴보면 다음과 같다.

| PaaS 플랫폼 서비스 장점 |

- 서버 유지 관리의 부담을 완화시킨다.
- 인프라 소프트웨어를 최신 상태로 유지가 가능하다.
- 기본 인프라의 유지 관리를 걱정할 필요 없이 애플리케이션 개발과 배포가 용이하여 인프라 구축 및 코딩 업무량을 감소시킨다.
- 확장성이 뛰어나고 마이그레이션이 용이하다.
- 애플리케이션 개발 주기를 단축할 수 있다.

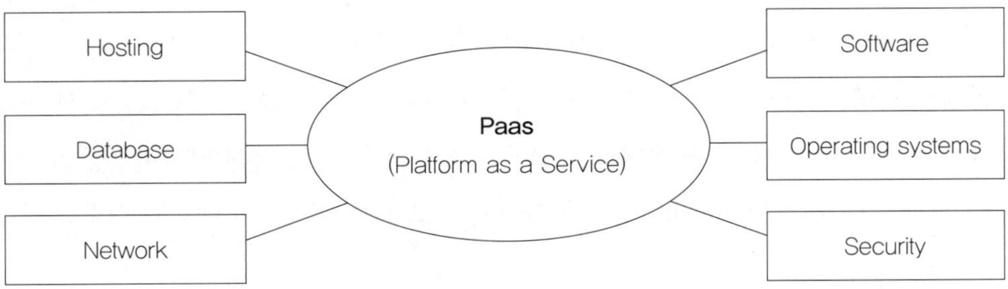

그림 3.7 PaaS 플랫폼 구조 [출처: Adobe Stock]

3.4.4 FaaS 플랫폼

FaaS 플랫폼은 에지에서 모듈식 코드를 실행하는 서버리스 방식으로써 개발자가 인프라를 유지 관리하지 않고도 애플리케이션 패키지를 구축, 실행 및 관리해 주는 서비스 모델이다. FaaS 플랫폼은 그림3.8과 같이 서비스의 기능이 모듈 방식으로 구축되어 실행되기 때문에 마이크로서비스 아키텍처라고도 하며, 마이크로 아키텍처의 모듈 구성 요소는 Function으로써 애플리케이션을 구축하는데 이용된다.

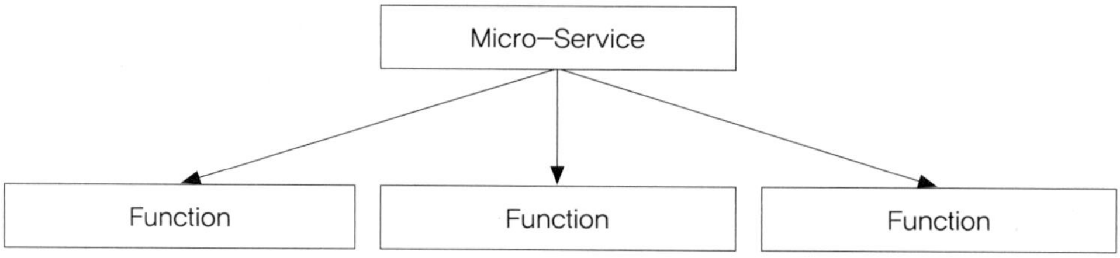

그림 3.8 마이크로 서비스 아키텍쳐

FaaS의 Micro-service는 애플리케이션 응답실행에 보다 빠르게 대응함으로써 코드의 작성 및 업데이트를 용이하게 해 주며, 이로 인하여 Function 코드확장이 쉽고 업데이트가 용이한 장점을 가지고 있다. 이 모델은 일종의 서버리스 클라우드 컴퓨팅 서비스를 위한 플랫폼 구조로써 개발자가 자체 인프라를 유지관리하지 않고도 Function 애플리케이션 패키지를 효율적으로 관리하는 기능을 제공한다.

플랫폼 서비스 구조에서 서버리스 코드를 사용하면 웹 개발자는 애플리케이션 코드 작성에 집중할 수 있게 되며, 서버리스 공급자는 서버 할당 및 백엔드 서비스를 효율적으로 처리할 수 있게 된다. FaaS 플랫폼이 적용되고 있는 대표적인 예를 살펴보면 다음과 같다.

IBM Cloud Functions
Amazon의 AWS Lambda
Google Cloud Functions
Microsoft Azure Functions(오픈소스)
OpenFaaS(오픈소스)

3.5 서비스 플랫폼 차이점

클라우드 서비스의 플랫폼은 일반적으로 IaaS, SaaS, PaaS 등과 같은 기본 서비스 플랫폼이 주로 제공되고 있으며, IaaS는 사용자 관점과 벤더 관점에서 서비스 형이 서로 다르다. 사용자 관점의 IaaS는 그림3.9와 같이 사용자 애플리케이션, 데이터, 런타임, 미들웨어, 운영체제 등과 같은 인프라가 API 또는 대시보드를 통해 제어되는 서비스 구조이며, 벤더 관점의 IaaS는 가상화, 스토리지, 서버, 네트워크를 통해서 서비스가 제어되는 구조로써 유지관리에 따른 부담을 최소화할 수 있다.

반면에 SaaS는 그림3.10과 같이 웹브라우저를 통해 클라우드 컴퓨팅 서비스가 제공되며, 사용자를 대신해서 업체가 소프트웨어 업데이트, 버그 수정, 그리고 기타 일반 소프트웨어 유지관리 작업을 수행한다. 그리고 PaaS는 그림3.11과 같이 사용자와 서비스 제공업체로 구분되어 클라우드 컴퓨팅 서비스가 수행된다. 그림에서 사용자는 실제 애플리케이션과 데이터를 관리하는 기능을 수행하고, 서비스 제공업체는 하드웨어와 애플리케이션, 그리고 소프트웨어 플랫폼을 제공하고 관리하는 기능을 수행한다. 대표적인 PaaS 클라우드 서비스 플랫폼으로는 Amazon Web Services(AWS), Microsoft Azure, Google Cloud, IBM Cloud 등이 있다.

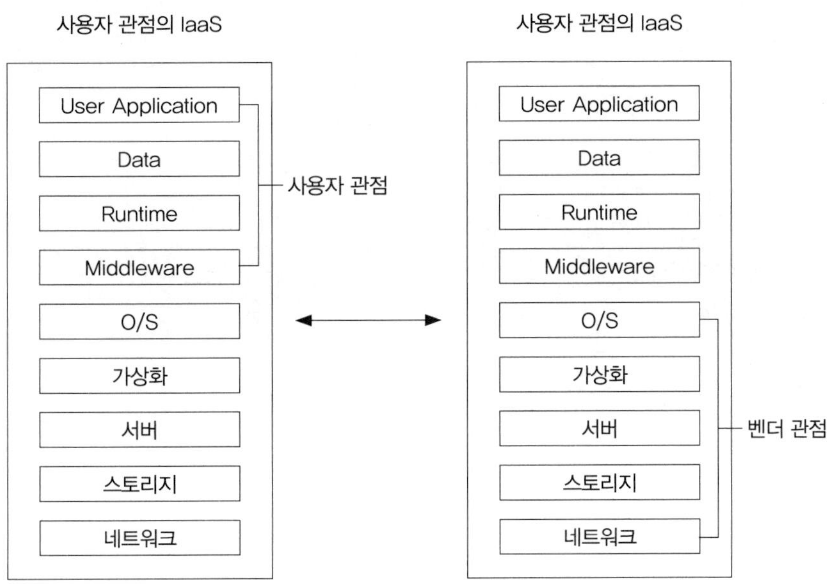

그림 3.9 사용자 관점의 IaaS와 벤더관점의 IaaS

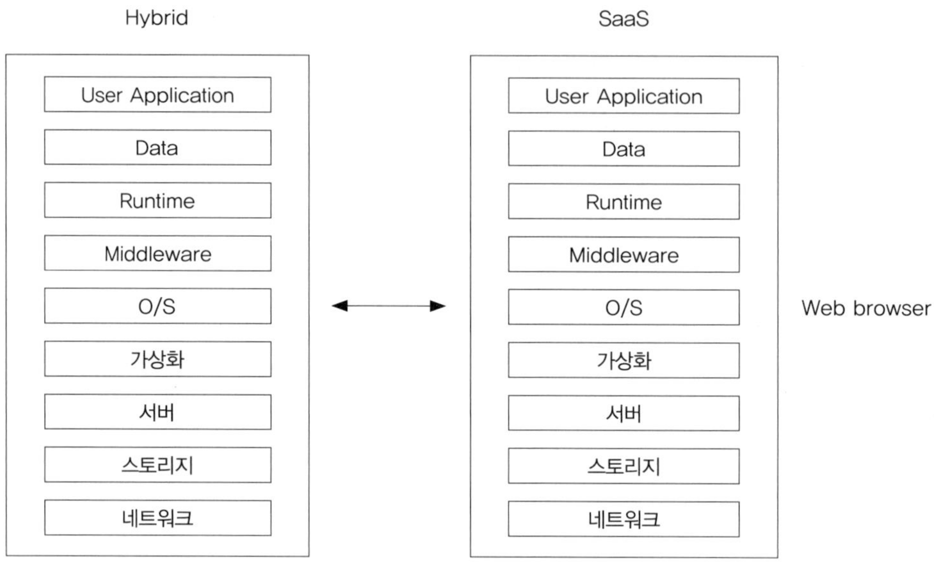

그림 3.10 SaaS 클라우드 컴퓨팅 서비스

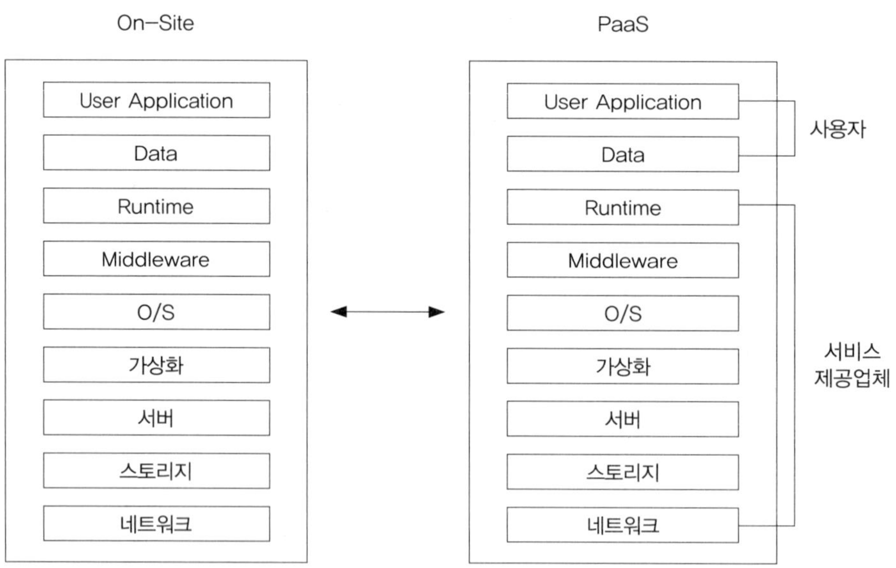

그림 3.11 사용자와 서비스 제공업체 관점의 PaaS

3.6 서비스 인프라

클라우드 서비스 인프라는 클라우드 컴퓨팅에 필요한 구성요소로써 하드웨어, 추상화 리소스, 스토리지 및 네트워크 리소스를 포함하고 있다. 클라우드를 설계하고 구축하기 위해서는 하드웨어, 추상화 리소스, 스토리지 및 네트워크 리소스와 같은 인프라 요소가 필요하며, 클라우드에서 서비스와 애플리케이션을 호스트 하기 위한 클라우드 인프라 구성요소를 살펴보면 다음과 같다.

| 클라우드 인프라 구성요소 |

• 하드웨어

클라우드 하드웨어는 스위치, 라우터, 방화벽, 로드 밸런서, 스토리지 어레이, 백업 기기, 서버 등의 네트워킹 장비가 해당된다.

• 가상화

클라우드 인프라에서 가상화는 하드웨어에서 IT 서비스 및 기능을 분리하는 기술로써 서버를 서로 연결하는 기능을 수행하며, 리소스를 할당하고 추상화하여 사용자가 액세스 하는 기능을 수행한다.

가상화의 하이퍼바이저 소프트웨어는 물리적 하드웨어로써 메모리, 컴퓨팅 기능, 스토리지 등의 시스템 리소스를 추상화하는 기능을 수행한다.

• 스토리지

스토리지는 올바른 데이터 백업기능과 오래된 백업을 주기적으로 제거하고 관리하는 기능을 수행하며, 스토리지 구성 요소가 실패할 경우 검색을 위해 데이터를 인덱싱하는 기능을 수행한다. 하드웨어 시스템의 스토리지 공간을 추상화하기 위하여 가상화를 수행하며, 가상화 기능을 통하여 사용자가 클라우드 스토리지에 액세스하는 기능을 지원한다. 스토리지를 클라우드 리소스로 변환할 경우 드라이브 관리가 용이하며, 스토리지 서버관리를 능동적으로 제공하는 장점을 제공한다.

• 네트워크

네트워크는 유선망 구조, 스위치, 라우터 등의 네트워크 장비를 말하며, 클라우드 네트워크는 각기 다른 여러 개의 하위 네트워크로 구성되어 있다. 클라우드는 가상 LAN(-Virtual Local Area Network) 생성을 지원하며, 필요할 경우 모든 네트워크 리소스에 정적 또는 동적 주소를 할당하는 기능을 제공한다. 클라우드 리소스는 온디맨드로 클라우드 서비스 또는 애플리케이션에 액세스 하도록 지원하며, 인터넷 또는 인트라넷과 같은 네트워크를 통해서 클라우드 서비스를 사용자에게 제공한다.

클라우드 서비스 인프라는 하드웨어 분리기능을 통해서 컴퓨팅 기능을 추상화하는 기능을 제공하며, 추상화를 위한 컴퓨팅 분리기능을 살펴보면 다음과 같다.

| 컴퓨팅 분리기능 |

• 중앙 처리 장치(Central Processing Unit, CPU)의 연산처리 분리기능
• RAM(Random Access Memory)에서의 메모리 분리기능
• 그래픽 처리 장치(Graphics Processing Unit, GPU)에서의 그래픽 처리 분리기능
• 데이터센터 또는 하드 드라이브에서의 데이터 스토리지 가용성 분리기능 등

이러한 컴퓨팅 분리기능은 인터넷을 통해 사용자에게 인프라 또는 각종 플랫폼 서비스로 제공되며, 이것은 결과적으로 빅데이터를 저장하는 클라우드 스토리지 기능으로 발전하는 기틀을 제공한다.

3.7 클라우드 계층구조

클라우드 플랫폼 관점에서 클라우드 계층구조는 그림3.12와 같이 4계층구조로 구성되며, 각 계층은 서로 상호작용을 통하여 유기적인 관계를 가지고서 서비스를 수행한다. 그림에서 보듯이 1계층구조는 클라우드 계층구조, 2계층구조는 클라우드 서비스, 3계층구조는 클라우드 컴퓨팅, 그리고 4계층구조는 플랫폼 계층구조로써 각각의 구조를 살펴보면 다음과 같다.

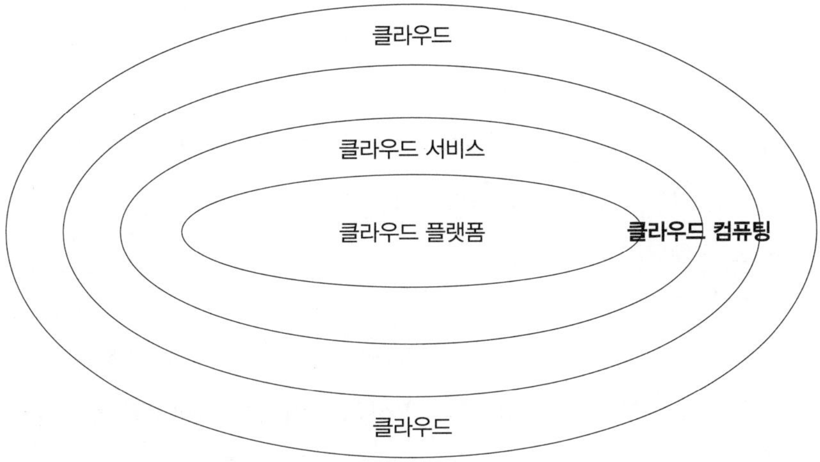

그림 3.12 클라우드 계층구조

- Layer-1(1계층구조): 클라우드

  1계층구조는 서비스 계층의 기본구조로써 서버, 저장소, 네트워크 등의 컴퓨팅 자원 등이 위치하는 구조이다. 이 계층구조는 2계층구조와 상호작용을 통해서 서비스 정보를 상호교환하게 된다.

- Layer-2(2계층구조): 클라우드 컴퓨팅

  2계층구조는 컴퓨팅 자원을 가상화하고 할당 및 관리하는 역할을 수행하는 계층구조로써 건물의 구조물과 같은 역할을 수행한다. 또한 이 계층구조는 3계층구조의 클라우드 서비스와 4계층구조와의 인터페이스 기능을 수행하며, 클라우드 플랫폼의 핵심기능을 구현하는 데 사용된다.

- Layer-3(3계층구조): 클라우드 서비스

  3계층구조는 IaaS, PaaS, SaaS 등과 같은 플랫폼 서비스를 제공하는 계층구조로써 건물의 각 층에 위치한 서비스 시설처럼 사용자가 직접 서비스를 선택하여 활용할 수 있는 계층구조이다.

- Layer-4(4계층구조): 클라우드 플랫폼

  4계층구조는 클라우드 서비스를 제공하는 계층구조로써 이 계층구조는 건물의 전체 시설을 관리하는 기능과 같으며, 사용자에게 안정적이고 효율적인 클라우드 환경을 제공하는 기능을 수행하는 계층구조이다.

이처럼 클라우드 플랫폼 구조는 사용자에게 원격으로 컴퓨팅 자원을 제공하고, 이를 효율적으로 관리하는 기능을 수행한다. 뿐만 아니라 다양한 서비스를 제공하는 역할을 수행함으로써 사용자들이 더욱 효과적이고 안정적인 컴퓨팅 환경을 제공하는 기능을 수행한다.

연습문제

1 클라우드 플랫폼이란 무엇인가?

2 IaaS 플랫폼, SaaS 플랫폼, PaaS 플랫폼에 대해서 설명하시오.

3 클라우드 서비스 인프라는 하드웨어 분리기능을 통해서 컴퓨팅 기능을 추상화하며, 추상화를 통해서 컴퓨팅 분리기능이 수행된다. 컴퓨터 분리기능이란 무엇인지 설명하시오.

4 클라우드 서비스 인프라에 대해서 간단히 설명하시오.

5 FaaS 플랫폼이란 무엇이며, 대표적인 예를 간단히 제시하시오.

제4장

클라우드 스토리지

4.1 기본개요

4.2 스토리지 서비스

4.3 스토리지 서비스 유형

4.4 스토리지 구조

4.5 스토리지 고려사항 및 장/단점

4.6 클라우드 자원

4.7 아키텍처 모델

4.8 아키텍처 설계사항

제4장

클라우드 스토리지

4.1 기본개요

일반적으로 컴퓨터 데이터 스토리지는 디지털 데이터를 저장 및 보관하는 데 사용되는 컴퓨터 기록매체로써 컴퓨터의 핵심 기능이자 기본 구성요소이다. 하나의 예로써 RAM과 ROM은 데이터를 기록하고 저장하는 기억장치이며, 중앙 처리장치(CPU: Central Processing Unit)는 연산을 수행하여 데이터를 빠르게 처리하는 명령어 처리 장치이다. 이들 장치들은 데이터를 기록 및 저장하는 기능을 수행하며, CPU의 레지스터는 명령어 처리를 위한 임시 저장장치 기능을 수행한다. 이처럼 데이터를 기록 저장하는 스토리지는 컴퓨터가 데이터를 일시적으로 또는 영구적으로 기록 및 저장할 수 있게 해주는 하드웨어장치이다.

반면에 클라우드 스토리지는 클라우드 컴퓨팅 제공업체를 통해 데이터와 파일을 인터넷에 저장할 수 있는 클라우드 컴퓨팅 저장장치이며, 사용자가 공용 인터넷 또는 전용 프라이빗 네트워크 연결을 통해 액세스 한다. 즉, 공용 인터넷 또는 전용 프라이빗 네트워크 연결을 통해서 오프사이트 위치에 데이터와 파일을 저장하는 기능을 제공하며, 오프사이트로 전송된 데이터는 제3자 클라우드 제공업체가 관리를 수행한다. 이때 스토리지 제공업체는 서버 및 관련 인프라를 호스팅, 보호, 관리 및 유지하는 기능을 제공함으로써 필요시 데이터에 접근하는 기능을 제공한다.

스토리지 제공업체는 사용자가 필요한 서비스 용량을 거의 무제한으로 그리고 융통성 있게 스토리지 서버, 인프라 및 네트워크를 사용하도록 보장한다. 이 과정에서 클라우드 스토리지 사용자는 데이터 스토리지 인프라를 개인적으로 구매하고 관리할 필요가 없게 되며, 언제 어디서나 데이터에 액세스할 수 있는 민첩성, 확장성, 내구성을 얻는 이점을 가지게 된다.

스토리지 관점에서 볼 때 클라우드 스토리지는 온프레미스 하드 드라이브 또는 스토리지 네트워크를 통하여 파일을 저장하고 관리하는 것이 비용면에서 효과적이며, 시스템 확장이 용이한 장점이 있다. 일반적으로 컴퓨터 시스템의 저장장치는 데이터 저장 공간이 제한되어 있으므로 데이터 저장 공간이 부족해지게 되면 데이터 파일을 보관 저장하기 위하여 별도의 외부 저장 장치를 사용해야 하는 불편함이 있다. 전통적으로 컴퓨터 시스템 환경에서 데이터와 파일을 보관하기 위해 SAN(저장 영역 네트워크)을 구축하여 유지 관리하고 있으나, SAN은 저장된 데이터를 안전하게 관리하기 위해 유지 관리 비용이 많이 든다는 단점이 있다.

클라우드 스토리지 서비스는 데이터 볼륨이 증가할 때 용량을 확장하거나 필요한 경우 줄일 수 있는 융통성을 제공함으로써 스토리지 서비스 비용에 대한 부담을 줄이는 장점이 있다. 데이터의 저장관점에서 클라우드 스토리지는 사용자의 사진, 동영상 등 중요한 정보를 안전하게 보관/저장하는 기능을 제공하며, 데이터를 하드디스크 드라이브(HDD) 또는 USB 메모리에 저장하지 않고도 클라우드 스토리지에 저장함으로써 사용자가 인터넷을 통하여 데이터를 편하게 접근하고 사용할 수 있는 사용 접근성을 제공한다. 즉, 중요한 문서나 사진을 하드디스크 드라이브(HDD) 또는 USB 메모리에 저장하지 않고, 'N드라이브'나 '구글 드라이브' 같은 클라우드 스토리지에 보관하거나 저장하게 된다. 이처럼 클라우드 스토리지는 인터넷만 연결돼 있으면 언제 어디서나 접속이 가능하여 원거리에 출장을 가서 회사업무를 수행하거나 외국 거래처와의 거래 등이 자유로우며, 또한 노트북에 저장해 두었던 자료 또는 콘텐츠를 실수로 분실하거나 오류로 포맷하여 자료가 사라지는 걱정을 하지 않아도 된다.

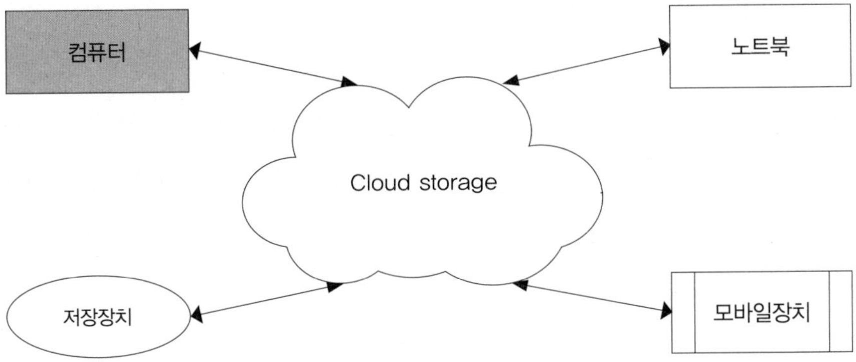

그림 4.1 클라우드 스토리지

클라우드 스토리지는 그림4.1에서 보는 바와 같이 컴퓨터 시스템, 노트북, 그리고 모바일 장치 등의 기억장치 등에 데이터를 저장하는 기능을 수행하며, 구름모양의 클라우드 스토리지 아이콘은 '클라우드(Cloud)'라는 용어를 의미한다. 그림에서 스토리지는 데이터의 저장 공간을 의미하며, 클라우드 스토리지는 인터넷에서 사용하는 USB 메모리 및 HDD와 같다.

이때 HDD와 USB 메모리를 저장장치로 사용할 경우 데이터를 저장하거나 가져오기 위해서는 그림에서처럼 PC나 노트북이 필요하며, 이 과정에서 클라우드 스토리지는 기기에 종속되지 않는다. 즉 PC에 저장된 데이터를 스마트폰에서 꺼내 볼 수도 있고, 스마트폰에 저장된 파일을 태블릿 PC에서도 꺼내 볼 수가 있다. 대표적인 클라우드 스토리지 서비스 예로는 'N드라이브', '유클라우드', 'T클라우드', '드롭박스', '구글 드라이브', '다음 클라우드' 서비스 등이 있다.

4.2 스토리지 서비스

클라우드 스토리지 서비스는 서비스마다 차이가 있지만 일반적으로 PC상의 서비스를 살펴보면 다음과 같다.

| 스토리지 서비스 기능 |

• 서비스 접속

먼저 로그인 과정을 거쳐 사용하는 클라우드 스토리지 웹사이트에 접속한다. 만약 이용하고자 하는 클라우드 스토리지 서비스의 아이디가 없다면, 회원가입을 통해서 서비스 아이디를 발급받는다. 아이디 발급을 통한 회원가입이 끝나면 클라우드 스토리지 서비스 단계로 넘어간다.

• 데이터 저장

저장하고자 하는 데이터 또는 파일을 선택하여 클라우드 스토리지에 저장한다. 사용자가 저장파일의 이름을 변경하거나 수정할 수 있으며, 사용자 폴더를 생성하여 데이터를 저장한다. 클라우드 스토리지에 저장된 데이터는 해당 서비스를 제공하는 인터넷 서비스 업체가 사라지지 않는 이상 계속 저장 및 관리된다. 이러한 관점에서 HDD 및 USB 메모리보다 안전하다.

• 데이터 공유

클라우드 스토리지에 저장된 콘텐츠는 다른 사람과 공유가 가능하다. 데이터 공유기능은 콘텐츠가 저장된 클라우드 스토리지의 웹 주소를 복사해서 수행된다. 예를 들어 데이터 공유 기능은 사진을 찍고 난 뒤 여러 사람이 사진을 공유하기 위해 인화를 하거나 e메일에 첨부해 주고받는 수고를 덜어주는 기능을 수행한다.

• 클라우드 서버 관리

클라우드 서버는 하이퍼바이저 또는 응용 소프트웨어를 실행하고 관리하는 역할을 수행하며, 사용자는 인터넷 연결, 웹 포털, 인트라넷, 클라우드 스토리지 애플리케이션 또는 기타 API(애플리케이션 프로그래밍 인터페이스)를 통해서 클라우드 스토리지를 이용하게 된다. 사용자가 클라우드 스토리지에 데이터 또는 파일을 업로드하면 이들 데이터들이 여러 클라우드 서버에 저장됨으로써 컴퓨팅 시스템 장애발생 시 전체 데이터 손실을 방지하고 비즈니스 연속성을 보존하는 기능을 수행하게 된다.

- 클라우드 보안성
  클라우드에 저장된 모든 데이터는 공인된 사용자만 액세스가 가능하며, 암호, 암호화 및 기타 자격 증명 검증방식을 포함한 여러 보안기능을 통하여 데이터가 보호된다.

일반적으로 클라우드 스토리지 서비스 방식에는 퍼블릭, 프라이빗, 하이브리드 3가지 구조로 구분되며, 퍼블릭 클라우드 스토리지는 SaaS 서비스 형 구조이다. 그리고 프라이빗 클라우드 스토리지 구조는 어느 면에서 퍼블릭 클라우드 스토리지 서비스와 유사하지만, 클라우드 관리 책임이 공급자가 아닌 최종 사용자 조직에 있다는 점이 다르다. 프라이빗 클라우드 스토리지는 엄격한 보안 요건을 따르거나 대량의 민감 데이터를 처리하는 기업과 조직에서 주로 많이 사용되고 있다. 하이브리드 클라우드 인프라는 퍼블릭 클라우드와 프라이빗 클라우드의 구성 요소를 결합한 방식이며, 이 방식은 워크로드 관련 특정 요구사항이 있거나 다양한 수준의 보안이 필요한 광범위한 데이터를 처리하는 조직에 적합한 구조이다.

4.3 서비스 유형

클라우드 스토리지 유형에는 파일, 블록, 객체의 세 가지 유형이 있으며, 각각을 살펴보면 다음과 같다.

4.3.1 파일 타입 스토리지(File Type Storage)

파일타입의 스토리지는 계층적 파일 및 폴더 구조로 데이터를 저장하는 유형으로써 스토리지에서 파일관리 및 생성이 용이한 장점을 가지고 있다. 이 구조는 파일 기반 스토리지로써 데이터는 컴퓨터 하드 드라이브 또는 NAS(네트워크 연결 스토리지) 장치에 저장된다. 파일타입 스토리지에서 데이터는 파일에 저장되고, 파일은 폴더로 구성되며, 폴더는 디렉터리 및 하위 디렉터리의 계층 구조로 구성된다. 파일 탐색은 디렉터리에서 하위 디렉터리, 폴더에서 파일 경로탐색을 통해서 수행된다. 일반적으로 파일타입의 스토리지에서 데이터는 개발 플랫폼, 홈 디렉터리, 비디오, 오디오 및 기타 파일용 저장소에 저장된다.

4.3.2 블록타입 스토리지(Block Type Storage)

블록타입 스토리지는 블록이라는 하나의 큰 블록을 구성하여 데이터를 저장하고 관리하는 스토리지 기법이다. 블록타입 스토리지에서 각 블록은 별도의 하드 드라이브 역할을 수행하며, 클라우드 스토리지 제공업체는 이러한 블록을 사용하여 여러 스토리지 노드 간에 대량의 데이터를 저장하고 관리하게 된다. 블록타입 스토리지는 시스템과 클라이언트 간의 연결을 완료하는 데 걸리는 I/O 대기시간을 줄여줌으로써 대규모 데이터베이스 및 애플리케이션에 적합하게 적용되고 있다. 클라우드에서 사용되는 블록 스토리지는 웹 사이트에서 저장해야 하는 방문자 데이터를 대량으로 캡처되는 분야에 유용하게 적용되며, 안정적인 데이터 전송이 요구되는 클라우드 컴퓨팅 환경에 유용하게 적용될 것으로 보인다.

4.3.3 객체타입 스토리지(Object Type Storage)

객체타입 스토리지는 데이터를 객체로 관리하는 스토리지 관리기법이다. 이 구조에서 데이터 관리는 객체로 관리된다는 점에서 파일 및 블록구조와 다르며, 각 객체에는 파일의 데이터, 관련 메타데이터, 그리고 식별자가 포함되어 있다. 각 객체는 접근되는 순서로 데이터가 저장되며, 데이터를 보다 더 쉽게 액세스 하고 분석할 수 있도록 메타데이터를 정의하여 사용한다.

객체를 보다 융통성 있게 확장하기 위해 객체는 별도의 저장구조에 저장된다. 객체타입 스토리지는 파일 계층구조가 없고 메타데이터를 사용자가 정의하여 사용하기 때문에 비용이 효율적이며, 데이터 저장구조를 최적화할 수 있다는 장점이 있다. 우리가 사용하고 있는 대부분의 인터넷 통신 데이터는 객체타입의 데이터들이며, 여기에는 이메일, 비디오, 사진, 웹 페이지, 오디오 파일, 센서 데이터, 기타 유형의 미디어 및 웹 콘텐츠(텍스트 또는 비텍스트) 등이 포함된다. 이러한 데이터는 소셜 미디어, 검색 엔진, 모바일 및 스마트장치에서 지속적으로 스트리밍 되고 서비스되고 있는 유형의 데이터들이다. 따라서 최근에 객체타입 스토리지는 데이터 보관 및 백업을 위해 선호되고 있는 방법이며, 테라바이트(TB), 페타바이트(PB) 이상의 데이터 볼륨을 저장하고 관리하는 기능을 제공하고 있다.

이들 파일, 블록, 객체의 구조적 차이점을 살펴보면 표4.1과 그림4.2와 같다.

표 4.1 파일, 블록, 객체 스토리지 타입

타입	사용법	기능
파일	• IP와 경로 확인 • mount	• 파일공유, Lock처리 • 문서공유, 빅데이터 처리 등
블록	• 디스크 인식 • 볼륨생성 • 파일 시스템 생성 • mount	• 빠른 응답, 고성능처리 • Database, Transaction처리 등 • App 파일처리
객체	• URL(object 주소 확인) • 프로그램(REST API)을 통한 사용	• Object 처리 • 동영상/이미지 등 미디어 저장 • 아카이빙, 백업 등

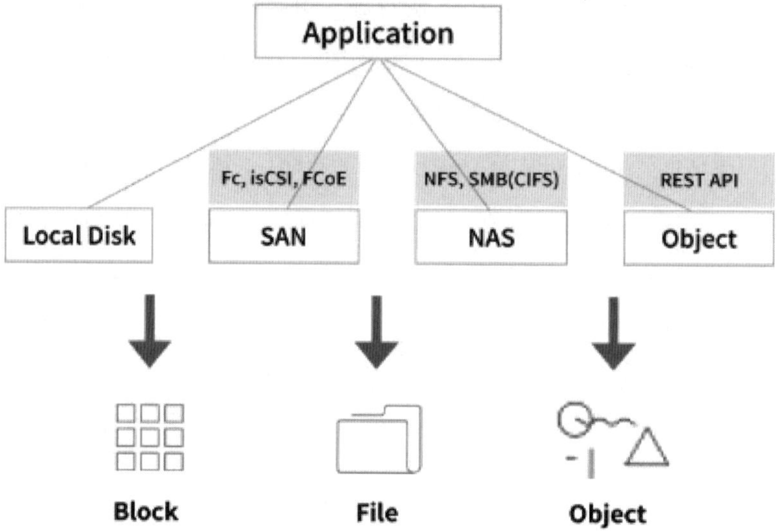

그림 4.2 블록, 파일, 객체의 차이점

4.4 스토리지 구조

클라우드 스토리지는 고도로 가상화된 인프라를 기반으로 하며 스토리지 관점에서 융통성과 확장성을 제공한다. 또한 클라우드 스토리지는 인터페이스, 멀티 테넌시, 리소스 측면에서 보다 넓은 의미의 클라우드 컴퓨팅이며, 클라우드 스토리지 서비스는 클라우드 컴퓨팅 서비스, 웹 서비스 애플리케이션 프로그래밍 인터페이스 API를 통해서 액세스 된다.

클라우드 스토리지 서비스는 Amazon S3와 같은 오프 프레미스 서비스, 그리고 ViON 용량과 같은 온 프레미스 서비스에서 사용되고 있으며, 물리적 스토리지는 여러 서버에 분산 설치된다. 이러한 물리적 스토리지는 클라우드 컴퓨팅 공급자에 의해 관리되며, 클라우드 스토리지 제공업체는 데이터사용이 가능하도록 물리적 환경을 안전하게 보호하고 실행하는 기능을 수행한다.

클라우드 스토리지를 기반으로 한 스토리지 서비스의 예로는 Amazon S3, Oracle

Cloud Storage 및 Microsoft Azure Storage, Openstack Swift를 기반으로 한 객체 스토리지 소프트웨어 서비스, EMC Atmos, EMC ECS 및 Hitachi Content Platform을 기반으로 한 객체 스토리지 시스템, 그리고 OceanStore 및 VISION Cloud를 기반으로 한 분산형 스토리지 서비스 등이 있다.

파일 스토리지 서비스 구조의 예로는 공유 파일을 액세스하고 파일 시스템이 요구하는 애플리케이션을 제공하는 Amazon Elastic File System(EFS) 및 Qumulo Core 등의 서비스 구조가 있으며, 이와 같은 스토리지 구조는 대규모 콘텐츠 저장소, 개발 환경, 미디어 저장소 또는 사용자 홈 디렉터리에 주로 사용되고 있다. 또 다른 스토리지 서비스 구조는 블록 서비스 구조로써 대표적인 서비스 구조는 Amazon Elastic Block Store(EBS)이며, 이 구조는 일종의 데이터베이스로써 엔터프라이즈 애플리케이션을 위해 사용되고 있다.

4.5 스토리지 고려사항 및 장단점

이 절에서는 클라우드에 데이터를 저장할 때 고려해야 할 사항 및 장단점 등에 대해서 살펴본다.

4.5.1 스토리지 고려사항

스토리지에서 데이터를 저장하고 관리하기 위해서는 내구성 및 가용성, 보안성, 그리고 백업 등을 고려해야 하며 각각의 고려사항을 살펴보면 다음과 같다.

| 고려사항 |

• 내구성 및 가용성

클라우드 스토리지는 스토리지 단순화를 위해 데이터 내구성 및 가용성을 고려해야 한다. 클라우드 스토리지를 사용하면 데이터가 하나 이상의 데이터 센터에 걸쳐 여러 디바이스에 중복 저장되게 되며, 이러한 기능은 데이터의 이용가능성을 보다 편리하게 지원한다.

- 보안성

클라우드 스토리지는 데이터가 저장되는 위치, 데이터에 액세스 하는 사용자, 조직에서 특정시점에 소비하는 리소스 등의 정보를 관리하고 제어할 수 있어야 한다. 이러한 과정에서 암호화 기능이 중요하며, 암호화는 사용자 데이터를 안전하게 보호하기 위한 기능이다. 보안은 온프레미스 스토리지에서 뿐만 아니라 클라우드 스토리지 환경에서도 매우 중요한 기능이다.

- 데이터 백업

데이터 백업은 클라우드 스토리지의 중요한 고려사항 중의 하나이다. 백업은 랜섬웨어와 같은 사이버 위협이 발생할 경우 이러한 위협으로부터 데이터를 안전하게 보호하기 위한 기능이다.

- 신속한 데이터 처리

신속한 데이터 처리기능은 클라우드 스토리지를 통해 데이터를 즉시 사용할 수 있게 하는 기능이다. 최근에 클라우드 스토리지 상에서 신속한 데이터 처리를 위해 빅 데이터 분석, 머신러닝, 그리고 인공지능과 같은 지능형 처리기법이 적용됨으로써 대규모 데이터 세트를 보다 빠르게 처리하고 있다.

4.5.2 클라우드 스토리지의 장/단점

클라우드 스토리지가 제공하는 장점과 단점을 살펴보면 다음과 같다.

| 장/단점 |

• 장점

- 사용의 편리성

클라우드 스토리지는 인터넷 연결이 있는 곳이라면 어디서나 간편하게 접속하여 사용할 수 있으며, 드래그 앤 드롭 인터페이스를 통하여 편리하게 사용이 가능하다.

- 비용감소

아웃소싱을 통한 클라우드 스토리지 비용감소를 유도할 수 있으며, 이로 인하여 기업과 조직이 IT시스템 유지관리에 드는 비용을 줄여 비즈니스 목표에 보다 더 집중할 수 있다.

- 데이터 접근성

사용자는 여러 위치와 장치에서 파일에 액세스 할 수 있으며, 필요에 따라 다른 사용자와 파일을 쉽게 공유할 수 있다.

- 확장성

클라우드 스토리지를 이용하면 기업에서는 내부적으로 필요한 추가비용과 전문지식 없이도 스토리지 요구사항을 쉽게 반영하여 시스템 확장을 용이하게 할 수 있다.

- 재해 복구

클라우드 스토리지는 자연재해, 인적오류, 하드웨어 오류 등의 문제를 해결하는데 기여한다. 이것은 클라우드 스토리지를 통해서 중요한 데이터가 손실되는 것을 방지하기 때문이다.

• 단점

- 보안위협

온라인 클라우드 스토리지는 데이터를 안전하고 효율적으로 관리할 수 있지만, 이는 클라우드 벤더가 개인 정보보호 문제, 해킹, 보안 침해로부터 안전하다는 의미가 아니다. 만일 중요한 데이터를 타사인 벤더에 맡기면 데이터 기밀성, 인터넷 파일 전송, 내외부 파일 액세스 관리와 관련하여 여러 가지 문제가 발생할 수 있다.

- 제한된 데이터관리

퍼블릭 또는 하이브리드 클라우드 스토리지 서비스를 선택하여 사용하는 사용자는 데이터 조직의 부분적 제어 또는 전체적 제어를 위해 외부 벤더에 의존 할 수 밖에 없다. 이때 레거시 온프레미스 인프라는 특정 클라우드 스토리지 시스템과 호환되지 않게 되며, 클라우드 환경으로 마이그레이션 하기 위해서는 복잡한 프로세스 사상과정을 거쳐야 하는 문제가 발생된다.

- 벤더종속

온프레미스 인프라에서 클라우드 서비스로 마이그레이션하는 것이 복잡할 수 있는 것처럼 한 클라우드 공급업체에서 다른 클라우드 공급업체로 마이그레이션 하는 것 또한 복잡하다. 기업에서 특정 클라우드 공급업체를 오래 사용할수록 계약 규정, 벤더 시스템 간 비호환성, 데이터 마이그레이션 도구와 서비스의 부족 등으로 인해 벤더 종속 위험이 커지는 문제가 발생한다.

4.6 클라우드 자원

클라우드 자원이란 하드웨어, 가상 리소스, 소프트웨어 기능, 가상 네트워크 시스템과 같은 다양한 클라우드 기술 요소들이 서로 상호작용하여 클라우드 컴퓨팅 환경을 구성하는 것을 말하며, 이들 기술 구성요소를 결합하여 클라우드 환경을 구축하게 된다. 클라우드 아키텍처의 구성요소는 클라우드 액세스에 사용되는 클라이언트 기기 및 플랫폼과 모델, 즉 프런트엔드 플랫폼, 서버 및 스토리지로 구성된 백엔드 플랫폼, 클라우드 기반 모델, 그리고 네트워크 등으로 구성되며, 각각을 살펴보면 다음과 같다.

• 프론트엔드 플랫폼

프론트엔드 플랫폼은 사용자 인터페이스, 클라이언트 측 애플리케이션, 그리고 사용자 측의 클라우드가 서로 상호작용하여 컴퓨팅 서비스를 수행하고, 이 서비스에 액세스

할 수 있게 해주는 클라이언트 기기 또는 네트워크인 클라이언트 인프라이다.

• 백엔드 플랫폼

백엔드 플랫폼은 컴퓨팅 리소스, 스토리지, 보안 메커니즘, 관리 등의 클라우드 자체를 구성하는 클라우드이며, 다음과 같은 기능을 관리하고 수행한다.

| 수행기능 |

- 애플리케이션 관리

  애플리케이션 관리기능은 클라이언트가 클라이언트 요청 및 요구사항을 조정하거나 충족하기 위해 사용되는 기능이며, 이 기능은 프런트엔드에서 액세스 되는 백엔드 소프트웨어 또는 애플리케이션을 관리한다.

- 서비스 관리

  서비스 기능은 클라우드 아키텍처의 핵심기능으로써 클라우드 컴퓨팅 시스템에서 실행 중인 모든 작업을 처리하고 스토리지, 애플리케이션 개발 환경, 웹 애플리케이션을 비롯하여 액세스 하는 리소스 관리를 수행한다.

- 런타임 클라우드 관리

  런타임 클라우드 관리기능은 서비스가 실행되는 환경을 제공하는 기능으로써 서비스 태스크 및 관리실행을 처리하는 운영체제 역할을 수행한다. 런타임은 가상화 기술을 사용하여 앱, 서버, 스토리지, 네트워킹을 포함한 모든 서비스를 나타내는 하이퍼바이저를 생성하고 관리하는 기능을 수행한다.

- 스토리지 관리

  스토리지 관리는 하드 드라이브, 솔리드 스테이트 드라이브 등의 스토리지에 필요한 데이터를 저장하고 관리하는 기능이다. 클라우드 스토리지 옵션은 제공업체에 따라 다르지만 대부분의 클라우드 서비스 제공업체는 방대한 양의 데이터를 클라우드에 저장하고 관리하는 기능을 수행한다. 이러한 관리 기능을 통해서 유연하고 확장 가능한 스토리지 서비스가 제공되며, 스토리지에는 하드 드라이브, 솔리드 스테이트 드라이브 또는 서버 베이의 영구 디스크가 사용되고 있다.

- 인프라 관리

클라우드 인프라는 CPU, 그래픽 처리 장치(GPU), 네트워크 디바이스, 시스템이 원활하게 실행되는 데 필요한 기타 하드웨어 구성요소를 포함하여 클라우드 서비스를 구동하는 모든 주요 하드웨어 구성요소로 이루어져 있으며, 인프라는 이들을 실행하고 관리하는 소프트웨어이다.

살펴본 바와 같이 클라우드 아키텍처는 클라우드 리소스와 인프라의 구성 방식을 결정하는 중요한 요소이며, 인프라의 구성요소는 관리기능과 보안요소로 구성되어 있다.

• 관리

관리요소는 클라우드 서비스 환경에서 사용자 요구사항에 따라 리소스를 실시간으로 관리하는 기능이며, 이 기능은 미들웨어라 하는 관리 소프트웨어를 통해서 백엔드와 프런트엔드 클라우드 아키텍처 구성요소 간의 통신을 조정하고 특정 태스크를 위한 리소스를 할당하는 기능을 수행한다.

관리 소프트웨어는 미들웨어 외에도 사용량 모니터링, 데이터 통합, 애플리케이션 배포, 재해 복구와 같은 요소들을 모니터링하는 기능을 수행한다.

• 보안

보안기능은 클라우드 환경에서 사용자 서비스를 안전하게 보호해 주는 기능으로써 데이터, 애플리케이션, 플랫폼을 보호하는 기능을 수행한다. 이 기능은 데이터 손실 및 외부침입을 방지해 주는 기능을 수행하며, 일반적인 보안기능에는 일반 백업, 디버깅, 가상 방화벽 등이 사용된다.

이와 같은 아키텍처 인프라 구성요소는 클라우드 컴퓨팅 아키텍처를 효과적으로 구축하는데 사용되며, 구축된 아키텍처의 성능을 향상시키고 시스템을 보다 안정적으로 유지시키기 위해 사용된다.

4.7 아키텍처 모델

클라우드 아키텍처 모델은 크게 프라이빗 아키텍처 모델, 퍼블릭 아키텍처 모델, 하이브리드 및 멀티클라우드 아키텍처모델로 구분되며 각각을 살펴보면 다음과 같다.

| 아키텍처 모델 |

• 퍼블릭 클라우드 아키텍처

퍼블릭 클라우드 아키텍처는 클라우드 서비스 공급업체가 소유한 컴퓨팅 리소스를 다른 테넌트에 재배포할 수 있는 클라우드 아키텍처로써 클라우드 서비스 공급업체가 컴퓨팅 리소스를 소유하고 운영한다. 퍼블릭 아키텍처의 컴퓨팅 리소스는 인터넷을 통해 여러 테넌트 간에 공유 및 재배포되며, 이 모델의 장점은 확장성, 운영비용 절감, 그리고 유지보수의 편리성 등이 있다.

• 프라이빗 클라우드 아키텍처

프라이빗 클라우드 아키텍처는 기업체의 자체 온프레미스 데이터 센터에서 별도로 관리되고 있는 클라우드 아키텍처로써 주로 사용자의 방화벽 내에 구성된다. 이 모델은 퍼블릭 클라우드 모델에 비해서 아키텍처 유지 관리 비용이 많이 들지만 관리에 따른 수정이 용이하며 데이터 보안 및 규정 준수 옵션이 자유롭다는 장점이 있다.

• 하이브리드 클라우드 아키텍처

이 모델은 퍼블릭 클라우드의 운영 효율성과 프라이빗 클라우드의 데이터 보안 기능의 장점을 결합한 모델로써 워크로드 이식성, 오케스트레이션 및 관리 기능을 제공하고 있다.

하이브리드 클라우드 아키텍처는 퍼블릭 및 프라이빗 클라우드 아키텍처 활용이 모두 가능하여 데이터 보안 요구 사항에 보다 융통적인 장점을 제공한다.

• 멀티클라우드 아키텍처
멀티클라우드 아키텍처는 퍼블릭 또는 프라이빗 등과 같은 2개 이상의 클라우드로 구성된 아키텍처로써 여러 퍼블릭 클라우드 서비스 사용이 가능하다. 이 모델은 멀티 클라우드로 인하여 단일 클라우드 서비스 벤더 및 특정 모델에 대한 의존성을 줄임으로써 클라우드 서비스 효율성이 뛰어날 뿐만 아니라 비용을 줄일 수 있어 클라우드 종속성에 비교적 자유롭다는 장점이 있다.

4.8 아키텍처 설계사항

효율적인 클라우드 아키텍처 설계는 클라우드 운영에 따른 비용절감, 애플리케이션 성능향상, 그리고 최종 사용자의 만족을 충족시킬 수 있으며, 기업차원에서의 IT미래 환경을 보장하고 시스템의 도입 및 구축이 자유롭다는 특징이 있다. 또한 비즈니스 가치실현 제공을 위한 기틀을 마련하고 정책 결정에 도움을 제공한다.

클라우드 관점에서 클라우드 아키텍처의 설계요소를 살펴보면 다음과 같다.

| 설계요소 |

• 사전 운영계획
사전 운영계획은 클라우드 아키텍처를 설계할 때 필요한 용량이 얼마이며, 사용되는 디바이스는 무엇인지 등의 요소를 사전에 미리 파악하여 반영하고 운영하는 계획이다. 즉 아키텍처를 설계하고 구축할 때 예기치 못한 장애 및 결함이 발생하지 않도록 사전 운영계획을 미리 고려하는 기능이다.

• 보안성

보안성은 데이터 암호화, 패치 관리 및 엄격한 정책을 통해 클라우드 인프라 내의 모든 계층을 보호하여 해커 및 무단 사용자로부터 클라우드를 안전하게 보호하는 기능이다. 설계 시 보안기능을 미리 고려하여 하이브리드 및 멀티 클라우드 엔터프라이즈 전반에 보안기능을 지속적으로 유지해 주는 기능이 무엇보다 중요하다.

• 신속한 재해복구

신속한 재해복구는 복구 프로세스를 자동화하여 많은 비용을 초래하는 다운타임을 방지하고 서비스 중단 시 신속한 복구를 보장하기 위한 기능이다. 클라우드 설계 시 재해복구 기능을 반영하면 클라우드 고가용성 아키텍처를 신속하게 복구할 수 있으며, 이로 인하여 물적 손실을 최소화하고 시스템을 안전하게 보호할 수 있게 된다.

• 성능 극대화

성능 극대화는 시스템의 처리 및 실행상태를 최적화하는 기능이며, 성능 극대화를 위해 컴퓨팅 리소스를 최적으로 활용하고 관리하는 기능이 요구된다.

• 비용절감

비용절감은 클라우드 모니터링을 통하여 불필요한 클라우드 컴퓨팅 비용낭비를 줄이기 위한 기능으로써 설계 시 비용절감 전략이 시스템에 고려되고 반영되어야 한다.

연습문제

1 클라우드 스토리지란 무엇인가?

2 클라우드 스토리지 서비스의 종류에는 어떤 것들이 있는지 간단히 설명하시오.

3 파일 타입 스토리지와 블록 타입 스토리지의 차이점은?

4 스토리지에서 데이터를 저장하고 관리하기 위한 고려사항에 대해 간단히 설명하시오.

5 클라우드 관점에서 클라우드 아키텍처의 설계요소에 대해서 설명하시오.

제5장

클라우드 가상화

5.1 가상화
5.2 클라우드 가상화
5.3 콘테이너화
5.4 가상머신
5.5 전가상화와 반가상화

제5장

클라우드 가상화

5.1 가상화

5.1.1 기본개념

일상생활에서 우리 인간은 유형/무형의 많은 자원을 이용하면서 살아가고 있다. 인간에게 꼭 필수적인 요소인 물, 공기 등과 같은 자원이 없다면 어떻게 될까? 그리고 동/식물에게 필요한 햇빛과 물 등의 자원이 없다면 어떻게 될까? 이처럼 우리는 주변에서 너무나 쉽게 접하고 있는 자원의 고마움을 당연시하고 있지는 않는지 생각해 볼 필요가 있다. 이 밖에도 우리 인간은 많은 자원들을 이용하면서 살아가고 있으며, 석유, 천연가스 등과 같은 지하자원, 석탄, 구리, 아연, 철광석 등과 같은 광물자원은 그 매장량이 무한하지 않으며, 언젠가는 사용량이 고갈되고 말 것이다. 이러한 자원을 독점하지 않고 공유하면서 살아가는 것이 우리가 사는 지혜이며, 최소의 비용으로 최대의 효과를 얻을 수 있는 하나의 방법이다.

컴퓨팅 환경에서도 마찬가지이다. 우리가 사는 일상의 환경처럼 컴퓨터 기반의 컴퓨팅 환경에서도 많은 데이터 처리를 위해 자원이 사용되고 있으며, 중앙처리장치, 메모리, 입출력장치, 네트워크 등은 대표적인 자원유형이다. 컴퓨팅 환경에서 자원은 한정되어 있으며, 한정된 자원을 특정 이용자가 독점하지 않고 공유해서 이용한다면 낭비를 줄이면서 시스템 이용을 보다 효율적으로 이용할 수 있을 것이다. 이처럼 한정된 자원을 여러 이용자가 공유해서 시스템의 이용률을 극대화하기 위한 기법 중의 하나가 가상화 개념의 출발이라 할 수 있다.

컴퓨터 환경에서 가상화(Virtualization)는 컴퓨터 자원을 추상화하는 개념으로 사용되고 있다. 즉, 가상화는 CPU, 메모리, 스토리지, 네트워크 등 컴퓨터에서 사용되는 자원을 마치 여러 개인 것처럼 분할해서 분할된 자원을 사용하거나, 또는 분할된 여러 개의 자원들을 하나로 묶어서 사용하는 개념이다. 이처럼 가상화는 자원의 논리적 분할과 통합의 개념에 기반을 두고 있으며, 일상생활에서도 이와 같은 개념의 예들을 많이 살펴볼 수 있다.

예를 들어 A라는 사람이 물건을 보관하기 위한 500평의 창고를 가지고 있다고 가정하자. A라는 사람이 물건을 보관하기 위해 500평이 필요할 거라 생각해서 이만큼의 공간을 확보했는데, 실제로는 100평만큼의 공간만 필요하다면 어떨까. 아마도 나머지 400평에 대한 공간을 활용하지 않는다면 이 공간만큼의 낭비가 발생할 것이다. 이 경우 A는 창고관리에 따른 비용이 발생할 것이고, 자원 효율성 관점에서도 효율성이 떨어질 것이다. 그렇다면 사용하지 않는 400평의 공간을 여러 사람에게 분할해서 다시 임대를 하거나 매각한다면 어떨까? 당연히 관리비용이 줄어들게 됨을 알 것이다. 이처럼 가상화 개념은 자원을 논리적으로 분할하여 분할된 자원을 여러 사람이 사용할 수 있도록 개념적으로 제공하는 방법이며, 또한 필요할 경우 분할된 자원을 통합해서 사용할 수 있도록 제공한 개념이다. 이처럼 자원을 여러 개로 분할하거나 분할된 여러 개의 자원을 하나로 묶어서 '추상화'하는 개념을 가상화라 한다.

실제로 우리는 일상생활에서 구글 클라우드, 네이버 클라우드 등의 클라우드 가상화 서비스를 접하고 있으며, 구글 클라우드 서비스는 컴퓨팅 자원들을 가상화한 대표적인 서비스이다. 이러한 가상화 서비스는 서비스에 가입한 사용자들에게 할당받은 자원을 제공하여 애플리케이션을 실행하도록 지원하고, 그리고 데이터를 저장할 수 있도록 지원한다. 가상화는 실제 존재하는 자원이 아니라 실제처럼 가상하여 자원을 사용하는 개념이기 때문에 시공간적 제약을 받지 않고 클라우드 공간을 자유롭게 접근할 수 있으며, 성능이 부족할 경우 필요한 자원을 더 많이 할당받아 성능을 높일 수도 있다. 또한 가상화 컴퓨팅 개념은 논리적으로 분리개념이 적용되어 있기 때문에, 각 분리된 가상화가 다른 자원 가상화에 영향을 주지 않으며 시스템 전체에도 영향을 주지 않는다. 이러한 장점으로 인해 가상화 개념은 VM(Virtual Machine), 컨테이너, 클라우드, 터널링 등 여러 분야에 폭넓게 적용되고 있다.

5.1.2 가상화 배경

가상화의 개념은 1960년대 IBM 메인 프레임에서 처음 도입되기 시작하였으며, 첫 상용 솔루션은 2001년 x86 컴퓨터에 적용된 VM웨어(VMware)이다. 가상화 개념은 여러 사람이 시스템에 동시에 접근하여 데이터를 처리하는 일괄 처리(Batch processing) 방식에 기반을 두고 있으며, 일괄 처리는 급여와 같은 루틴 태스크를 매우 빠르게 수천 번 실행하는 사업 부문에서 널리 사용되는 컴퓨팅 방식이다. 초기에는 가상화 개념의 한계성으로 인해 적용이 제한적이었으나 UNIX 운영체제의 등장 이후 가상화 개념은 새로운 자원 이용 효율화 기법으로 등장하였으며, 점차 자리를 잡아가기 시작하였다.

1990년대에는 대부분의 기업이 물리 서버와 단일 벤더 IT 스택을 사용하고 있었던 시기로써 이 시기에는 많은 기업체들이 낮은 물리 하드웨어에 의존하면서 IT환경을 운영하였다. 이러한 환경은 작업 처리율을 떨어뜨릴 뿐 만 아니라 시스템의 성능을 떨어뜨리는 원인을 제공하게 되었다. 이러한 문제를 해결하기 위해 도입된 개념이 바로 가상화이다.

가상화 개념은 기업이 보유한 하나의 컴퓨터 서버를 여러 개의 서버로 분할하여 실행할 수 있도록 지원하는 개념이며, 여러 유형 및 버전의 운영체제에서 레거시 애플리케이션을 실행할 수 있도록 지원하는 개념이다. 이러한 개념을 통해서 서버는 더 효율적으로 사용될 수 있고 또한 관리될 수 있으며, 이로 인하여 구매, 셋업, 냉각, 유지관리와 같은 비용을 줄일 수가 있게 되었다.

오늘날 가상화 개념은 가상화 관리 소프트웨어를 이용하여 전체 시스템을 관리하고 있으며, 가상화 개념의 배경을 정리하면 다음과 같다.

- 1960년도에 등장하여 2000년 이후 상용화가 되었다.
- 1964년 IBM 메인프레임에서 최초로 시도되었다.

- 서버의 성능 향상을 위해 무어의 법칙을 적용하였다.
- 한 서버를 여러 개의 부분 서버로 분할하여 분할된 서버에 어플리케이션을 적용하기 시작하였다.

5.1.3 가상화 기술

가상화에 적용되는 기술 중의 하나는 하이퍼바이저 기술이다. 하이퍼바이저는 소프트웨어가 물리적 자원을 필요로 하는 가상환경에서 물리적 자원을 분리하는 기능을 수행한다. 하이퍼바이저는 노트북 등의 운영체제에 배포할 수 있으며, 그리고 서버 등의 하드웨어에 직접 설치될 수 있다.

일반적으로 대부분의 기업체에서는 이러한 방식을 이용하여 가상화를 수행하며, 가상화 환경에서는 하이퍼바이저를 이용하여 물리적 자원을 분할할 수도 있다. 하이퍼바이저가 수행하는 기능은 그림5.1과 같으며, 자원은 필요에 따라 물리 환경에서 여러 가상환경으로 분할될 수 있다.

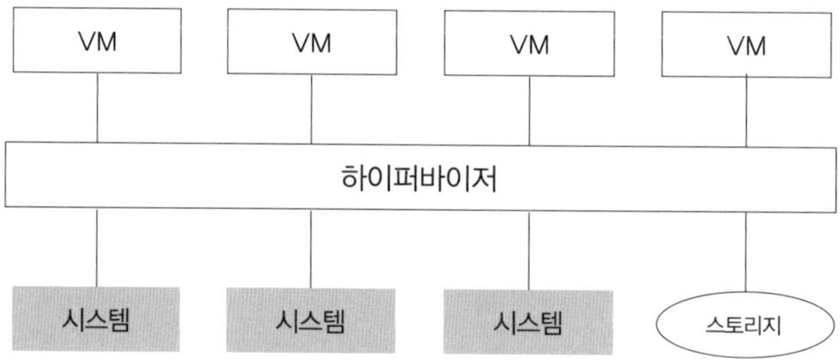

그림 5.1 하이퍼 바이저 기능

하이퍼바이저 관점에서 사용자는 가상머신이라 하는 가상환경과 상호작용하여 자원에 접근할 수 있으며, 이때 가상머신은 단일 데이터 파일처럼 작동을 수행한다. 즉, 사용자는 디지털 파일과 같이 한 컴퓨터에서 다른 컴퓨터로 파일을 옮길 수 있고 필요할 경우 파일을 열어볼 수 있거나 복사할 수 도 있다. 이러한 사용자 요청이 커널 기반 가상 머신(Kernel Virtual Machine)상에서 오픈소스 하이버파이저를 통해 전송되는 경우 모든 작업은 매우 빠른 속도로 처리된다.

5.1.4 가상화 유형

하이퍼바이저는 가상화를 관리하는 소프트웨어로써 하나의 물리적 머신에서 가상 머신(VM)을 생성하는 기능을 수행한다. 가상머신은 물리적 머신과 동일한 역할 및 성능을 수행하지만, cpu와 메모리 및 스토리지와 같은 물리적 머신의 컴퓨팅 자원을 사용하며, 가상화를 위한 가상화의 유형에는 데이터 가상화, 데스크탑 가상화, 서버 가상화, 운영체제 가상화, 그리고 네트워크 가상화 등이 있다.

| 가상화 유형 |

- 데이터 가상화

데이터 가상화는 여러 곳에 분산되어 있는 데이터를 단일 소스로 통합하는 가상화 유형이다. 예를 들어 기업이 데이터 가상화를 수행할 경우 데이터를 동적 공급 요소로 간주함으로써 여러 소스에서 데이터를 동시에 가져올 수도 있으며, 또한 새로운 데이터 소스를 손쉽게 통합할 수 도 있다. 이러한 반입과 통합기능은 사용자의 요구에 능동적으로 대처할 수 있으며, 필요시 데이터를 효율적으로 처리하고 관리하는 기능을 제공할 수 있다. 데이터 가상화를 위한 가상화 도구는 다양한 데이터 소스를 단일 소스로 처리하는 기능을 제공하며, 필요한 데이터를 필요한 형식으로 변환하여 적시에 사용자에게 제공하는 기능을 수행한다.

- 데스크탑 가상화

데스크탑 가상화는 그림5.2처럼 데스크탑 환경에서 하이퍼바이저 또는 자동화된 관리 도구를 이용하여 여러 개의 물리머신에 동시에 배포하는 기능이다.

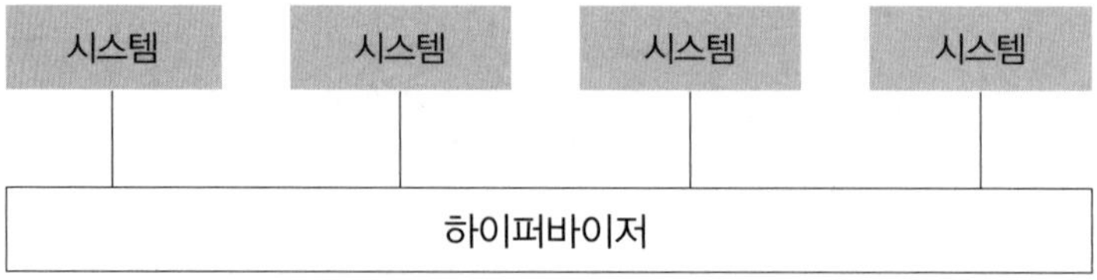

그림 5.2 데스크 탑 가상화

데스크 탑 가상화는 각 머신에서 물리적으로 설치, 구성, 업데이트되는 기존의 데스크 탑 가상화 방법과는 달리 관리자가 모든 가상 데스크탑에서 구성, 업데이트, 보안 점검을 직접 수행한다.

• 서버 가상화

서버 가상화에서 사용되는 서버는 노트북 및 데스크 탑 등의 다른 컴퓨터가 다양한 작업을 처리할 수 있도록 하는 컴퓨터이다. 서버 가상화는 하나의 서버를 여러 개의 부분 서버로 분할하여 가상화하는 기법으로써 서버를 가상화하게 되면 서버가 특정기능을 더 많이 수행할 수 있는 장점을 제공하게 된다.

• 운영체제 가상화

운영체제 가상화는 운영체제의 중앙 태스크 관리자인 커널에서 수행되는 가상화 유형이다. 운영체제 가상화는 Linux 환경과 Windows 환경에서 모두 실행 가능하며, 이들 운영체제 환경에서 제공하는 자원을 효율적으로 관리하고 작업을 수행할 수 있다. 기업이 운영체제 가상화 개념을 도입할 때 제공되는 장점을 살펴보면 다음과 같다.

- 하드웨어에 도입에 따른 비용을 줄일 수 있다.
- 보안이 보장된다.
- 소프트웨어 업데이트와 같은 IT 서비스에 소요되는 시간이 절약된다.

• 네트워크 가상화

네트워크 가상화는 디렉터리 서비스, 파일공유, IP 설정과 같은 네트워크의 주요 기능을 분리하여 이러한 기능을 수행하는 가상화 유형이다. 네트워크 가상화를 수행하면 스위치, 라우터, 서버, 케이블, 허브 등의 네트워크 장비를 독립적으로 운영할 수 있으며, 또한 독립적으로 장비를 생성할 수 있는 장점이 있다. 이러한 네트워크 가상화 개념은 통신 산업에서 일반적으로 사용되는 물리 구성요소의 수를 줄여 비용절감의 효과를 가져오게 되며, 네트워크 가상화 개념은 그림5.3과 같다.

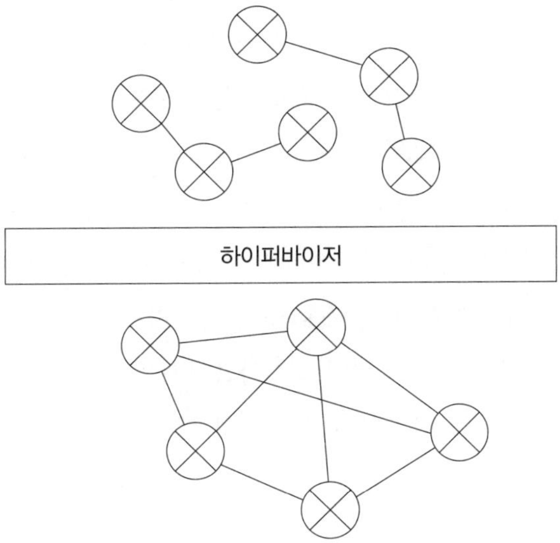

그림 5.3 네트워크 가상화

5.2 클라우드 가상화

5.2.1 기본개요

1996년 컴팩(Compaq)이 클라우드 컴퓨팅 환경에 가상화 개념을 적용하면서 가상화 기술은 진화하기 시작하였으며, 2006년 구글이 유휴 서버를 활용하는 방안을 도입하면서 가상화 기술은 도약단계를 맞이하게 되었다. 이후 2006년 8월 아마존의 EC2(Amazon Elastic Compute Cloud) 프로젝트를 통하여 클라우드 개념과 가상화 개념이 일반인들에게도 적용되기 시작하였으며, 오라클, 레드햇, 알리바바, velog 등 많은 기업체들이 가상화 기술을 도입하였다.

클라우드 컴퓨팅 관점에서 가상화와 클라우드 컴퓨팅은 서로 구분되며, 가상화는 단일 물리적 하드웨어 시스템에서 여러 시뮬레이션 환경 또는 전용 리소스를 분할 생성하는 기술을 말한다. 여기서 하이퍼바이저는 소프트웨어가 하나의 물리적 시스템을 여러 부분 시스템으로 분할하는 기능을 수행하게 되며, 분할된 한 개의 시스템이 가상 머신(VM)에 의해 별도의 고유하고 안전한 가상화 환경을 구축하게 된다. 이처럼 가상머신에 의해 분리된 리소스는 적절한 배포과정을 거쳐 가상화 기능을 수행한다.

이에 반해 클라우드 컴퓨팅은 컴퓨팅, 네트워크, 스토리지, 인프라 리소스, 서비스, 플랫폼, 그리고 애플리케이션 등의 서비스 자원을 사용자가 요구할 때 이들 자원을 사용자들에게 제공하는 서비스 방식이다. 즉 이러한 네트워크, 스토리지, 인프라 리소스, 서비스, 애플리케이션 등의 클라우드 서비스는 사용자가 필요로 할 경우 자동화 소프트웨어를 통해서 온디맨드 형태로 제공되며, 가상화와 클라우드 컴퓨팅의 개념적 차이를 살펴보면 표5.1과 같다.

표 5.1 가상화와 클라우드 컴퓨팅의 개념적 차이

기능	클라우드 컴퓨팅	가상화
관점	방법론	기술론
목적	On-demand사용을 위한 가상 리소스 풀링화	1개의 물리적 환경에서 다수의 시뮬레이션 환경 생성
처리단위	템플릿 기반	이미지 기반
스케일 처리	스케일 아웃	스케일 업
테넌시	멀티형	싱글형

가상화는 서버, 스토리지, 네트워크 및 기타 물리적 시스템 등에 대하여 가상표현을 생

성하며, 가상 소프트웨어는 물리적 하드웨어 기능을 모방하여 하나의 물리머신 상에서 여러 가상 시스템을 동시에 실행하는 기능을 수행한다. 예를 들어 어느 특정 기업이 IT 시스템을 구축 운영하는 과정에서 가상화 개념을 도입하게 되면 하드웨어 리소스를 효율적으로 사용할 수 있으며, 이 과정에서 리소스에 대한 추가적인 비용을 줄일 수가 있다. 또한 클라우드 컴퓨팅 서비스를 지원함으로써 조직의 인프라를 더욱 효율적으로 관리할 수 있는 장점이 있게 된다. 이처럼 가상화는 기업의 관점에서 비용 효율적이며, 조직의 인프라를 안정적으로 관리할 수가 있다.

한편 운영체제 관점에서 가상화는 가상머신을 생성하는 하드웨어 역할을 하며, 가상화의 컴퓨팅 자원에는 프로세서(CPU), 메모리(Memory), 스토리지(Storage), 네트워크(Network), 그래픽 처리 장치(GPU) 등이 있다. 이들 컴퓨팅 자원을 가상화함으로써 자원 사용률과 분산 처리 능력을 향상시키게 된다.

컴퓨팅 운영관점에서 가상화 개념을 이용하면 하드웨어로부터 운영체제 분리가 용이하며, Windows나 Linux와 같은 여러 운영체제의 물리적 머신화가 가능하다. 물리적 머신화가 가능한 운영체제를 게스트 OS (Guest Operating Systems)라 하며, 게스트 OS와 가상머신과의 관계를 살펴보면 그림5.4와 같다.

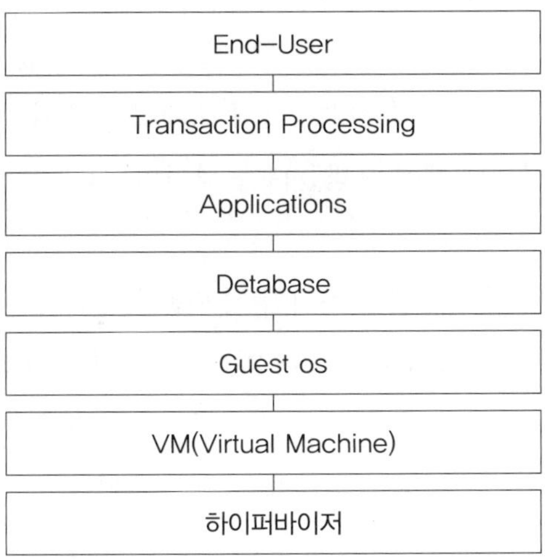

그림 5.4 클라우드 가상화 프로세싱

그림5.4에서 보듯이 클라우드 가상화 프로세싱을 사용하게 되면 가상화 프로세스가 서버 인프라, 메모리, 스토리지 등과 같은 할당된 리소스 내에서 실행되며, 이때 가상화 프로세스를 사용하면 조직은 재부팅하지 않고도 동일한 서버에서 서로 다른 운영 체제로의 전환을 쉽게 할 수 있다. 이처럼 클라우드 가상화 프로세싱에서 VM과 하이퍼바이저는 매우 중요한 역할을 하며, 이들을 살펴보면 다음과 같다.

5.2.1 VM과 하이퍼바이저

• VM(Virtual Machine)

VM은 물리적으로 존재하는 컴퓨터가 아닌, 다른 컴퓨터가 논리적으로 생성한 가상의 컴퓨터로써 자신의 컴퓨팅 자원과 운영체제를 가지고 있다. VM은 가상머신 상에서 운영체제나 응용 프로그램의 설치 및 실행이 가능하며, 컴퓨터 환경에서 논리적 실행이 가능하다. 가상머신은 실제 컴퓨터와의 통신 여부에 따라 시스템 가상머신과 프로세스 가상머신으로 구분되며, 시스템 가상머신은 완전한 운영체제의 실행을 지원한다. 이와는 달리 프로세스 가상 머신은 단일 프로세스를 지원하기 위한 프로세스로써 하나의 단일 프로그램을 실행하는 역할을 수행한다.

가상머신의 중요한 특징 중의 컴퓨터 시스템 내에서 실행되는 소프트웨어는 가상 머신이 제공하는 환경과 자원에 제한을 받는다는 점이며, 이때 가상의 환경을 벗어나고자 할 때 많은 제약을 받게 된다.

또한 VM관점에서 컴퓨터 시스템은 논리적 시스템과 물리적 시스템으로 구분되며, 물리적 시스템은 호스트 머신, 그리고 가상머신은 게스트 머신이라 한다. 하나의 물리적 시스템에서는 여러 가상머신이 실행될 수 있으며, 가상머신은 자원을 가상화하는 기능을 수행하며, 이때 가상화는 하이퍼바이저에 의해 수행된다.

• 하이퍼바이저

하이퍼바이저는 한 컴퓨터에서 여러 가상머신을 관리하고, 가상화를 수행하는 소프트웨어이다. 이때 하이퍼바이저는 가상화를 수행하고 관리하기 위해 가상머신을 이용하며, 독립된 다른 환경의 머신들을 같은 물리적인 머신으로 가상화를 수행한다. 이 과정에서 클라우드 환경의 하이퍼바이저들은 VM의 도움을 받아 가상화를 수행하며, VM은 하이퍼바이저와의 상호작용을 통하여 가상화 프로세스를 수행한다. 특히 프로세스 가상머신들은 플랫폼에 독립적인 프로그램 실행 환경과 추상화를 제공함으로써 하나의 자원을 실행가능한 가상화 단위로 생성하며, 가상화를 위한 하이퍼바이저는 다음과 같이 2가지 유형으로 분류된다.

| 하이퍼바이저 유형 |

- Type-1 하이퍼바이저

Type-1 하이퍼바이저는 베어 메탈 하이퍼바이저라고도 하며, 그림5.5와 같이 게스트 운영체제를 관리한다. 클라우드 컴퓨팅 관점에서 Type-1 하이퍼바이저는 성능이 우수하여 엔터프라이즈 데이터 센터와 서버기반 환경에 주로 사용되며, Linux 운영체제의 여러 가상머신의 호스팅을 위해 사용되고 있다.

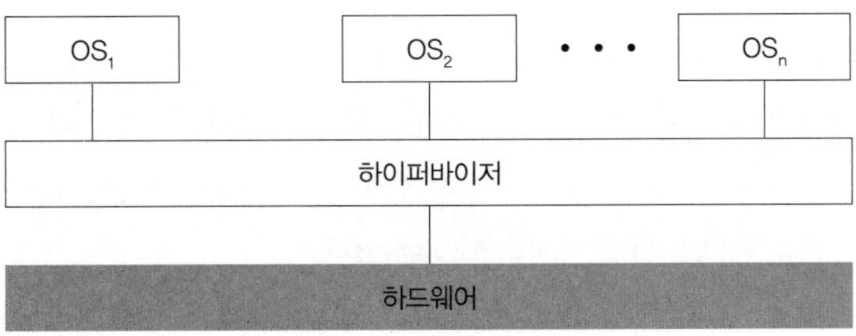

그림 5.5 Type-1 하이퍼바이저

- Type-2 하이퍼바이저

Type-2 하이퍼바이저는 그림5.6처럼 호스팅된 하이퍼바이저라고도 하며, 주로 운영체제에 설치되는 하이퍼바이저 소프트웨어이다. Type-2 하이퍼바이저는 단말 사용자 컴퓨팅 환경에 주로 사용되고 있으며, 운영체제의 응용 소프트웨어 계층에서 주로 실행된다. 또한 Type-2 하이퍼바이저는 개인 컴퓨터에서 사용자가 여러 개의 운영체제를 구동하려 할 때 유용하며, 대표적인 예로는 VMware Workstation, Oracle VirtualBox 등이 있다.

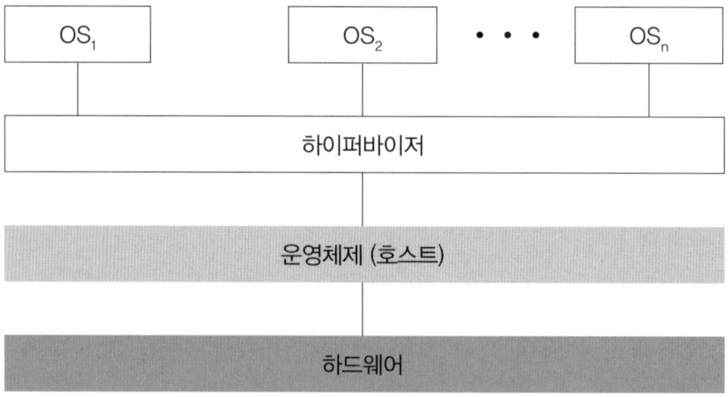

그림 5.6 Type–2 하이퍼바이저

Type-1 하이퍼바이저는 Type-2 하이퍼바이저 관점에서 볼 때 Type-1 하이퍼바이저는 Type-2 하이퍼바이저에 비해서 더 향상된 성능을 제공하지만, 여러 하드웨어 드라이버를 세팅해야 하기 때문에 설치가 복잡하다는 단점이 있다. 이에 반해서 Type-2 하이퍼바이저는 Type-1 하이퍼바이저에 비해서 설치가 용이하고 구성이 편리한 장점이 있으나 Type1에 비해서 성능이 떨어지는 단점이 있다.

이러한 관점에서 하이퍼바이저가 제공하는 특징을 살펴보면 다음과 같다.

5.2.2 하이퍼바이저 특징

하이퍼바이저는 고장허용, 동적 할당, 리소스 할당, 그리고 재해복구 등의 여러 특징을 가지고 있으며, 이들 특징을 살펴보면 다음과 같다.

| 하이퍼바이저 특징 |

• 고장허용(Fault-Tolerance)

고장허용은 물리적 서버에 장애가 발생할 때 허용기능을 제공함으로써 장애요인을 신속히 해결하여 물리적 하드웨어의 장애를 해결하기 위한 기법이다. 고장허용 기능을 통해서 사용자는 어떤 서비스의 중단도 느끼지 못하도록 하며, 장애가 발생한 하드웨어를 쉽고 편하게 유지보수 하는 기능을 제공하게 된다.

• 동적 할당

동적 할당은 전체 주기억장치 용량을 하드웨어의 전체 물리적 메모리 용량보다 큰 값으로 설정하여 메모리를 동적으로 할당하는 기능을 제공한다.

• 효율적인 리소스

가상화는 하나의 컴퓨터 시스템에서 하나의 서버를 실행하는 대신에 필요에 따라 서버를 사용하고 풀로 반환하여 동일한 컴퓨터 시스템에 가상서버 풀을 구성하는 기능을 수행한다. 가상 서버 풀을 구성하면 물리적 서버를 줄일 수 있으며, 이로 인한 전기, 발전기 및 냉각 장치에 들어가는 비용을 줄이게 된다.

• 신속한 재해복구

하이퍼바이저는 자연재해 또는 사이버 공격으로 인해 발생된 물적 손실을 최소화하고 물리적 서버 교체에 따른 비용과 시간을 최소화한다. 또한 실시간 대응을 통해서 비즈니스 연속성을 보장하고 기업환경 복원에 따른 비용을 절감하는 기능을 제공한다.

이처럼 하이퍼바이저는 가상머신(VM)을 생성하고 실행하는 프로세스임을 알 수 있으며, 하이퍼바이저는 메모리 및 처리와 같은 단일 호스트 컴퓨터의 리소스를 가상으로 공유하여 게스트 가상머신 기능을 지원하는 역할을 수행한다.

5.3 컨테이너화

컨테이너화는 애플리케이션 레벨에서 수행되는 가상화로써 하나의 커널에 여러 개의 사용자 인스턴스를 포함시킨 가상화 기법이다. 컨테이너는 그림5.7처럼 어플리케이션의 실행에 필요한 라이브러리(Library, Libs), 바이너리(Binary, Bins), 기타 구성파일 등을 패키지로 묶어서 컨테이너를 구성하게 되며, 컨테이너를 구성하는 개별 인스턴스를 컨테이너라 한다. 컨테이너에는 라이브러리(Library, Libs), 바이너리(Binary, Bins) 등과 기타 런타임, 시스템 도구, 시스템 라이브러리 등이 패키징 되어 컨테이너화가 수행되며, 하드웨어에 설치된 호스트 운영 체제를 서로 공유한다. 컨테이너는 가상 머신보다 더 이동성과 리소스 효율성이 뛰어나며, 컨테이너화를 통해 개발자는 애플리케이션을 보다 빠르고 안전하게 실행하고 배포한다.

기존의 가상화 기법에서는 코드가 특정 컴퓨팅 환경에 종속되다 보니 코드를 다른 저장소 및 위치로 옮길 때 종종 버그와 오류가 발생하는 문제가 발생한다. 예를 들어 개발자가 데스크 탑 컴퓨터에서 VM으로 또는 Linux에서 Windows 운영체제로 코드를 전송하는 경우 이와 같은 종류의 오류가 발생하고 있다.

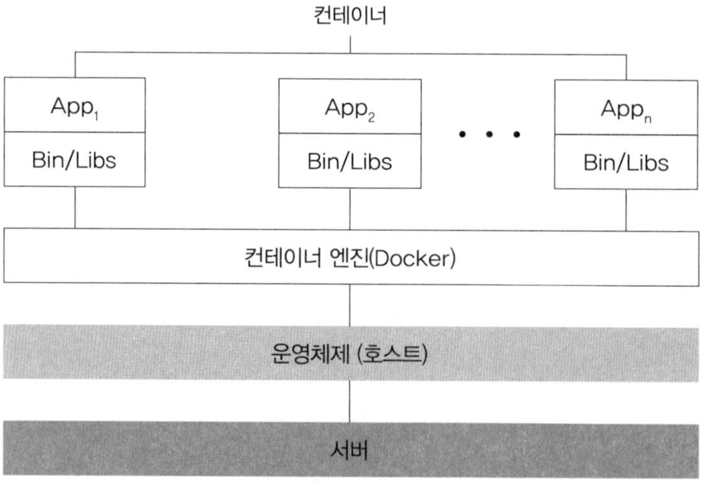

그림 5.7 컨테이너 구조

가상화 관점에서 컨테이너화는 2013년 컨테이너를 위한 업계 표준인 오픈소스 Docker Engine이 등장하면서 이 기술의 도입이 본격화되기 시작했으며, 최근에는 기업체의 조직에서 새로운 애플리케이션을 만들고 클라우드 용으로 기존 애플리케이션을 현대화하기 위한 한 가지 전략으로 컨테이너화가 점차 빠르게 진행되고 있다.

따라서 기업체 조직과 새로운 애플리케이션 적용 분야에서 컨테이너화는 보다 더 빠르게 진행될 것으로 예상되며, 콘테이너가 제공하는 장점을 살펴보면 다음과 같다.

| 컨테이너화의 장점 |

• 민첩성

컨테이너는 서버에서 가상머신보다 공간을 더 적게 차지함으로써 구동시간이 짧아 민첩성이 보장된다.

• 탄력성

컨테이너는 서버의 리소스를 효율적이고 동적으로 사용하여 탄력성을 보장한다. 즉 컨테이너는 리소스를 별도로 할당할 수 있어 리소스 할당의 융통성이 보장되고 다른 컨테이너에 여분의 리소스 할당이 가능하다.

• 밀집성

밀집성이란 한 대의 물리적 서버에 동시에 실행 가능한 개체 수를 의미한다. 컨테이너는 전용 운영체제를 호스트 할 필요가 없기 때문에 기존 가상화와 비교할 때 보다 밀집한 환경 조성을 제공한다.

• 성능

성능 관점에서 리소스 사용이 심한 경우 하이퍼바이저를 사용하는 것보다 컨테이너를 사용하는 것이 훨씬 유리하다. 리소스 관점에서 리소스 낭비는 성능에 중요한 영향을 미치기 때문이다.

• 유지관리 효율

서버를 보다 효율적으로 운영하고 유지/관리하기 위해서는 업데이트 또는 패치 작업이 한 번만 수행되어야 한다. 이는 하이퍼바이저 관점에서 운영체제가 단일 운영체제로 관리되고 운영되기 때문이며, 이러한 과정을 통하여 유지관리에 따른 변경사항이 모든 컨테이너에 적용되도록 하기 위한 것이다.

5.4 가상머신

가상머신이란 실제 물리적으로 존재하는 컴퓨터가 아닌 논리적으로 생성된 가상의 컴퓨터를 말한다. 가상머신은 호스트라고 하는 컴퓨팅 환경에서 생성되며, 하나의 호스트에는 여러 가상머신이 존재한다. 가상머신은 물리 컴퓨터처럼 애플리케이션과 운영체제 실행이 가능하며, 물리적 컴퓨터처럼 작동한다. 또한 가상머신은 별도의 컴퓨터 시스템처럼 동작이 가능하며, 가상머신을 구성하는 주요 파일에는 로그 파일, 비휘발성 RAM 설정파일, 가상 디스크 파일, 구성파일 등이 있다. 가상머신의 하드웨어적 구조는 실제 물리적 서버의 컴퓨팅 구조와 유사하며, 서버처럼 CPU, 메모리, 저장소와 같은 하드웨어 자원을 활용한다. 또한 가상머신을 구동시키기 위해 운영체제를 설치하며, 운영체제 상에서 여러 응용 프로그램이 실행된다.

가상머신 관점에서 실제 가상머신과 물리적 서버와의 차이점은 서버에는 여러 가상머신이 존재할 수 있으며, 이러한 가상머신을 통해서 여러 다양한 애플리케이션들이 실행된다는 점이다. 컴퓨팅에서 가상머신은 그림5.8처럼 컴퓨터 시스템의 가상화 또는 에뮬레이션이며, 가상머신은 컴퓨터 아키텍처를 기반으로 하며 물리적 컴퓨터의 기능을 제공한다.

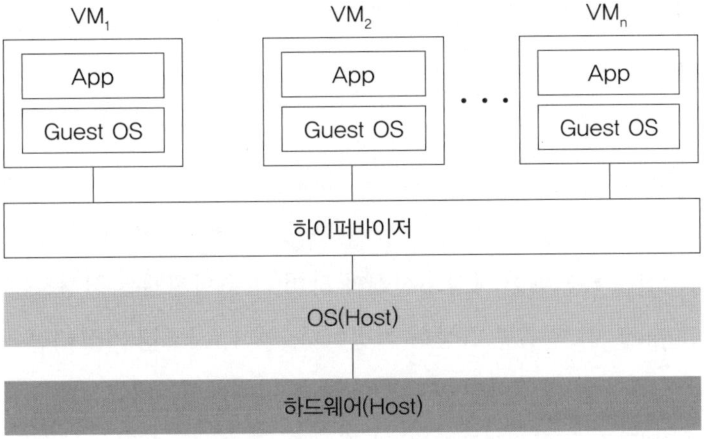

그림 5.8 가상머신(VM) 구조

일반적으로 가상머신은 프로세스 가상머신과 시스템 가상머신으로 구분되며, 프로세스 가상머신은 운영체제 안에서 일반 응용 프로그램을 실행하고 단일 프로세스를 지원하는 가상머신이다. 프로세스 가상머신은 하나의 프로세스만을 생성하기 위해 사용되며, 생성된 후에는 기능이 사라지게 된다.

시스템 가상머신은 하드웨어 가상머신이라고 하며 물리 컴퓨터를 다중화(multiplex)하기 위해 사용되는 가상화 기법이다. 대표적인 시스템 가상화의 예로는 오라클의 HotSpot(Java 바이트코드), MS의 .NET과 Mono(CIL), 에릭슨의 BEAM(Erlang, Elixir, LFE 등), 구글의 Dalvik(JVM 바이트코드 등)이 있으며, 프로세스 가상머신과 시스템 가상머신을 살펴보면 다음과 같다.

5.4.1 프로세스 가상머신

프로세스 가상머신은 응용 프로그램 가상머신이라 하며, 운영체제 내에서 응용 프로그램을 실행하고 단일 프로세스를 생성하기 위해 사용된다. 가상머신에서 프로세스들은 인터프리터를 통해서 추출되며, 추출된 프로세스들은 가상머신을 통해서 가상화가 수행된다. 자바 가상머신은 가상머신의 대표적인 예이며, 또 다른 예로는, 닷 넷 프레임워크 등이 있다.

5.4.2 시스템 가상머신

시스템 가상머신은 하드웨어 가상머신이라 하며 각 운영체제를 실행하는 물리 컴퓨터를 다중화(multiplex) 하기 위한 가상화 기법이다. 한다. 시스템 가상머신에서 가상화를 위한 소프트웨어 계층을 가상머신 모니터 또는 하이퍼바이저라고 하며, 시스템 가상머신이 제공하는 장/단점을 살펴보면 다음과 같다.

| 장점 |

- 하나의 물리적 컴퓨터에서 여러 운영체제를 독립적으로 사용할 수 있다.
- 가상머신은 실제 컴퓨터처럼 명령어를 실행하고 처리한다.
- 재해복구 및 애플리케이션 프로비저닝이 제공된다.
- 유지 및 관리가 간편하여 범용성이 뛰어나다.

| 단점 |

- 하나의 물리적 시스템 상에 여러 가상머신을 실행할 경우 성능이 떨어진다.
- 물리적 컴퓨터보다 효율성이 떨어지며 실행 속도가 느리다.

5.5 전가상화와 반가상화

클라우드 컴퓨팅 환경에서 가상화와 하이퍼바이저는 중요한 역할을 수행하며, 가상화 알고리즘을 통해서 자원을 보다 효율적으로 운영하고 관리할 수 있다. 이처럼 가상화는 시스템의 안정성과 보안을 유지해 주며, 다양한 운영체제와 응용 프로그램을 실행할 수 있도록 지원한다. 하이퍼바이저는 이러한 가상화를 실행하고 관리해 주는 소프트웨어이며, 가상화의 접근 방법에는 전가상화와 반가상화로 구분된다.

5.5.1 전가상화(Full Virtualization)

전가상화는 하드웨어를 완전히 가상화하는 방식으로 Hardware Virtual Machine이라 하며, 그림5.9와 같이 게스트OS가 HW에 접근하면서 제어를 요청한다. 이 때 CPU는 가상화를 지원할 수 있는지 아닌지를 확인하게 되며, 이 과정에서 가상화가 지원되지 않으면 게스트OS는 실행되지 않는다. 그러나 가상화가 지원된다면 게스트 OS는 HW제어를 요구하고, 이후 HW를 제어하는 제어단계로 넘어가게 된다. 이와 같은 과정이 수행된 후에는 각 게스트OS는 요청 명령들을 하이퍼바이저로 번역하여 하드웨어에게 전달하며, 게스트OS에게 자원을 할당하고 관리하는 기능을 수행한다. 따라서 전가상화는 하드웨어를 완전히 가상화하는 방식으로써 게스트 OS가 호스트 시스템과 완전히 분리되어 실행되며, 다음과 같이 3단계의 과정을 거친다.

| 전가상화 단계 |

(1) CPU 가상화 지원을 위한 H/W 자원요청

(2) H/W 제어요청

(3) H/W 제어

Note

전가상화란 하드웨어를 완전히 가상화하는 방식을 말한다.

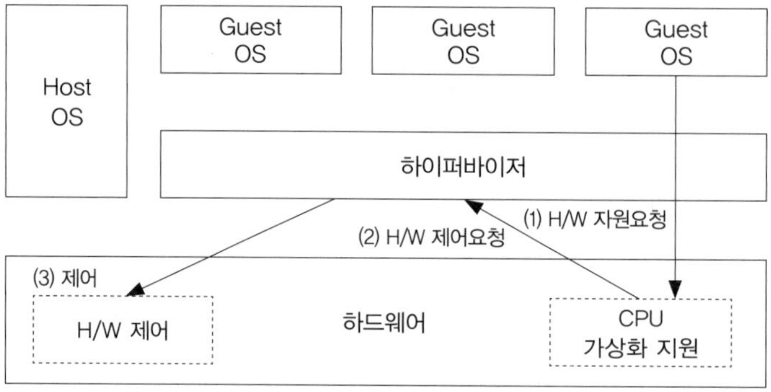

그림 5.9 전가상화

그림5.9에서처럼 하이퍼바이저는 게스트OS와 호스트 하드웨어 사이에 위치하며, system call에 의해 요청되는 서비스는 H/W 자원요청-H/W 제어요청-제어과정 순으로 수행된다.

가상화 관점에서 전가상화는 처리 단계가 늘어나기 때문에 하이퍼바이저의 부담이 커지고 성능이 떨어지는 문제점이 있으며, 전가상화의 장/단점을 살펴보면 다음과 같다.

| 장/단점 |

- 게스트 OS를 별도로 수정하지 않고 사용이 가능하다.
- 하이퍼바이저가 모든 명령을 제어하고 처리해야 하기 때문에 성능이 느리다.

5.5.2 반가상화(Para Virtualization)

반가상화는 하드웨어 전체를 가상화하는 기법이 아니라 일부만 가상화하는 기법을 말한다. 반가상화 기법은 전가상화 기법의 단점을 보완하기 위해 등장한 기법으로써 반가상화에서 사용되는 게스트 OS는 Hyper Call이라는 인터페이스를 통해서 하이퍼바이저에게 제어 명령어를 요청한다. 제어요청 처리과정은 전가상화 기법의 system call에 의한 서비스 요청처리 과정과 동일하며, 처리과정은 그림5.10처럼 자원요구-제어 순으로 수행된다.

반가상화는 그림5.10처럼 하드웨어 위에서 하이퍼바이저가 실행되기 때문에 네이티브 (Native, Bare-metal) 가상화라고도 하며, 하드웨어 제어를 하이퍼바이저(VMM)가 직접 수행한다. 따라서 반가상화는 전가상화처럼 여러 제어처리 단계를 거치지 않기 때문에 루틴 처리가 간단하며, 반가상화의 장단점, 그리고 전가상화와 반가상화의 차이점을 살펴보면 다음과 같다.

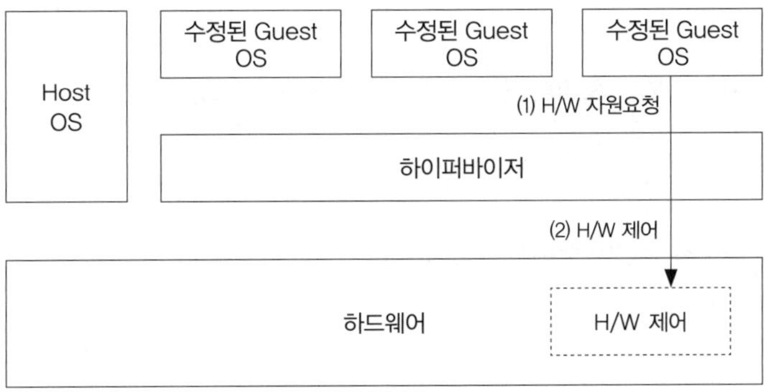

그림 5.10 반가상화

| 장/단점 |

- 전가상화에 비해 성능이 효율적이다.
- 하이퍼바이저에게 Hyper Call을 요청해야하기 때문에 OS의 커널수정이 필요하다.

표 5.2 전가상화와 반가상화

항목	전가상화	반가상화
적용범위	• 하드웨어 전체	• 하드웨어 일부
OS	• 수정 불필요	• 커널 수정필요
H/W 제어	• 게스트 OS가 제어	• 하이퍼바이저가 제어
성능	• 하드웨어 제약, 낮은 성능	• Real-Time 지원으로 인한 고성능
대표적 적용 예	• VMware, ESX Server	• Xen Express

연습문제

1 클라우드 가상화란 무엇인가?

2 가상화에 적용되는 하이퍼바이저 기술이란 무엇인지 설명하시오.

3 하이퍼바이저 유형에 대해서 설명하시오.

4 컨테이너화란 무엇인가?

5 가상화와 클라우드 컴퓨팅의 개념적 차이를 설명하시오.

6 가상머신이란 무엇인지 설명하시오.

7 반가상화와 전가상화의차이점을 설명하시오.

제6장

클라우드 네트워크

6.1 클라우드 네트워크

6.2 컴퓨터 네트워크

6.3 가상 네트워크

제6장

클라우드 네트워크

6.1 클라우드 네트워크

6.1.1 기본개요

클라우드 컴퓨팅 환경에서 네트워크는 매우 중요하며, 네트워크는 클라우드와 클라우드, 클라우드 내에서의 컴퓨팅 자원 들을 서로 연결하는 망구조이다. 클라우드 관점에서 클라우드 네트워크는 전 세계의 사용자들이 이용할 수 있도록 인터넷에 호스팅 된 서버, 스토리지, 애플리케이션을 상호 연결해 주는 망구조로써 클라우드 네트워크는 사용자들에게 데이터베이스, 가상 시스템, 애플리케이션과 같은 다양한 컴퓨팅 리소스와 애플리케이션을 제공한다.

네트워크 리소스에는 가상 라우터, 방화벽, 대역폭 및 네트워크 관리 소프트웨어와 함께 여러 기타 자원들이 제공되며, 사용자들은 이러한 자원에 접근하여 물리적으로 제공된 인프라를 서비스받게 된다. 일반적으로 클라우드 네트워크는 그림6.1과 같이 클라우드 사용자와 클라우드 서비스 제공자 간의 상호작용을 통해서 서비스가 수행되며 클라우드 서비스 제공자에 의해 관리된다. 그림6.1의 클라우드 서비스 제공자는 서비스의 가용성, 확장성, 보안 기능을 수행하며, 사용자에게 필요한 액세스 및 제어 수준에 따라 공용 망(Public Network)과 사설 망 (Private Netork)으로 구분되며, 공용 망 서비스는 인터넷처럼 다수의 사용자 간의 정보를 자유롭게 전송할 수 있도록 누구나 접근 가능한 망구조이다. 공용 망구조 관리 및 유지는 망 공급자가 수행하며, 사설망 서비스는 특정 네트워크를 구축한 조직의 사용자만이 접근하여 사용하는 망구조이다. 사설망 클라우드 서비스는 온프레미스 또는 타사 서비스 공급자를 통해서 조직에서 자체적으로 호스팅하고 운영한다.

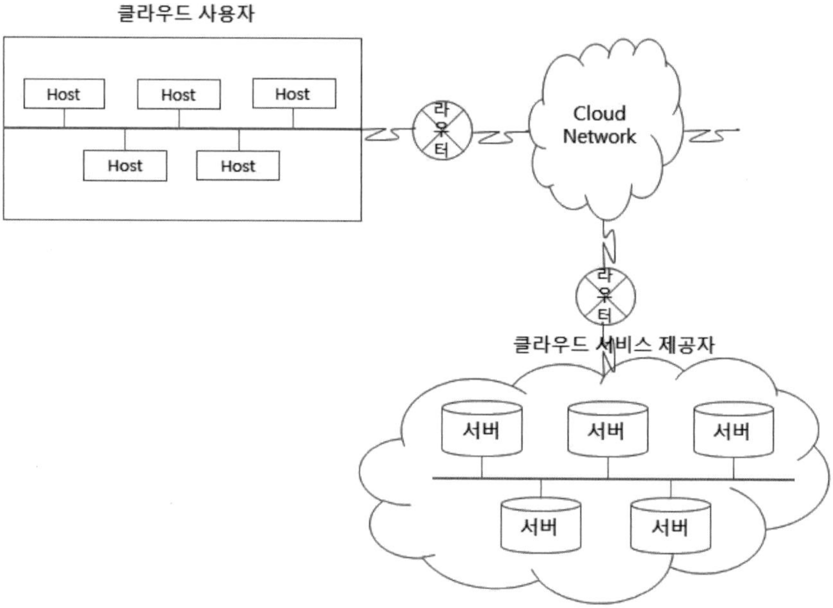

그림 6.1 클라우드 네트워크

클라우드 서비스 관점에서 클라우드 네트워크는 이중화와 데이터 백업기능을 통한 복원력과 내결함성의 뛰어난 성능으로 인해 서비스 중단이 최소화되며, 또한 컴퓨팅 리소스의 유연한 할당 및 사용으로 인해 사용자가 필요에 따라 사용량을 확장하거나 축소할 수 있는 융통성이 제공된다. 그리고 클라우드 네트워킹은 네트워크 리소스의 일부 또는 전체를 클라우드 네트워크로 구성하는 환경을 말하며, 클라우드 네트워크에서 호스팅된 네트워크 리소스 및 서비스유형을 살펴보면 다음과 같다.

| 호스팅된 네트워크 리소스 및 서비스 유형 |

- 네트워크 관리 소프트웨어
- 데이터 연결

- 가상 라우터
- 라우터
- 로드 밸런서
- 대역폭
- 컨텐츠 제공 네트워크(CDN)
- 가상 사설망(VPN)
- 도메인 이름 시스템(DNS)

클라우드 네트워크는 클라우드 컴퓨팅의 배경과 역사를 같이하며, 서로 밀접한 관계를 가지고 있다. 클라우드 컴퓨팅에서 기업이 보유한 데이터 센터는 점차 메인프레임에서 클라우드 컴퓨팅 환경으로 변화되기 시작했으며, 호스팅 된 데이터 센터를 통하여 시스템 보안, 확장성, 그리고 이용 가능성이 제공되기 시작했다. 이러한 컴퓨팅 환경으로 인하여 컴퓨팅 서비스가 본격화되면서 클라우드와 클라우드를 연결하고, 클라우드의 리소스를 연결하는 다양한 연결 망 구조가 탄생했으며, IBM과 Juniper와 같은 벤더의 제품은 네트워크 인프라 구축을 지원하는 대표적인 소프트웨어이다.

6.1.2 클라우드 네트워크 유형

클라우드 네트워크 유형에는 네트워킹 형태에 따라 클라우드 지원 네트워킹과 클라우드 기반 네트워킹의 두 가지 유형으로 구분된다.

| 클라우드 네트워킹 유형 |

- 클라우드 지원 네트워킹

  클라우드 지원 네트워킹은 클라우드를 수행하는 네트워크 아키텍처가 사내에 있으면서 관리에 사용되는 다른 네트워크 리소스의 일부 또는 리소스 나머지 일부가 클라우드 내에 있는 클라우드 네트워킹 환경을 말한다. 예를 들어, 패킷 전달 및 라우팅과 같은 핵심 네트워크 인프라는 사내에 있지만, 반면에 네트워크 관리, 모니터링 및 보안 서비스, 유지 보수와 같은 서비스는 클라우드에 위치하는 예이다.

• 클라우드 기반 네트워킹

클라우드 기반 네트워킹은 전체 네트워크가 클라우드에 기반을 둔 네트워킹 기법이다. 이 네트워킹 기법은 주로 클라우드에 배포된 리소스와 애플리케이션 간의 네트워킹을 위해 사용된다.

6.1.3 클라우드 네트워크 기능

클라우드 환경에서 네트워크는 일반적으로 상호 연결된 여러 개의 가상머신 (VM) 또는 인스턴스들로 구성되며, 이들은 데이터 센터 내의 다양한 물리적 서버에 호스팅 된다. 상호 연결된 인스턴스는 클라우드 공급자가 생성하고 관리하는 가상 네트워크를 통해서 서로 통신을 수행하며, 네트워크 수행을 위해 가상화-IP 주소지정-로드밸런싱- 모니터링 등의 과정을 거치게 된다. 클라우드 네트워크가 수행하는 기능을 살펴보면 다음과 같다.

| 클라우드 네트워크 기능 |

• 가상화

가상화는 데이터 센터의 물리적 인프라를 각각의 가상 시스템 또는 인스턴스로 분할하여 가상화하는 기능을 수행하며, CPU, 메모리, 스토리지 등과 같은 자체 가상 리소스를 가상화한다.

• 네트워크 생성

네트워크 생성은 클라우드 제공자가 가상 네트워크를 생성하는 절차로써 해당 인스턴스가 서로 통신할 수 있도록 제공하는 기능이다. 가상 네트워크에는 가상 라우터, 스위치, 방화벽이 포함되며, 클라우드 공급자가 이러한 리소스를 관리한다.

- IP 주소 지정

  IP 주소 지정은 인스턴스에 고유한 IP 주소를 할당하는 기능이며, IP 주소는 가상 네트워크에서 인스턴스를 식별하는 기능을 수행한다.

- 접근 제어

  접근 제어는 클라우드 공급자가 방화벽 또는 보안 그룹을 사용하여 다른 인스턴스 또는 네트워크 간의 통신을 제한하는 기능이다.

- 로드 밸런싱

  로드 밸런싱은 클라우드 환경에서 여러 인스턴스를 사용하여 사용자 또는 애플리케이션의 요청을 처리하는 기능이며, 성능을 최적화하고 고가용성을 보장하기 위해 로드 밸런싱 툴을 사용한다. 이 기능은 인스턴스로 인해 발생되는 트래픽을 최소화하기 위해 사용된다.

- 모니터링 및 관리

  모니터링 및 관리는 클라우드 공급자가 대역폭 사용량, 대기 시간, 패킷 손실 등과 같은 네트워크 성능을 모니터링하고 관리하는 기능이며, 사용자가 네트워크 구성 문제를 해결하고 최적화하기 위해 관리도구를 이용한다.

6.1.3 클라우드 네트워크 인프라

(1) 네트워크 모델

클라우드 네트워크 환경에서 클라우드는 특정 사용자들을 위한 사설네트워크와 특별히 제한을 두지 않고 누구나 공용 인터넷에 접속하여 사용할 수 있는 네트워크 모델로 구분되며, 이들 모델에 기반하여 네트워크 서비스가 수행된다. 그리고 네트워크 모델에 기반한 인프라 요소를 살펴보면 다음과 같다.

| 클라우드 네트워크 인프라 모델 |

• 가상 사설 클라우드 네트워크 (VPC: Virtual Private Cloud)

가상 사설 클라우드 네트워크는 기업체 또는 개인이 전용회선처럼 사용할 수 있도록 구축된 가상네트워크로써 인증되지 않은 사용자들의 접근을 통제하여 네트워크의 보안성을 유지하기 위한 모델이다. 이 네트워크는 네트워크를 직접적으로 통제함으로써 네트워크 운영에 대한 독립성과 유연성을 효율적으로 제공한다.

• 공용 클라우드 네트워크 (PCN: Public Cloud Network)

공용 클라우드 네트워크는 네트워크 접속에 제한을 두지 않고 공용 네트워크를 통해서 누구나 쉽게 접속할 수 있는 네트워크로써 다수의 사용자가 자유롭게 네트워크를 접속하는 형태이다. 이 네트워크는 일반적으로 웹 서버, API, 기타 공개적으로 액세스가 가능한 리소스를 호스팅 하는 데 사용되며, 언제 어디서나 시공간적 제약을 받지 않기 때문에 정보전송 및 교환이 쉽다는 장점이 있다.

• 사설(Private) 클라우드 네트워크

사설 클라우드 네트워크는 독립적인 액세스 권한을 가진 고객만이 IT 인프라를 독점적으로 사용하도록 권한이 부여된 네트워크로써 사설 네트워크를 통해서만 액세스가 가능한 네트워크이다. 이 네트워크는 주로 내부 소프트웨어 및 서비스를 위해 사용되며, 엑세스 권한은 방화벽에 의해 제한된다.

• 하이브리드 클라우드 네트워크

하이브리드 클라우드 네트워크는 공용 클라우드 네트워크와 사설 클라우드 네트워크를 결합한 방식으로써 일부 리소스는 공용 클라우드에 그리고 일부 리소스는 사설 클라우드에 호스팅 되는 기법이다. 이 네트워크 기법은 퍼블릭 클라우드의 확장성과 비용 효과성을 극대화하기 위한 기법이며, 민감한 데이터 및 애플리케이션에 대한 제어를 보다 효율적으로 유지하기 위해 사용된다.

• 멀티 클라우드 네트워크

멀티 클라우드 네트워크는 공급업체의 독점적 사용권한을 방지하고 네트워크의 효율성을 극대화하면서 사용자가 각 네트워크의 장점과 기능을 최대한 활용하도록 하기 위한 기법이며, 주로 여러 클라우드를 연결하여 네트워크를 구성한다.

(2) 네트워크 인프라 요소

클라우드 네트워크 환경에서 네트워크 구축을 위한 요소는 다양하며, 대표적인 인프라 요소를 살펴보면 다음과 같다.

| 인프라 요소 |

• 가상 사설 클라우드(VPC)

가상 사설 네트워크는 서브넷, IP 주소, 라우팅 테이블을 정의하며, 다양한 네트워크 보안 메커니즘을 통해서 네트워크 액세스를 제어하는 기능을 수행한다.

• 서브넷

서브넷은 배정받은 네트워크 주소를 여러 개의 작은 하위 네트워크로 분할하는 네트워크 세그먼트이며, 네트워크를 보다 효율적으로 관리하기 위한 기능이다.
서브넷은 일반적으로 클라우드 공급자의 인프라 내에서 특정 가용성 영역 또는 지역을 정의하며, 불필요한 라우터를 통과하지 않고 더 짧은 거리를 이동하여 IP주소에 도달하도록 지원한다.

• 인터넷 게이트웨이

인터넷 게이트웨이는 VPC와 인터넷 간에 네트워크 트래픽의 흐름을 허용하는 가상 라우터로써 사용자가 인터넷을 통해 VPC의 리소스에 액세스하거나 VPC의 리소스가 인터넷상의 서비스에 액세스하도록 지원하는 기능을 수행한다.

- 로드 밸런서

로드 밸런서는 네트워크 트래픽을 VPC 내의 여러 인스턴스 또는 서비스로 분산하는 네트워킹 장치로써 트래픽 로드의 균형을 유지하는 기능을 수행하며, 클라우드에서 애플리케이션과 서비스의 성능, 확장성, 가용성을 개선하는 기능을 수행한다.

- NACL(네트워크 액세스 제어 목록)

NACL은 VPC 내의 서브넷 상에서 인바운드 트래픽과 아웃바운드 트래픽을 제어하는 보안 규칙이며, 주로 인스턴스 수준에서 트래픽을 제어하는 기능을 수행한다.

- 가상 방화벽

가상 방화벽은 VPC 내의 인스턴스 수준에서 인바운드 트래픽과 아웃바운드 트래픽을 제어하는 장치로써 사용자가 특정 인스턴스, 포트, 프로토콜에 대한 네트워크 액세스를 제어하는 기능을 수행한다.

- 커넥터

커넥터는 사용자가 온프레미스 데이터 센터와 클라우드의 VPC 간의 전용 네트워크 연결을 위한 서비스 장치로써 안정성, 속도, 보안성을 강화하기 위한 기능이다.

6.1.4 클라우드 네트워크 고려사항

클라우드 네트워크는 개인 및 기업체의 사용자가 최소의 비용으로 다양한 업무 서비스를 제공받을 수 있도록 지원하는 망구조로써 보다 효율적인 트래픽 관리와 망 접근의 효율성을 제공하기 위해서는 네트워크 성능, 보안기능, 비용 등과 같은 사항을 고려해야 한다.

| 네트워크 고려사항 |

- 네트워크 성능

네트워크 성능은 트래픽이 많거나 대기 시간 클 경우에 클라우드 네트워크 환경에서 매우 중요하다. 이처럼 트래픽과 지연시간은 네트워크 성능을 결정하는 중요한 요소이기 때문에 이러한 성능 요소를 네트워크구조에 반영해야 한다.

- 보안

보안은 DDoS 공격, 데이터 침해, 무단 액세스 등 다양한 보안 위협으로부터 대응하기 위한 기능이다. 데이터와 네트워크 리소스를 보호하기 위해 암호화, 접근 제어, 네트워크 세분화와 같은 알고리즘이 사용되고 있다.

- 관리 단순화

클라우드 기반의 네트워크는 여러 VPC 또는 하이브리드 클라우드 사용자로 인해 관리 체계가 복잡할 수 있으며, 이를 해결하기 위한 기능이 관리 단순화이다. 무엇보다 클라우드 환경에서 네트워크 트래픽, 라우팅 테이블, 보안 그룹, 접근 제어 등을 관리하는 일은 매우 복잡하다. 이러한 일을 해결하기 위해 관리 단순화 알고리즘이 필요하다.

- 비용

클라우드 환경에서 비용은 관리낭비를 초래한다. 특히 조직이 네트워크 리소스를 효과적으로 관리하지 않으면 데이터 전송, 네트워크 스토리지 및 기타 네트워크 서비스에 따른 비용문제가 발생한다. 이러한 비용문제를 해결하기 위해 관리조직은 비용이 낭비되는 요소를 적절히 모니터링해야 하며, 리소스를 최소화하는 알고리즘을 고려해야 한다.

- 일관된 유지관리

네트워크 인프라 또는 플랫폼들을 일관되게 사용하고 유지하기 위해서는 일관된 유지관리 기능이 제공되어야 하며, 이러한 기능이 네트워크 요소에 고려되어야 한다.

• 컴플라이언스

클라우드 기반의 네트워크를 구축할 때 PCI DSS, HIPAA, GDPR 등의 다양한 규정과 표준을 준수해야 하며, 네트워크 구축 시 이러한 요소가 고려되어야 한다.

6.2 컴퓨터 네트워크

6.2.1 기본개요

팬데믹 이후 우리 사회는 여러 분야에서 많은 변화를 겪었다. 그중의 하나로 주문서비스가 아닐까 싶다. 예전에는 의식주를 해결하기 위해 전통시장 또는 할인마트 등에서 오프라인으로 많은 문제를 해결해 왔지만 최근에는 온라인을 이용한 다양한 주문 서비스를 받고 있다. 예를 들어 국내의 경우 쿠팡과 같은 회사는 주문자 또는 소비자와의 통신 서비스를 통해서 매우 빠른 배송 서비스를 수행하고 있으며, 중국의 알리바바, 미국의 아마존과 같은 회사는 대표적인 전자상거래 서비스이다. 이러한 서비스를 가능케 하는 기술이 바로 인터넷을 기반으로 한 통신과 네트워크 기술이다.

이제 통신과 네트워크 기술은 우리 생활의 필수 요소가 되었으며, 이 기술이 어느 날 우리 곁에서 사라진다면 많은 혼란을 겪게 될 것이며, 업무의 마비가 발생할 것이다. 우리는 이미 통신 서비스의 중요성을 경험하였으며, 얼마 전 통신 서비스를 제공하는 어느 회사의 데이터센터에 화재가 발생했을 때 서비스의 불통으로 많은 소비자들이 서비스의 어려움을 겪은 경험을 기억할 것이다. 이렇듯 우리 일상 중 하나를 지배하고 있는 통신 서비스는 바로 통신 네트워크에 기반을 두고 있다.

네트워크는 인간관계를 서로 연결해 주는 연결고리이며, 이 연결고리를 통해서 인간의 다양한 의사소통이 이루어지고 있다. 이처럼 네트워크는 사람과 사람, 사람과 사물, 그리고 사물과 사물 간을 연결해 주는 기능을 수행하며, 연결 기능 중에서 컴퓨터와 컴퓨터 간의 연결 기능을 수행하는 망구조를 컴퓨터 네트워크(Computer Network)라 한다. 컴퓨터 네트워크 즉, 컴퓨터 망구조는 선을 통해서 사람과 사람, 사람과 사물, 그리고 사물과 사물들 간을 연결할 수 있으며, 사람과 사람을 연결해 주는 대표적인 서비스 예로써 전화망과 모바일 폰 서비스를 들 수 있다. 그리고 사람과 사물 간의 서비스의 예로는 컴퓨터 앞에서의 사용자가 수행하는 인터랙션(Interaction) 명령어 등을 살펴볼 수 있으며, 사물과 사물 간의 통신 서비스의 예로는 IoT(Internet of Things), 즉 사물인터넷 서비스 등을 살펴볼 수 있다. 이렇듯 통신 네트워크 관점에서 살펴볼 때 사람과 사람, 사람과 사물, 사물과 사물 간의 전송 서비스 수행을 통신 서비스라 하며, 통신 서비스는 전달자의 주체에 따라 송신 측과 수신 측으로 구분된다.

통신 네트워크상에서 데이터 또는 정보를 보내는 측 즉, 정보를 보내는 사람을 송신 측(자)라 하며, 전송한 정보를 받는 측, 즉 정보를 받는 사람을 수신 측(자)라 한다. 이와 같이 송신 측과 수신 측 사이의 데이터 또는 정보 전송을 간단히 데이터 통신 또는 정보통신이라 하며, 데이터 통신은 네트워크상에서 이루어진다. 그리고 정보를 전달하는 송신 측과 수신 측 사이에는 정보를 서로 주고받는 규칙이 정해지게 되는데 정보 전송을 위한 규약을 프로토콜이라 한다. 컴퓨터 네트워크는 이처럼 송신 측 컴퓨터와 수신 측 컴퓨터 간의 데이터 또는 정보가 전송이 될 수 있도록 연결해 주는 망구조이며, 데이터 송수신을 수행하는 네트워크의 기본 구성요소는 다음과 같은 요소로 구성된다.

| 네트워크 기본 구성요소 |

- 메시지

  메시지는 문자, 숫자, 이미지, 비디오 등과 같은 정보 전송단위를 말한다.

- 전송장치

  전송장치는 모바일 디바이스, 컴퓨터, 노트 북, 워크스테이션 등과 같은 정보를 전송하는 장치를 말한다.

• 수신 장치

수신 장치는 수신 측에서 데이터 또는 정보를 수신하는 장치를 말한다.

• 전송매체

전송매체는 데이터 또는 정보가 전송되는 통로 즉, UTP 케이블, 동축, 케이블, 광케이블 등의 전송매체를 말한다.

• 프로토콜

프로토콜은 송신 측과 수신 측 사이의 데이터 또는 정보를 전송과 관련된 규약을 말하며, 프로토콜은 구문(Syntax), 시멘틱(Semantic), 그리고 타이밍(Timing) 3가지 요소와 6가지 기능으로 구성된다.

| 프로토콜 구성요소 |

- 구문

구문은 전송될 데이터 또는 정보가 어떤 구조 및 순서로 전송되는지를 정의하는 문법적 구조이다.

- 시멘틱

시멘틱은 데이터가 전송되는 0 또는 1과 같은 비트정보를 통해서 전송오류가 있는지 또는 오류수정을 해야 하는지 등의 정보를 논리적으로 수행하는 제어정보이다.

- 타이밍

타이밍은 송신 측과 수신 측 간의 통신속도를 조절하거나 데이터의 전송시간 또는 전송순서 등의 정보 특성을 정의하는 기능이다.

| 프로토콜 기능 |

- 단편화와 재결합 (Fragmentation and Assembly)

일반적으로 OSI 7계층구조의 응용계층에서 데이터 전송단위는 메시지이며, 메시지가 하위계층으로 전송되게 되는데 이때 메시지는 연속적인 비트스트림 (예 10110011 등) 변환되어 전송된다. 데이터링크 계층, 물리계층의 하위계층에서는 전송된 메시지가 여러 개의 작은 블록으로 분할되는데 이처럼 분할된 작은 블록은 단편이라 하며, 작은 블록 단위로 분할하는 과정을 단편화라 한다. 이와는 반대로 분할된 단편, 즉 블록을 합치는 과정을 재결합이라 한다.

- 연결제어 (Connection Control)

연결제어 기능은 연결설정, 연결해제, 그리고 연결조정 등을 수행하는 기능으로써 데이터 전송을 위한 연결 기능은 비연결형 데이터 전송(Connectionless Data Transfer)와 연결형 데이터 전송(Connection-oriented Data Transfer) 2가지 유형으로 구분된다. 먼저, 비연결형 데이터 전송은 연결기능에서 송신 측과 수신 측간의 두 개체 간의 전송이 일방적으로 한쪽방향으로 만 데이터를 전송하는 방식을 말하며, 연결형 데이터 전송은 송신 측과 수신 측 간의 논리적인 연결을 확인한 후 즉, 서로 데이터 전송을 수행하겠다는 확인 후 데이터를 전송하는 방식을 말한다.

비연결형 데이터 전송의 대표적인 예로는 이메일 전송을 들 수 있으며, 연결형 데이터 전송의 예로는 가상회선 및 모바일 폰 등과 같은 통신 서비스를 들 수 있다. 이처럼 비연결형 데이터 전송과 연결형 데이터 전송 기능에서 연결조절 등의 기능을 제어하는 기능이 연결제어 기능이다.

- 흐름제어 (Flow Control)

데이터 전송이 수행될 때 송신 측과 수신 측 사이에는 네트워크 등의 고장 및 오류 등으로 인하여 여러 가지 예기치 않는 문제가 발생할 수 있는데 이처럼 송신 측과 수신 측 사이의 데이터 전송속도 또는 전송량 등과 같은 기능을 조절하는 것을 흐름제어라 한다.

- 오류제어 (Error Control)

오류제어는 데이터 전송 시 채널 또는 네트워크 이상으로 데이터 또는 제어정보가 일부 손상되거나 파손될 수 있는데 이러한 문제를 해결하는 기법을 말하며, 대부분의 오류제어 알고리즘에서는 프레임의 순서를 검사하고 오류를 찾는 방법 그리고 프로토콜 데이터 단위 즉 PDU(Protocol Data Unit)를 재전송하여 오류를 제어하는 방법이 주로 사용되고 있다.

- 동기화 (Synchronization)

동기화는 송신 측과 수신 측 사이의 데이터를 전송할 때 초기화 상태, 종료상태, 송수신 상태 등의 정보를 적절히 맞추는 기능을 말하며, 보다 정확한 정보 전송을 위해서는 이러한 동기화 과정이 중요한 역할을 한다.

- 순서화 (Sequencing)

순서화는 데이터 전송이 올바르게 수행되기 위한 과정이며, 데이터들의 전송순서를 정의하는 과정을 말한다. 순서화는 주로 연결형 데이터 전송방식에 사용되고 있으며, 순서번호를 이용해서 오류검출을 수행한다.

6.2.2 OSI 7계층구조

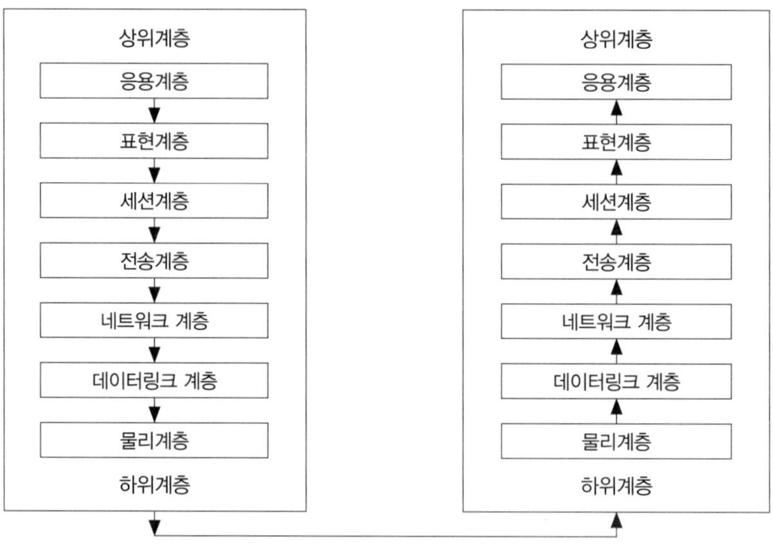

그림 6.2 OSI 7계층

컴퓨터 네트워크를 이해하기 위해서는 OSI 7계층 구조와 TCP/IP 4계층 구조를 살펴볼 필요가 있으며, 7계층 구조는 그림6.2와 같고, TCP/IP 4계층 구조는 그림6.3과 같다. 그리고 프로토콜 관점에서 이들의 대응관계를 살펴보면 그림6.4와 같다.

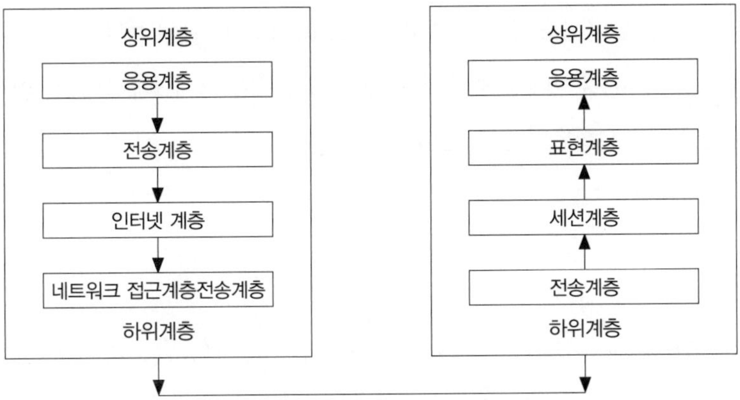

그림 6.3 TCP/IP 4계층

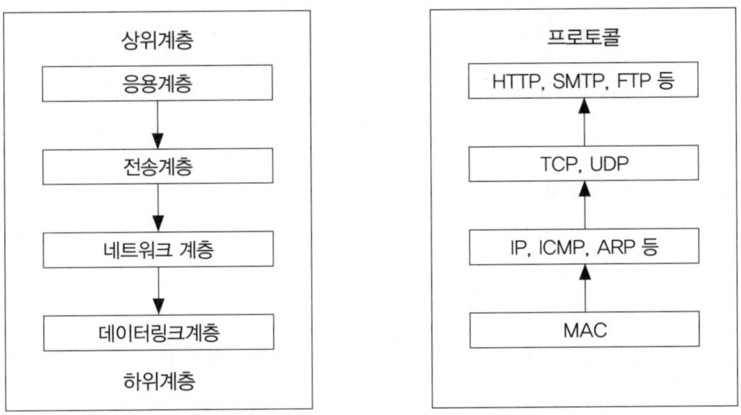

그림 6.4 프로토콜 대응관계

그림6.2의 OSI 7계층 구조에서 일반 사용자는 상위계층의 응용계층을 통해서 하위계층의 물리계층으로 데이터 송/수신이 전달되게 되며, 상대편 물리계층을 통해서 다시 응용계층으로 서비스가 수행되게 된다. 이 과정에서 각 계층구조는 그 계층에서 원하

는 명령어 처리를 수행하게 되며, 목적지로의 데이터 전송을 안전하게 수행하게 된다.

원하는 목적지에서 데이터를 안전하게 수신한 호스트는 다시 반대방향으로 데이터 전송을 수행하게 되며, 즉 물리계층으로 전송된 데이터는 반대방향의 각 계층구조 단계를 거쳐서 응용계층으로 데이터가 전송되게 된다. 따라서 데이터 전송과정은 응용계층에서 물리계층으로 다시 물리계층에서 응용계층으로 수행되며, 데이터 전송이 수행되는 각 계층별 기능을 살펴보면 다음과 같다.

| OSI 7계층 기능 |

- 응용계층

응용계층은 사용자가 수행하는 각종 애플리케이션을 지원하는 계층구조로써 특정 한 분야에 국한되지 않고 매우 다양한 응용 환경을 지원한다.

- 표현계층

표현계층은 전송되는 데이터의 논리성을 유지하는 계층구조로써 표준화된 데이터 전송방법을 지원하며, 주요기능은 압축과 암호화이다. 이 계층구조는 대용량의 멀티미디어 데이터를 압축하여 데이터 전송량을 줄이는 기능과 외부침입으로부터 데이터를 안전하게 보호해 주는 기능을 수행한다.

- 세션계층

세션계층은 주로 응용환경에서 사용자와 사용자 간의 대화유지를 지원하는 계층구조로써 예를 들어 인터넷상에서 파일을 송수신 하던 중 파일전송이 끊기게 되면 전송계층에서는 연결이 끊긴 것으로 인식하게 된다. 이때 전송계층의 연결기능을 수행하여 파일전송이 끊긴 지점에서 계속해서 파일전송이 수행되도록 하는 지원기능이 세션계층의 기능이다. 이러한 관점에서 세션계층의 기능은 전송계층과 다르며, 세션계층은 전송계층보다 더 논리적인 개념을 지원한다.

- 전송계층

전송계층은 송신 측 프로세스와 수신 측 프로세스 사이의 연결기능을 제공하며, 프로세스 사이의 안전한 데이터 전송을 지원하는 계층구조이다. 일반적으로 데이터 전송관점에서 최종 전송 주체는 호스트가 아니라 호스트에서 실행되는 프로세스이다.

- 네트워크 계층

네트워크 계층구조는 데이터가 목적지까지 올바르게 전송될 수 있도록 올바른 전송경로를 선택해 주는 계층구조로써 전송경로는 여러 라우터를 경유하게 된다. 여러 라우터를 거치는 과정에서 많은 트래픽이 발생할 수 있으며, 트래픽은 혼잡을 야기할 수 있다. 이러한 혼잡은 네트워크 성능을 떨어뜨리는 요인을 제공하는데 네트워크 계층에서는 트래픽으로 이한 혼잡을 제어하고 안정적인 라우팅을 보장하는 기능을 수행한다.

- 데이터링크 계층

데이터링크 계층은 물리적 전송오류를 탐지하여 송신 측과 수신 측 간의 오류가 발생했는지 안 했는지를 인지 제어하는 계층구조로써 컴퓨터 네트워크에서 오류제어는 송신측에서 전송한 소스 데이터를 재전송하는 재전송 알고리즘을 이용한다. 데이터 링크계층에서 발생하는 물리적 오류에는 데이터가 목적지에 도착되지 않고 분실되는 데이터 분실과 내용이 깨지거나 변형되어 도착되는 데이터 변형 오류 등이 있다.

- 물리계층

물리계층은 호스트를 물리적인 물리전송매체와 연결을 수행하는 인터페이스 기능과 전송매체의 특성을 정의하는 계층구조로써 네트워크에서 호스트가 데이터를 전송하기 위해서는 물리 전송매체가 정의되어야 하며, 물리계층은 이러한 기능을 수행하는 계층구조이다.

| TCP/IP 4계층 |

• 응용계층

응용계층은 다양한 응용서비스를 지원하는 계층구조로써 응용 서비스가 TCP/IP 네트워크에 접근하는 기능을 제공한다. 최근의 인터넷상의 응용서비스는 단순 응용서비스 기능을 벗어나 다양한 응용 서비스가 제공되고 있으며, 보다 빠른 응용 서비스 제공을 위해 지능형 서비스 기술이 도입되고 있다.

• 전송계층

전송계층은 호스트들 간의 통신을 제공하는 계층구조로써 전송계층에는 TCP프로토콜과 UDP 프로토콜이 사용된다. TCP프로토콜은 연결지향 프로토콜로써 보다 정확한 데이터 전송을 위해 수신 측으로부터 데이터의 수신 확인 후 데이터를 전송하는 방식이다. 이에 반해서 UDP 프로토콜은 비연결지향의 프로토콜로써 수신여부에 관계없이 수신 측에 일방적으로 데이터 전송을 수행하는 방식이다. 따라서 비연결지향의 프로토콜은 수신 측에 정확한 데이터 패킷 전송이 보장되지 않는 문제점이 있다.

• 네트워크 계층

네트워크 계층은 주소 및 라우팅을 관리하는 계층구조로써 주소는 IP 프로토콜에 의해 관리된다. 네트워크에서 사용되는 프로토콜은 IP 프로토콜, ARP(Address Resolution-Protocol) 프로토콜, ICMP (Internet Control Message Protocol) 등이 있으며, IP 프로토콜은 네트워크상에서 주소를 관리하고 패킷을 라우팅 하는 기능을 수행한다. 그리고 ARP 프로토콜은 네트워크상에 위치한 MAC 주소를 가져오는 기능을 수행하며, ICMP 프로토콜은 패킷전송에 대한 오류 메시지를 처리하는 기능을 수행한다.

• 데이터링크 계층

데이터링크 계층은 네트워크에서 프레임 데이터를 송수신하는 기능을 수행하며, 물리 계층에서 오류가 발생하였을 때 이를 제어하는 기능을 수행한다.

6.2.3 인터네트워킹

인터넷의 발달로 인하여 전 세계는 하나의 거대한 망으로 연결되었으며, 이러한 연결망을 통하여 지역을 뛰어넘어 국가와 국가 간의 다양한 통신 서비스들이 수행되고 있다.

컴퓨터를 기반으로 하는 전자상거래와 이메일 서비스는 기본이 되었으며, 모바일을 중심으로 한 웹 및 앱 서비스는 새로운 서비스 패턴을 계속해서 탄생시키고 있다. 이러한 서비스를 가능케 하는 기술이 컴퓨터와 컴퓨터를 연결해 주는 인터네트워킹 기술이며, 인터네트워킹 기술은 네트워크 장비를 통해서 서로 다른 종류의 이기종 네트워크를 연결시켜 주는 기능을 수행하고 있다. 이처럼 인터네트워킹 기술은 통신장비에 관계없이 자신이 속한 물리적 네트워크에 접속하여 인터넷 서비스가 가능하도록 지원하고 있으며, 인터네트워킹의 기본구조는 그림6.5와 같다.

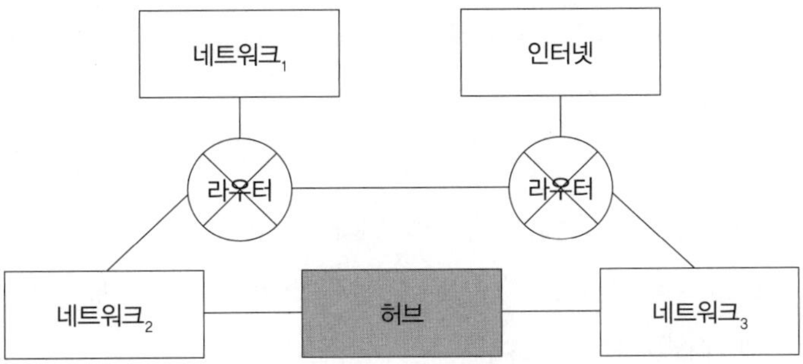

그림 6.5 인터네트워킹 구조

그림6.5에서 보듯이 인터네트워킹은 라우터, 허브와 같은 통신장비를 통해서 멀리 떨어져 있는 네트워크와 서로 연결해 주는 연결기능을 수행하며, 국가, 지역, 장소에 관계없이 호스트들을 연결한다. 그림6.5의 인터네트워킹 구조에서 라우터와 연결된 네트워크들은 물리적으로 같은 네트워크일 필요는 없으며 상위계층에서 지원하는 프로토콜 또한 같을 필요는 없다. 이처럼 인터네트워킹 구조의 통신 장비들은 서로 유기적인 연결기능을 수행해야 하며, 인터네트워킹을 수행하는 대표적인 장비들을 살펴보면 다음과 같다.

| 인터네트워킹 장비 |

• 리피터

리피터는 OSI 참조모델의 물리계층에서 동작하는 장비로써 근접한 2개 이상의 데이터 네트워크 사이에 데이터 신호를 전송하는 기능을 담당한다.

• 허브

허브는 사무실과 사무실에 놓여있는 컴퓨터를 연결해 주는 네트워크 장비로써 UTP케이블을 이용하여 가까운 거리의 노트북 또는 컴퓨터를 연결해 준다.

• 브리지

브리지는 OSI 7계층 구조의 데이터링크 계층인 MAC (Media Access Control) 계층에서 주로 동작하며, 둘 또는 그 이상의 네트워크를 상호 연결해 주는 네트워크 장비이다. 이 장비의 사용 목적은 네트워크를 확장시키고 네트워크 통신을 격리하기 위한 것이다.

• 스위치

스위치는 허브와는 달리 LAN에서 제공되는 대역폭을 PC로 전달하는 장비로써 스위치의 예로는 이더넷 스위치를 들 수 있다. 이더넷 스위치는 자신에 연결된 컴퓨터의 수와 관계없이 최대 대역폭을 지원한다.

• 라우터

라우터는 OSI 7계층의 네트워크 계층에서 패킷을 관리하고 라우팅을 관리하는 네트워크 장비로써 IP에 의해 데이터 경로가 설정되고 최적의 경로를 자동 설정하여 네트워크 트래픽을 최소화하는 기능을 수행한다.

• 게이트웨이

게이트웨이는 서로 다른 이기종의 네트워크를 연결해 주는 장비로써 서로 다른 통신프로토콜을 사용하는 네트워크를 서로 연결해 주기 위해 자신의 통신 프로토콜을 상대방으로 통신 프로토콜로 사상해 주는 기능을 수행한다. 즉 두 개의 서로 다른 네트워크 사이의 데이터 형식을 사상해 주는 역할을 수행한다.

6.2.4 라우팅

예를 들어 그림6.6처럼 KTX 기차를 타고 부산에서 서울로 출장을 간다고 하자. 이때 부산은 출발지가 되며, 서울은 목적지에 해당된다. 출발지에서 목적지로 가는 방법은 경유지를 거치지 않고 직접 가는 방법이 있을 것이며, 또한 여러 경유지를 경유해서 도착하는 여러 방법이 있을 것이다.

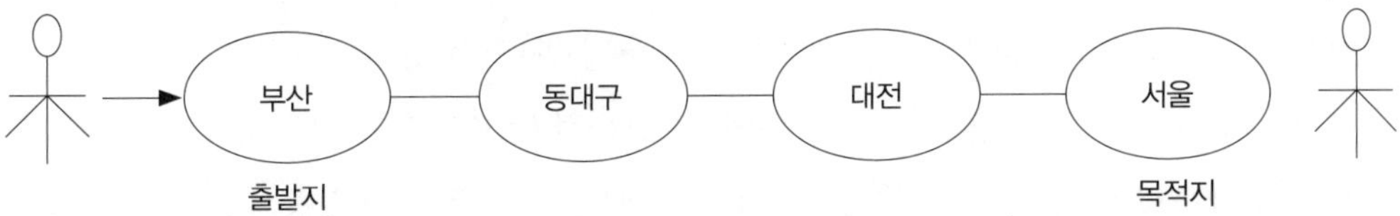

그림 6.6 라우팅 예

그림에서 보듯이 부산에서 출발하여 거쳐 가는 경유지 즉, 부산-동대구-대전은 경유지로써 네트워크에서는 이처럼 거쳐 가는 경로를 라우팅(Routing)이라 하며, 라우팅을 수행하는 장비를 라우터라 한다. 이처럼 출발지의 기차에 몸을 실어 각 경유지를 거친 후 최종 목적지인 서울에 도착하며, 이때 각 경유하는 경유지 즉 부산, 동대구, 대전은 라우팅 관점에서 데이터를 전달하는 중개 역할을 수행한다. 이렇듯 사람은 기차라는 운송수단을 통해서 양 끝 지점의 즉, 출발지와 최종 목적지 사이의 중간에 위치한 여러 경유지를 통과하여 목적지에 도착하게 된다. 이를 라우팅 관점에서 살펴보면 사람이라는 데이터는 양 끝에 놓여진 호스트 (부산, 서울) 간에 위치한 경유지를 거치게 되는데 각각의 경유지는 하나의 홉(Hop)에 해당되며, 각 홉을 경유하는 경로(Path)는 라우팅, 그리고 기차 안의 사람은 패킷에 해당된다. 즉 라우팅은 패킷을 원하는 목적지에 전송하기 위해 최적의 경로를 선택하고 선택된 경로를 통해서 패킷을 전송하는 일련의 전송과정이다.

라우팅을 수행하기 위해서는 라우터라는 네트워크 장비를 이용해야 하며, 라우터는 다양한 이기종 네트워크를 연결하는 기능을 수행한다. 라우터에서 라우팅을 위한 경로 지정은 라우팅 테이블과 목적지 주소를 기반으로 수행되며, 출발지에서 목적지로 패킷을 전송하기 위해 그림6.6에서처럼 경유지를 설정하고 설정된 경유지를 따라서 패킷이 전송되게 된다. 이처럼 라우터는 라우팅 기능을 수행하며, 라우팅 기능은 OSI 7계층의 3계층인 네트워크 계층의 계층주소를 참조하여 최적 경로를 선택하게 된다. 이러한 최적 경로 선택은 라우팅 경로 알고리즘(Algorithm)에 의해 수행되며, 라우팅 경로 알고리즘이란 라우팅 과정에서 최적의 경로를 찾는 방법을 말한다.

라우팅을 수행하는 라우팅 알고리즘은 라우팅 테이블을 구성하는 방법에 따라 여러 방법이 있으며, 크게 정적 라우팅 알고리즘(Static Routing Algorithm)과 동적 라우팅 알고리즘(Dynamic Routing Algorithm)으로 구분한다. 여기서 정적 라우팅 알고리즘은 관리자가 직접 라우팅 정보를 관리하는 방법이며, 동적 알고리즘은 네트워크 환경정보를 분석하여 라우팅 테이블을 동적으로 관리하는 방법이다. 정적 라우팅 알고리즘은 라우팅 테이블 정보를 관리자가 직접 관리하는 장점이 있지만 네트워크 환경이 변할 때 관리자가 이를 재설정해야 하는 문제가 있으며, 동적 라우팅 알고리즘은 네트워크 환경이 변할 때 네트워크 환경에 능동적으로 대처하는 장점이 있다.

일반적으로 라우팅이 수행되는 네트워크 환경에서는 라우팅 테이블 정보가 동적으로 갱신되고 관리되어야 하며, 동적 라우팅을 수행하는 모든 라우터는 네트워크 정보를 주기적으로 갱신하고 관리해야 한다. 이 과정에서 라우팅 테이블은 라우팅 생성, 갱신, 그리고 유지 및 제어 정보를 관리하게 되며, 라우팅 테이블 정보 관리는 라우팅 프로토콜에 의해 수행된다.

라우팅 프로토콜은 라우팅 프로토콜이 관리하는 네트워크 범위 내에서 프로토콜이 수행되게 되며, 네트워크 범위에 따라 프로토콜은 그림6.7, 그림6.8과 같이 IGP(Interior Gateway Protocol)과 EGP(Exterior Gateway Protocol)로 구분된다.

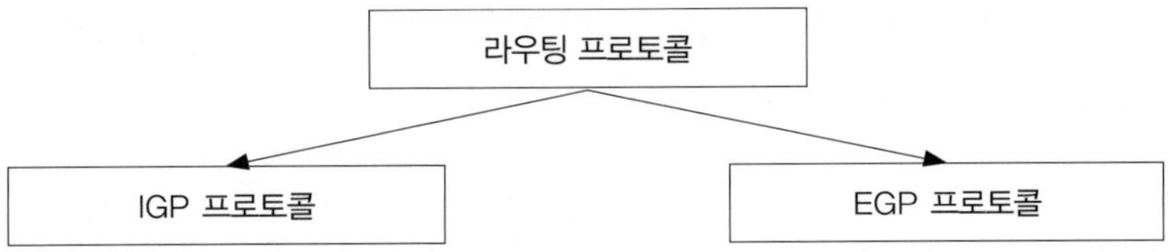

그림 6.7 라우팅 프로토콜

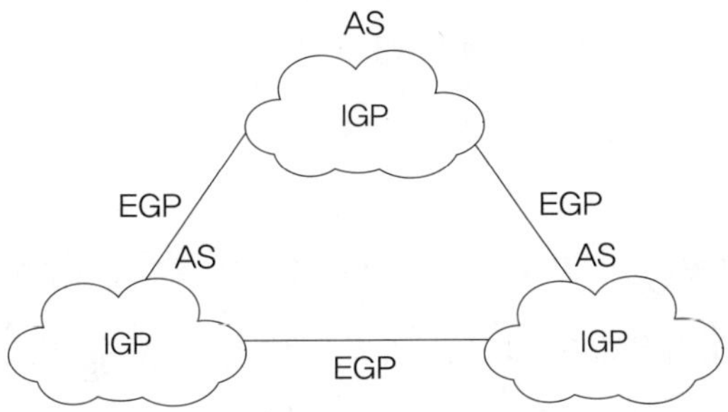

그림 6.8 IGP와 EGP

IGP는 AS내에서 라우팅 정보를 교환하기 위해 사용되는 프로토콜이며, 여기서 AS(Autonomous System)는 하나의 관리 도메인에 있는 라우터들의 집합이다. 그리고 EGP는 IGP와 IGP간의 라우팅을 수행하는 프로토콜이며, EGP는 AS외부로 패킷을 전송하고자 할 때 사용된다.

6.2.5 패킷처리

라우터는 IP 패킷처리를 위한 패킷정보를 가지고 있으며, 패킷 정보는 라우터의 라우팅 테이블에 의해 관리된다. 라우팅 테이블에서 패킷이 관리되고 처리되는 과정은 다음과 같이 수행된다.

| 패킷 처리과정 |

• IP 패킷이 라우터에 도착하면 목적지 주소를 찾기 위해 라우팅 테이블을 검색한다.

• 다른 네트워크로 패킷을 전송해야 할 경우에는 테이블의 인터페이스에 있는 해당 네트워크로 패킷을 전송한다.

• 만일 전송할 패킷이 자신이 속한 LAN상의 라우터이면 이 라우터에 패킷을 바로 전송한다.

• 위와 같은 라우팅 과정을 수행했음에도 라우팅 테이블에 해당경로가 검색되지 않았다면 해당 패킷을 지정된 기본 라우터로 전송한다.

이러한 패킷 처리과정은 각 라우터들로 하여금 네트워크 정보와 호스트 정보만을 관리하도록 하기 때문에 라우팅으로 인한 관리 부담을 줄일 수 있으며, 라우팅 테이블의 크기를 줄일 수 있는 효과를 제공하게 된다.

6.2.6 TCP/IP

인터넷은 우리 생활의 일부가 되었으며, 인터넷을 통해서 많은 업무가 처리되고 있다. 인터넷상에서 이메일과 전자상거래는 기본 서비스가 되었으며, 넷플릭스 영화관람, 해외배송업무, 메신저 기능, 비대면 은행업무, 각종 예약처리 및 서비스 등은 물론 수강신청, 학업, 레저 및 문화생활에 이르기까지 서비스의 활동범위는 이전과 다르게 빠르게 확대되고 있다. 인터넷상에서 이러한 서비스를 가능케 하는 기술이 바로 TCP/IP이다.

TCP/IP는 TCP (Transmission Control Protocol)과 IP (Internet Protocol)이 합쳐진 용어로써 1980년대 LAN (Local Area Network)이 자리를 잡으면서 LAN과 LAN을 연결하기 위해 개발되기 시작했다.

인터넷상에서 TCP/IP는 강력한 통신기능, 편리한 서비스 기능제공, 그리고 상호 운용성을 제공하고 있으며, TCP는 OSI 7계층의 전송계층에서 수행되는 프로토콜로써 IP가 제공하는 서비스를 기본 서비스로 수행하고 있다. 그리고 IP는 OSI 7계층의 네트워크 계층에서 수행되는 프로토콜로써 각각을 살펴보면 다음과 같다.

(1) TCP 프로토콜

TCP 프로토콜은 IP가 제공하는 서비스를 기본 서비스로 수행하며, 네트워크상에서 확실한 데이터 전송을 수행함으로써 데이터 전송의 신뢰성을 보장한다. 그리고 데이터를 전송하는 도중에 전송 오류가 발생할 경우 자동으로 데이터를 재전송하는 기능을 수행하게 되며, 만일 수신 측에 데이터가 정상적으로 수신하게 되면 수신 측에 대하여 별도의 처리를 요청하지 않는다. 이처럼 데이터 전송을 보장하기 위한 TCP 프로토콜의 기능을 살펴보면 다음과 같다.

| TCP 프로토콜 기능 |

- 연결지향 (Connection-oriented) 통신보장

- 신뢰성 (Reliability) 보장

- 흐름제어 (Flow Control) 기능수행
  흐름제어는 전송되는 TCP가 수신 측이 가지고 있는 버퍼의 크기를 고려하여 버퍼의 크기를 초과하지 못하도록 데이터 전송을 적절히 제어하는 방법이며, 이 방법의 목적은 호스트의 버퍼크기가 넘치는 것을 방지하기 위한 것이다.

- 혼잡제어 (Congestion Control)
  혼잡제어는 네트워크상에 패킷의 수가 지나치게 증가되는 현상, 즉 트래픽의 수가 폭발적으로 증가되는 현상이다. 예를 들어 교차로에 평소보다 차량의 수가 과도하게 증가되어 교차로 상태가 마비되는 경우 이러한 상태를 말하며, 혼잡상태를 방지하거나 제어하는 기능을 혼잡제어라 한다. 컴퓨터 네트워크에 혼잡이 발생하면 네트워크의 성능은 급격히 떨어지게 되기 때문에 이를 적절히 제어하는 것이 무엇보다 중요하다.

(2) IP 프로토콜

IP 프로토콜은 OSI 7계층의 네트워크 계층에서 수행되며, 전송경로 설정, 네트워크 주소 및 호스트 주소를 설정하는 기능을 수행한다. 또한 IP 프로토콜은 UDP, ICMP, IGMP와 같은 IP 데이터그램을 전송하는 기능을 수행하며, IP 프로토콜이 수행하는 기능을 살펴보면 다음과 같다.

| IP 프로토콜 기능 |

• 비연결형 (Connectionless-oriented) 통신기능

비연결형이란 수신 측의 전송 확인 없이 IP 데이터그램을 수신 측에 전송하는 형태를 말하며, 이때 IP 데이터그램의 도착순서는 전송순서와 반드시 일치하지 않을 수 있다.

• 비신뢰성 (Unreliability)

비신뢰성이란 IP 데이터그램이 목적지 주소에 성공적으로 도달하지 못하는 것을 의미한다.

• 주소지정

IP 주소지정이란 네트워크상에 접속해 있는 각 호스트에 각각의 호스트를 구분하기 위해 지정된 주소를 말하며, 지정된 주소를 통하여 각각의 호스트가 구별되게 된다. 예를 들어 우리가 사는 아파트가 있다고 가정할 때 아파트의 각 동과 호 수를 구별하듯이 즉, 101동 1001호 등을 의미한다. 이처럼 IP 주소란 IP 프로토콜이 호스트를 구분하기 위해 사용되는 주소체계로써 주소체계는 주소표현 방식에 따라 클래스(Class)-A, 클래스(Class)-B, 클래스(Class)-C, 그리고 클래스(Class)-D로 구분된다.

인터넷상에서 주소표현은 IPv4의 주소체계의 버전과 IPv6의 주소체계 버전을 사용하며, IPv4의 주소체계 버전은 32비트(bit)의 주소체계로 구성되어 있으며, IPv6의 주소체계 버전은 128비트(bit)의 주소체계로 구성되어 있다. IPv4의 버전이 IPv6로 확장이 된 이유는 인터넷의 발달과 IoT (Internet of Things)와 같은 사물인터넷의 발달로 인

하여 주소가 고갈되었기 때문이다. 이러한 문제를 해결하기 위해 등장한 새로운 주소 체계방식이 IPv6 주소표현 방식이며, 현재 인터넷상에서는 이들 두 가지 주소표현 방식이 서로 혼용되어 사용되고 있다.

설명했다시피 IPv4의 주소체계는 32비트의 주소체계로 구성되어 있으며, 주소는 8비트씩 4개로 구분하여 표현하며, 주소 표현방식은 다음과 같다.

| IP 주소표현 방식 |

11000011.10101000.00001100.00011111: 32비트

이와 같은 32비트 2진수를 10진수로 변환하면 195. 168. 12. 31이 되며, 10진수 195. 168. 12. 31이 우리가 알고 있는 주소이다.

즉 11000011.10101000.00001100.00011111은 195. 168 . 12 . 31이 된다.

위의 주소체계에서 각각의 8비트는 도트(.)로 구분하여 주소가 표기되며, 11000011(도트.)10101000(도트.)00001100(도트.)00011111과 같이 표현된다.

따라서 이러한 주소체계에 따라 표현되는 주소표현방식을 살펴보면 다음과 같다.

1) 클래스-A

클래스-A의 주소표현 방식은 32비트의 주소체계에서 처음 1바이트, 즉 8비트는 네트워크를 식별하기 위한 식별자이며, 나머지 3바이트 즉 24비트는 호스트를 식별하기 위한 호스트 식별자이다. 네트워크 식별자의 8비트 중 처음 1비트는 0으로 시작하며, 클래스-A의 주소체계는 그림6.9와 같다.

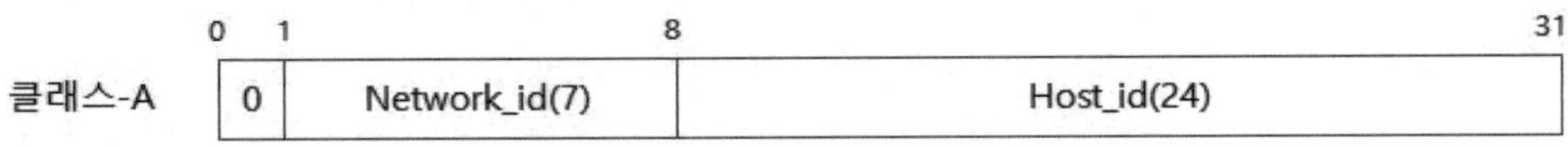

그림 6.9 클래스-A 주소체계

그림에서 보듯이 네트워크 식별자는 2^7=128개이며, 그리고 호스트 식별자는 2^{24}개를

표현할 수 있다. 이처럼 클래스-A는 네트워크에서 보다 많은 호스트들에게 주소를 부여하는 방식이며, 이 주소체계는 호스트들이 부여된 주소를 모두 할당하지 않으면 주소 낭비가 발생하는 문제가 있다.

2) 클래스-B

클래스-B의 주소표현 방식은 32비트의 주소체계에서 처음 2바이트, 즉 16비트는 네트워크를 식별하기 위한 식별자이며, 나머지 2바이트 즉 16비트는 호스트를 식별하기 위한 호스트 식별자이다. 네트워크 식별자의 16비트 중 처음 2비트는 10으로 시작하며, 네트워크 식별자는 14비트가 된다. 그리고 호스트 식별자는 16비트가 되며, 클래스-B의 주소체계는 그림6.10과 같이 표현된다.

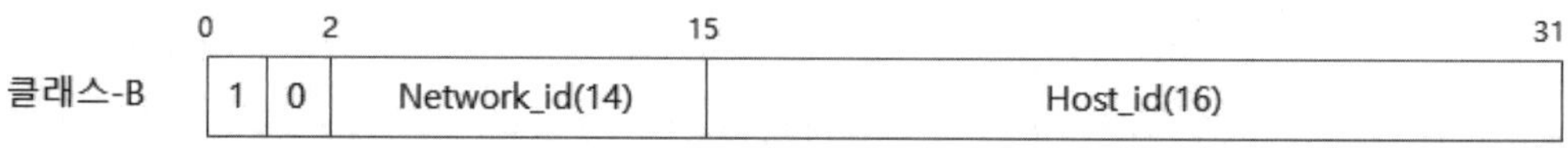

그림 6.10 클래스-B 주소체계

그림에서 보듯이 네트워크 식별자는 2^{14}=16384개이며, 그리고 호스트 식별자는 2^{14}개를 표현할 수 있다. 클래스-B 주소체계 또한 호스트에서 사용되지 않는 주소로 인하여 주소 낭비의 문제가 발생한다.

3) 클래스-C

클래스-C의 주소표현 방식은 32비트의 주소체계에서 처음 3바이트, 즉 24비트는 네트워크를 식별하기 위한 식별자이며, 나머지 1바이트 즉 8비트는 호스트를 식별하기 위한 호스트 식별자이다. 네트워크 식별자의 32비트 중 처음 3비트는 110으로 시작하며, 네트워크 식별자는 21비트가 된다. 그리고 호스트 식별자는 8비트가 되며, 클래스-C의 주소체계는 그림6.11과 같이 표현된다.

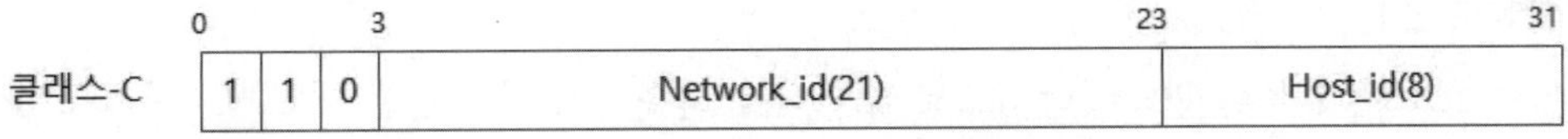

그림 6.11 클래스–C 주소체계

그림에서 보듯이 네트워크 식별자는 2^{21}개이며, 그리고 호스트 식별자는 2^{8}개를 표현할 수 있다. 클래스-C 주소체계는 주소 할당관점에서 소규모의 네트워크에 주소가 할당되므로 클래스-A, 클래스-B에 비해서 주소낭비를 줄일 수 있는 장점이 있다.

4) 클래스-D

클래스-D는 멀티캐스트 주소를 위한 주소체계이며, 클래스-D의 주소체계는 그림6.12와 같이 표현된다.

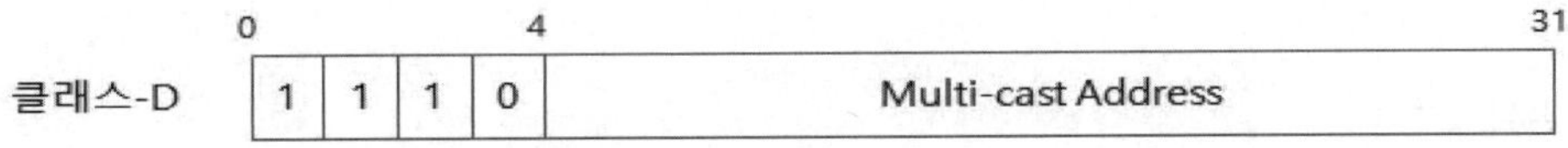

그림 6.12 클래스–D 주소체계

전송형식에 따라 주소전송은 유니캐스트(Unicast) 전송, 브로드캐스트(Broadcast) 전송, 그리고 멀티캐스트(Multicast) 전송 등으로 구분되며, 각각의 전송방식을 살펴보면 다음과 같다.

▶ 유니캐스트 전송

유니캐스트 전송은 정보를 전송하기 위한 프레임에 자신의 MAC 주소와 목적지의 MAC 주소를 첨부하여 전송하는 방식으로써 사용자 그룹에서 지정된 사용자에게만 프레임을 전송하는 1 대 1 전송방식이다. 이 방식은 특정 사용자에게만 프레임을 전송하는 단일 전송방식이며, 전송특징은 다음과 같다.

| 전송특징 |

- 어떤 호스트가 유니캐스트 방식으로 데이터를 전송하게 되면 같은 네트워크에 있는 모든 호스트들은 그 MAC 주소를 받아서 자신의 MAC 주소와 비교 후에 자신의 MAC 주소와 같지 않다면 프레임을 버리고 같다면 프레임을 받아서 처리한다.
- 유니캐스트 방식은 가장 많이 사용하는 방식으로 한 개의 목적지 MAC 주소를 사용하고 CPU 성능에 영향을 거의 주지 않는 방식이다.

▶브로드캐스트 전송

브로드캐스트 전송은 로컬 네트워크에 연결되어 있는 모든 호스트들에게 프레임을 전송하는 방법으로써 정보를 수신하기를 원하지 않는 모든 호스트 사용자들에게 프레임을 전송하는 1 대 n 전송방식이다. 이 전송방식은 불특정 다수에게 프레임을 전송하는 방식이며, 전송특징은 다음과 같다.

| 전송특징 |

- 브로드캐스트 방식의 경우 브로드캐스트용 주소가 미리 정해져 있으며 수신받는 사용자 호스트가 패킷을 전송하면 전송된 패킷을 자신의 CPU로 전송하고 CPU가 전송된 패킷을 처리한다.
- 모든 호스트 사용자에게 패킷이 전송되므로 트래픽이 증가하고 CPU가 패킷을 처리하기 때문에 전송성능이 저하되는 문제가 발생한다.

▶ 멀티캐스트 전송

멀티캐스트 전송은 네트워크에 연결되어 있는 호스트들 중 일부에게만 프레임 정보를 전송하는 방법으로서 특정 그룹에 속해 있는 시스템에게만 한 번에 프레임 정보를 전송하는 1 대 n 전송방식이다. 이 방식은 정보 수신을 원하는 사용자들에게만 프레임을 전송하는 방식이며, 전송특징은 다음과 같다.

| 전송특징 |

- 멀티캐스트는 라우터가 멀티캐스트를 지원해야만 사용 가능하다.
- 멀티캐스트 그룹 단위로 묶어 그 그룹의 호스트들이 동시에 데이터를 수신한다.
- UDP 프로토콜 사용으로 인하여 전송 신뢰성이 떨어진다.
- 하나의 클라이언트(Client)에서 여러 멀티캐스트 주소 사용이 가능하다. 즉 여러 개의 멀티캐스트 데이터의 수신이 가능하다.

5) CIDR(Classless Inter Domain Routing)

CIDR은 인터넷상에서 데이터 라우팅의 효율성을 향상시키기 위한 IP 주소 할당 기법으로써 인터넷 라우팅 테이블의 크기가 폭발적으로 늘어나는 현상을 방지하기 위해 사용된다. CIDR의 주소표기는 프리픽스(prefix) 표기법에 기반하여 주소를 표현하며, 주소표현과 관련한 특징을 살펴보면 다음과 같다.

| CIDR 주소표현 특징 |

- 가변 길이 서브넷 마스킹을 이용하여 IP 주소의 네트워크 주소와 호스트 주소 비트 간의 길이를 결정한다.
- CIDR의 표기는 프리픽스 표기법을 적용하며, 호스트주소/네트워크 주소로 표기한다.
- CIDR주소는 IPv4의 32bit 주소체계에 기반하며, 클래스-A, 클래스-B, 클래스-C, 그리고 클래스-D의 주소체계에 기반한다. 프리픽스 주소체계를 적용한 주소표현 예는 다음과 같다.

예 6.1) 1.1.1.1 (255.255.255.255)->서브넷 마스크 주소표기법
1.1.1.1/32-> CIDR(prefix) 표기법

예 6.2) 1.1.1.1/32 -> 1.1.1.1 32bit 전부가 네트워크 주소라는 뜻이며, 1.1.1.1은 하나의 호스트주소만을 가진다는 뜻이다.

204. 10. 5. 0/24 -> 네트워크 주소는 204. 10. 5까지의 24bit이며, 호스트주소는 8bit 즉 0에서 255임을 표시한다.

204. 10. 5. 0/16 -> 네트워크 주소는 204. 10까지의 16bit이며, 호스트주소는 16bit 즉 0-255. 0-255까지임을 표시한다.

204. 10. 5. 0/8 -> 네트워크 주소는 204까지의 8bit이며, 이외의 나머지는 호스트주소임을 표시한다.

예 6.3) 204. 10. 5. 203/24->204. 10. 5. 0-255로써 네트워크id는 204. 10. 5이며, 호스트 id는 0-255까지임을 나타낸다.

예 6.4) ./24-> 11111111. 11111111. 11111111. 00000000=> 즉 255. 255. 255. 0이다.

문제 6.1 **192.168.10.190/24의 네트워크 주소는 얼마인가?**

11000000.10101000.00001010.10111110
11111111.11111111.11111111.00000000
AND

11000000.10101000.00001010.00000000

결과) 192.168.10.0 따라서 네트워크 id는 192.168.10.0이다.

문제 6.2 **192.168.10.190/25의 네트워크 주소는 얼마인가?**

11000000.10101000.00001010.10111110
11111111.11111111.11111111.10000000
AND
11000000.10101000.00001010.10000000

결과) 192.168.10.128 따라서 네트워크 id는 192.168.10.128이다.

예 6.3) CIDR 호스트 id는 얼마인가?

./32->255.255.255.255

호스트id는 1개

./31->255.255.255.254

호스트id는 2개

./30->255.255.255.252

호스트id는 4개

./24->255.255.255.0

호스트id는 256개

./16->255.255.255.0.0

호스트id는 2^8*2^8=65536이다.

이처럼 CIDR 주소체계를 사용함으로써 주소낭비를 예방할 수 있으며, CIDR 사용 장점을 살펴보면 다음과 같다.

| CIDR 장점

• 주소낭비를 예방한다.
• 보다 빠른 데이터 전송을 보장한다.
• 유연한 슈퍼넷 망 생성이 가능하다.

6) 서브넷(Subnet)

서브넷은 할당받은 하나의 네트워크 주소를 다시 여러 개의 작은 네트워크로 분할하는 것을 말하며, 라우팅에서 할당받은 호스트가 어떤 네트워크에 있는지를 확인하기 위해서는 네트워크 주소를 식별하는 마스킹 과정을 수행해야 한다. 이때 서브넷 주소를 찾기 위해 네트워크의 서브넷 마스크와 호스트 IP 주소를 AND연산하여 주소를 구하게 되며, 서브넷 마스크를 구하는 과정은 다음과 같다.

문제 6.3 **211.100.10.0/24 네트워크를 각 서브넷당 55개의 Host를 할당할 수 있도록 서브넷팅 한다고 가정하자.**

a) 서브넷 마스크를 구하라.

해결과정 :

먼저 Host ID 비트를 고려한다. Host ID를 나타내는 비트가 6개라면 2^6−2=62개의 호스트를 할당할 수 있으며, 여기서 32개의 비트 중 26개가 서브넷 마스크의 bit개수이므로 1111111.11111111.11111111.11000000가 서브넷 마스크가 된다.

즉 255.255.255.192이다.

결과) 255.255.255.192

b) 서브넷의 개수를 구하라.

해결과정 :

기존 Network ID를 나타내는 비트보다 2개의 비트를 더 표현한다. 즉 2^2=4 개의 서브넷이 가능하므로 4개가 된다.

결과) 4개

c) 첫 번째 서브넷의 broadcast 주소를 구하라.

해결과정 :

서브넷의 broadcast 주소응 이진법으로 변환한다. 211.100.10.0을 이진법으로 변환하면 11010011.01100100.00001010.00000000이 되며, 첫 번째 서브넷의 broadcast 주소가 구하는 주소이기 때문에 첫 번 째 주소는 11010011.01100100.00001010.00111111이 broadcast 주소가 된다. 따라서 211.100.10.63이다.

결과) 211.100.10.63

d) 마지막 서브넷의 network address를 구하시오.

해결과정 :

서브넷의 network address를 이진법으로 변환한다. 따라서 마지막 서브넷은 11010011.01100100.00001010.11000000이 된다. 즉, 211.100.10.192이다.

결과) 211.100.10.192

e) 두 번째 서브넷의 사용 가능한 IP 범위를 구하라.

해결과정 :

IP 범위를 구하기 위해 주소를 이진법으로 변환한다.

두번째 서브넷은 11010011.01100100.00001010.01000000부터 시작하므로, 11010011.01100100.00001010.01000000과 11010011.01100100.00001010.01111111은 제외한다.

그 이유는 11010011.01100100.00001010.01000000는 네트워크 주소이고, 11010011.01100100.00001010.01111111은 브로드캐스트 주소이기 때문이다.

따라서 두 번째 서브넷의 사용 가능한 IP 범위는 211.100.10.65~211.100.10.126이다.

결과) 211.100.10.65~211.100.10.126

문제 6.4 **195.168.12.0/24 네트워크를 8개의 네트워크로 사용할 수 있도록 서브넷팅을 한다고 가정하자.**

a) 어떤 서브넷 마스크가 효율적인가 구하라.

해결과정 :

8개의 서브넷을 만들기 위해서는 서브넷 마스크 비트 수를 3개 늘려야 한다. (2^3=8) 따라서 서브넷 마스크는 11111111.11111111.11111111.11100000 즉 255.255.255.224가 된다.

결과) 255.255.255.224

b) 서브넷의 개수를 구하라.

해결과정 :

서브넷의 개수는 (2^3=8)이다.

결과) 8개

c) 첫번째 서브넷의 broadcast 주소를 구하라.

해결과정 :

먼저 서브넷의 브로드캐스트 주소를 이진법으로 변환한다.

즉 주소 195.168.12.0을 이진법으로 변환하면 11000011.10101000.00001100.00000000 이 되며, 구하는 주소가 번째 서브넷 주소이므로 11000011.10101000.00001100.00011111 이 브로드캐스트 주소가 된다.

따라서 주소는 195.168.12.31이다.

결과) 195.168.12.31

d) 마지막 서브넷의 network address를 구하라.

해결과정 :

마지막 서브넷은 11000011.10101000.00001100.11100000이기 때문에 마지막 서브넷의 네트워크 주소는 11000011.10101000.00001100.11100000, 즉 195.168.12.224이 된다.

결과) 195.168.12.224

• 경로설정

경로설정은 목적지의 주소로 패킷을 전송하기 위하여 최적의 경로를 설정하는 과정이며, 목적지 주소로 데이터 패킷을 전송할 때 어떤 경로를 경유할 것인지를 결정하게 된다. 이렇게 설정된 경로를 따라 데이터 패킷이 전송되게 되며, 경로설정이 수행되는 과정은 그림6.13과 같다.

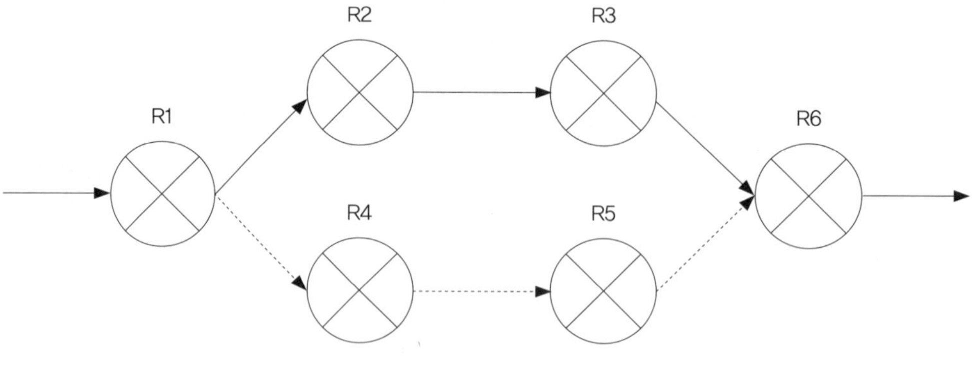

그림 6.13 경로설정과정

그림에서 경로설정은 R1-R2-R3-R6의 방향과 그리고 R1-R4-R5-R6 방향으로 설정됨을 알 수 있다. 이러한 과정을 수행하는 절차를 경로설정이라 한다.

6.3 가상 네트워크

기업체의 경제규모가 커지고 산업화가 발달하면서 근거리 및 원거리의 지사와 지사 그리고 본사와 지사를 연결하기 위한 다양한 형태의 네트워크가 등장하면서 클라우드 가상 네트워크 방식이 등장하게 되었다. 이처럼 가상 네트워크 등장은 인터넷을 기반으로 한 기업 업무환경에서 비롯되었으며, 소규모 네트워크 환경에서 기본적인 문서처리 및 업무처리 방식에서 벗어나 본사와 여러 지사, 지사와 지사, 그리고 본사와 해외지사에서 업무처리가 가능한 환경을 지원하게 되었다.

기업체 입장에서 분산된 네트워크 환경을 직접 구축하여 운영하기란 현실적으로 어려우며, 설사 네트워크 환경을 구축한다 하더라도 관리 및 비용문제가 발생하게 된다. 가상네트워크는 이러한 문제를 해결하기 위해 도입된 기법이며, 기업의 입장에서는 관리와 비용문제를 효과적으로 대처할 수 있는 효율적인 방법이다. 그러나 가상네트워크는 실제 존재하는 네트워크가 아니라 기존의 공용 네트워크 자원을 가상화하여 사용하는 개념이기 때문에 구현상의 복잡한 문제가 있으며, 특히 공용망의 사용으로 인해 보안이 취약하다는 문제가 있다.

가상네트워크를 구축하기 위해 사용되는 네트워크 구조는 공용 네트워크와 사설네트워크로 구분되며, 각각의 구조를 살펴보면 다음과 같다.

6.3.1 공용 네트워크

공용 네트워크는 일반 전화망이나 인터넷처럼 누구나 쉽게 접근이 가능한 네트워크로써 사용자와 사용자 간의 데이터 전송이 자유로운 네트워크 구조를 말한다. 이 구조는 사용자 간의 정보를 자유롭게 전송할 수 있도록 공개된 네트워크이며, 언제 어디서나 누구나 쉽게 네트워크에 접근할 수 있다. 공용 네트워크는 사용자 접근에 대한 제약이 없으며, 공용 망이 제공하는 특징을 살펴보면 다음과 같다.

| 공용 네트워크의 특징 |

- 언제 어디서나 누구든지 네트워크 접근이 가능하다.
- 접근의 용이성으로 인해 보안이 취약하다.
- 누구나 접근이 쉬워야 하기 때문에 공인된 표준 프로토콜을 따라야 한다.

6.3.2 사설 네트워크

사설 네트워크는 공용 네트워크와는 달리 허용된 접근자에게만 접근을 허용하는 네트워크 구조로써 특정 네트워크의 구축과 관련한 사용자만이 사용가능한 네트워크이다. 이 네트워크 구조는 인증되지 않은 접근자에게는 접근을 허용하지 않으며, 사설네트워크가 제공하는 특징을 살펴보면 다음과 같다.

| 사설 네트워크의 특징 |

- 인증되지 않은 사용자의 접근을 차단함으로써 보안성을 유지해 준다.
- 직접적으로 네트워크를 관리함으로써 네트워크 운영에 융통성과 독립성을 보장한다.
- 다른 사설 네트워크와의 연동이 복잡하며 이로 인해 사용자 지원이 어렵다.
- 원거리에 위하고 있는 지사와 지사와의 WAN 구축, 그리고 전용회선 구축 시에 추가적인 비용이 많이 발생한다.

6.3.2 가상 네트워크 구현기술

가상 네트워크는 실제 사설 네트워크를 구축하는 방식이 아니라 공용 네트워크 일부를 가상화한 네트워크이다. 즉 가상 네트워크는 인터넷과 같은 공용 네트워크를 기업 또는 개인의 전용회선처럼 사용할 수 있도록 지원하는 개념이며, 공용 네트워크를 이용하여 가상 네트워크가 요구하는 다양한 서비스를 제공하게 된다. 가상 네트워크는 접속자들에게 안전하게 서비스가 보장되도록 주소 및 라우터 시스템의 비공개, 데이터 암호화, 사용자 인증 및 사용자 접근 권한 등의 제어기능을 수행한다. 이러한 기능들은 가상 네트워크를 구현하는데 매우 중요한 기능이며, 가상 네트워크 구현 기술을 살펴보면 다음과 같다.

| 가상 네트워크 구현기술 |

• 암호화 기술
 암호화 기술은 송신 측의 데이터를 전송하기 전에 암호화하고, 수신 측에서 이를 복호화하는 기술을 말한다.

• 터널링 기술
 터널링 기술은 전송하고자 하는 특정 데이터를 프로토콜로 캡슐화하고, 캡슐화된 데이터를 전송하는 기술을 말한다.

6.3.3 가상 네트워크 서비스 기능

가상 네트워크는 기존의 사설 네트워크의 서비스기능을 그대로 제공해야 하며, 가상 네트워크의 서비스 기능을 살펴보면 다음과 같다.

| 가상 네트워크의 서비스기능 |

• 데이터 기밀성(Data Confidentiality)
 데이터 기밀성이란 데이터를 전송하는 도중에 데이터의 내용을 다른 사용자가 보지 못하도록 암호화하는 기법을 말한다.

• 데이터 무결성(Data Integrity)

데이터 무결성이란 데이터를 전송하는 도중에 데이터의 내용이 변경되지 않도록 보장하는 기법이며, 데이터 무결성을 보장하기 위해 암호화 및 전자서명을 이용한다.

• 데이터 인증(Data Authentication)

데이터 인증이란 데이터를 전송할 때 수신 측이 수신한 데이터가 원래의 송신자에 의해서 전송되었다는 것을 확인하는 절차를 말한다.

• 접근통제(Access Control)

접근통제는 인증된 사용자에게만 접근을 허용하는 기능을 말한다. 이때 사용자 인증은 IPSec을 이용하여 통신이 수행되며, IPSec을 모르는 제3자는 접근이 제한되게 된다.

6.3.4 가상 네트워크 유형

가상 네트워크 구조는 확장이 용이하며, 응용분야에 따른 가상 네트워크의 유형을 살펴보면 다음과 같다.

| 가상 네트워크 유형 |

• 인트라넷 가상 네트워크

인트라넷 가상 네트워크는 기업체에서 주로 업무처리를 위해 사용하는 사내 망으로써 기업 내의 전용 네트워크를 표준화하여 가상화를 수행한다. 이 네트워크 구조는 인터넷 프로토콜인 TCP/IP에 기반하여 통신을 수행하며, 인트라넷 가상 네트워크 구조는 그림6.14와 같다.

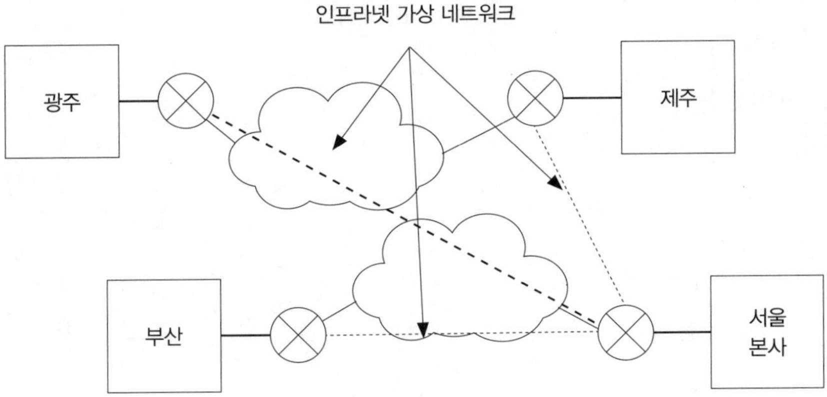

그림 6.14 인트라넷 가상 네트워크

그림에서 광주, 부산, 제주는 지사이며, 서울 본사의 서버를 통해 지사와 업무처리를 수행하게 된다. 이와 같은 기능은 TCP/IP 인터넷 프로토콜을 사용함으로써 통신장비의 접근이 용이하며, 또한 응용프로그램 서비스가 용이한 점이 있다. 그리고 방화벽, ID, 암호화 알고리즘을 사용함으로써 보안성을 유지하는 장점을 제공한다.

• 익스트라 넷 가상 네트워크

익스트라넷 가상 네트워크는 기업체와 밀접한 관계를 가진 고객사 또는 협력업체들에게 인트라넷을 이용할 수 있도록 인트라넷을 확장한 구조이다. 이 구조는 기업과 기업 간의 편리한 업무처리를 위한 구조로써 자사 이외의 다른 고객들은 RAS(Remote Access Service)라 하는 원격접속 프로토콜을 이용하여 가상 네트워크에 접속하게 된다. 이와 같은 방법을 통하여 고객들은 익스트라 넷 가상 네트워크에 접속하게 되며, 익스트라 넷 가상 네트워크 구조는 그림6.15와 같다.

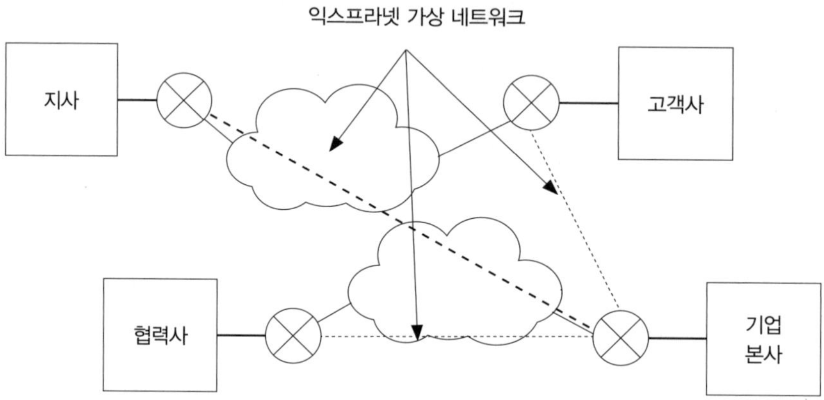

그림 6.15 익스트라 넷 가상 네트워크

• 원격접근 가상 네트워크

원격접근 가상 네트워크는 원격지에서 업무처리를 편리하게 지원하는 네트워크 구조로써 예를 들어 기업체의 어느 한 직원이 업무 차 제주로 급히 출장을 왔다고 가정하자. 그런데 이때 직원이 처리 서류를 사무실에 두고 왔다고 할 때 직원은 난감해할 것이다. 이러한 문제를 해결하기 위한 것이 원격접근 가상 네트워크 방법이며, 원격가상 네트워크는 직원이 서류를 가지고 오지 않았더라도 인터넷에 접속하여 원격지에서 업무 처리를 할 수 있도록 도와주는 네트워크 접속방법이다.

원격접근 가상 네트워크에서 업무처리를 하기 위해서는 보안에 특히 신경을 써야 하며, 그렇지 않을 경우 중요한 정보가 도용되거나 파괴될 수 있는 문제가 발생할 수 있다.

연습문제

1 클라우드 네트워크에서 호스팅된 네트워크 리소스 및 서비스유형에 대해서 설명하시오.

2 가상 사설 클라우드 네트워크와 공용 클라우드 네트워크의 차이점을 설명하시오.

3 프로토콜의 3가지 구성요소에 대해서 설명하시오.

4 네트워크 IP 클래스 유형과 각 클래스별 구조적 특징을 설명하시오.

5 CIDR이란 무엇이며, 사용이유는 무엇인가?

6 211.100.10.0/24 네트워크를 각 서브넷당 55개의 Host를 할당할 수 있도록 서브넷팅 한다고 가정하자.

(1) 서브넷 마스크를 구하라.

(2) 서브넷의 개수를 구하라.

(3) 첫 번째 서브넷의 broadcast 주소를 구하라.

(4) 마지막 서브넷의 network address를 구하시오.

제7장

클라우드 운영체제

7.1 운영체제

7.2 분산 운영체제

7.3 클라우드 운영체제

7.4 임베디드 운영체제

제7장

클라우드 운영체제

7.1 운영체제

7.1.1 기본개요

운영체제는 컴퓨터 시스템과 사용자 사이의 중요한 인터페이스 역할을 하며, 사용자로 하여금 컴퓨터 시스템을 편리하게 사용할 수 있도록 지원하는 기능을 수행한다. 우리가 컴퓨터상에서 사용하고 있는 운영체제의 유형은 여러 종류의 운영체제가 사용목적에 따라 개발되어 사용되고 있으며, 대표적인 운영체제의 유형을 살펴보면 다음과 같다.

- DOS형 타입 운영체제
  PC-DOS, MS-DOS형 타입의 운영체제

- WINDOWS 계열 운영체제
  WINDOWS 3.1, WINDOWS-XP, WINDOWS-NT, WINDOWS-7, WINDOWS-10 등의 진화된 운영체제

- UNIX 계열 운영체제
  UNIX Solaris, LINUX 등의 운영체제

- Mobile Phone 운영체제
  IOS, Android OS 등의 운영체제

이 밖에도 시스템의 사용목적에 따라 시스템을 제어하기 위해 사용하는 많은 종류의 운영체제들이 존재한다. 이들 운영체제는 컴퓨터의 각 기능들을 작동시키고 제어하기 위해 필수적인 소프트웨어이며, 운영체제는 컴퓨터 시스템과 상호작용을 통하여 작업 명령어들을 처리하고 제어한다. 운영체제와 상호작용을 수행하는 컴퓨터 시스템은 크게 5개의 요소로 구성되어 있으며, 상위계층의 사용자층과 하위계층의 하드웨어 자원과의 인터페이스를 통하여 명령어 처리를 수행한다. 따라서 상위계층의 사용자층과 하위계층의 하드웨어 계층과의 관계를 살펴보면 그림7.1과 같다.

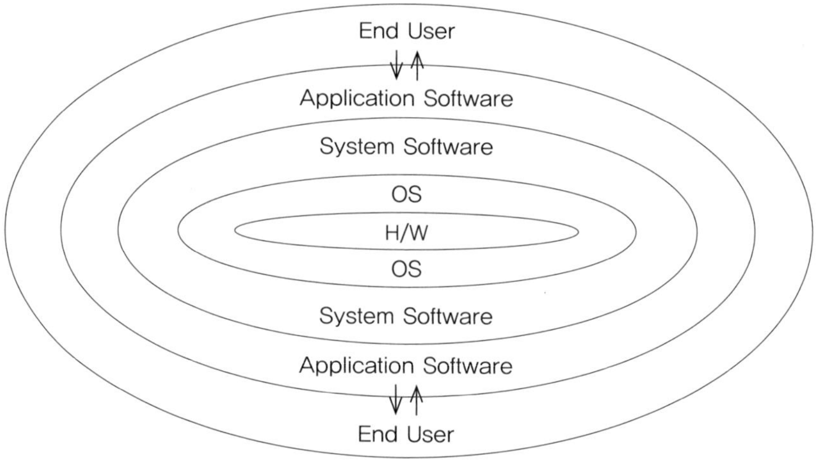

그림 7.1 사용자계층과 하드웨어 계층과의 관계

- End User (단말 사용자 또는 최종 사용자)

  End User는 컴퓨터를 사용하는 단말 사용자 또는 최종 사용자를 말하며, 최종 사용자와 컴퓨터 시스템 즉 하드웨어 간의 인터페이스 역할을 수행한다.

- Application Software (응용 소프트웨어)

  Application Software는 응용소프트웨어라 하며, 컴퓨터상에서 사용되는 각종 소프트웨어, 즉 게임프로그램, 한글 워드프로세서 등을 말한다.

• System Software (시스템 소프트웨어)
컴퓨터 시스템을 효과적으로 운영하고, 제어해 주는 프로그램, 즉 컴파일러(Compiler), 어셈블러(Assembler), 링커(Linker), 로더(Loader) 등의 프로그램을 말한다.

• OS (운영체제)
OS(Operating Systems), 운영체제는 컴퓨터의 하드웨어를 제어하고 응용 소프트웨어를 위한 기반 환경을 제공하여, 사용자가 컴퓨터를 사용할 수 있도록 인터페이스 역할을 해 주는 시스템 소프트웨어를 말한다.

• H/W(하드웨어)
H/W(Hardware)는 컴퓨터를 구성하는 장치들을 말한다.

| 운영체제(Operating Systems)의 개념적 정의 |

(1) 운영체제는 최종사용자와 컴퓨터 시스템 사이에서 컴퓨터 시스템을 편리하고, 효율적으로 사용할 수 있도록 지원해 주는 시스템 소프트웨어이다.

(2) 운영체제는 컴퓨터의 하드웨어를 제어하고 응용 소프트웨어를 위한 기반 환경을 제공하여, 사용자가 컴퓨터를 사용할 수 있도록 인터페이스 역할을 해 주는 소프트웨어이다.

7.1.2 운영체제의 목적

운영체제는 컴퓨터 시스템은 물론 항공기, 가전제품 등 많은 전자기기에 사용되고 있으며, 운영체제의 주요한 목적과 역할을 살펴보면 다음과 같다.

| 운영체제의 주목적 |

• 사용자의 편리성 제공
• 시스템 성능향상

| 운영체제의 부목적 |

• 단말 사용자 대신에 컴퓨터 하드웨어를 효율적으로 관리하고 사용하도록 지원하는 기능을 수행한다.

• 컴퓨터 시스템의 효과적인 이용을 위하여, 중앙처리장치, 입출력 장치, 보조기억 장치, 기타 하드웨어 자원을 제어하는 기능을 수행한다.

• 단말 사용자가 하드웨어 구조 또는 동작 과정에 대한 충분한 지식이 없어도 시스템을 편리하게 이용 할 수 있도록 지원하는 기능을 수행한다.

시스템 성능향상 관점에서 운영체제의 목적을 좀 더 구체적으로 살펴보면 다음과 같다.

- 처리율 (Throughput) 향상
  처리율이란 주어진 시간 동안 컴퓨터 시스템이 처리하는 작업의 양을 말한다.
- 응답시간 (Turnaround Time) 최소화
  응답시간이란 사용자가 컴퓨터 시스템에 작업처리를 요청한 후 반환하는데 까지 걸리는 시간을 말한다.
- 이용가능성 (Availability) 극대화
  이용가능성이란 사용자가 컴퓨터 시스템을 사용하고자 할 때 컴퓨터 시스템 자원의 사용가능정도를 말한다.
- 신뢰성 (Reliability) 제공
  신뢰성이란 컴퓨터 시스템 상에서 처리하는 작업의 처리를 신뢰할 수 있는 정도를 말한다.

이처럼 네 가지 시스템 성능향상 요소는 운영체제에 중요한 영향을 미치며, 운영체제에서는 이들 성능 향상을 위한 많은 노력들이 계속 진행되고 있으며, 운영체제의 주요 역할을 살펴보면 다음과 같다.

| 운영체제의 역할 |

- 컴퓨터 시스템의 초기화
- 단말 사용자와 컴퓨터 시스템 사이의 인터페이스 역할
- 프로세스들 간의 자원 공유
- 자원관리 스케줄링
- 입출력관리
- 오류검사 및 복구
- 프로세스들 간의 충돌방지 및 간섭방지
- 자원할당 및 자원사용량 측정
- 데이터 보안관리와 신속한 대응
- 네트워크 관리

7.1.3 운영체제의 관리기능

운영체제가 사용자에게 편리성을 제공하고, 시스템 성능을 향상시키는 데 있어서의 중요한 역할을 수행하는 기능이 바로 자원관리 기능이며, 자원 관리 기능에 따라 시스템 성능이 좌우된다. 운영체제는 자원관리 기능에서부터 시작된다고 할 정도로 자원관리 기능이 가지고 있는 중요성은 매우 크며, 컴퓨터 시스템에서 자원이 낭비되고, 자원을 서로 차지하고 할당받기 위해 여러 문제들이 발생하며, 이로 인한 시스템 성능, 즉 처리율(Throughput)이 떨어지는 문제가 발생한다. 이처럼 컴퓨터 시스템에 중요한 영향

을 미치는 자원 유형을 살펴보면 다음과 같다.

| 운영체제의 대표적인 자원유형 |

- I/O Devices
  키보드, 마우스, USB, 모니터, 프린터 등

- CPU or Processor
  중앙처리장치

- Memory Devices
  주기억장치, 보조기억장치, 가상기억장치 등

- File System
  프로그램 파일, 사용자 정보 등

- End Users
  사용자

- Communication Devices

이들 자원들은 프로세스들과의 상호작용을 통해서 각 프로세스들에게 할당되며, 프로세스들이 자원을 서로 차지하려고 경쟁을 하거나 또는 자원을 할당받기 위해서 무한대기한다면 시스템에는 심각한 문제가 발생하게 된다. 이러한 문제를 최소화하기 위한 전략이 프로세스 스케줄링 전략과 자원 관리 전략이며, 자원관리 기능을 간단히 살펴보면 그림7.2와 같다.

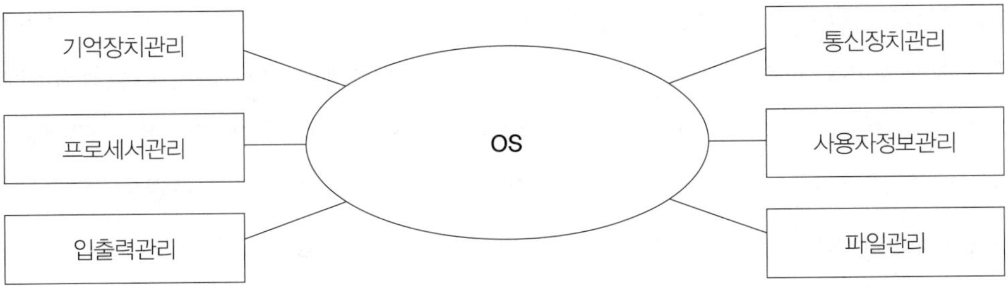

그림 7.2 자원관리

운영체제는 자원관리 기능을 통해서 시스템의 성능을 극대화하게 되며, 시스템에서 발생하게 되는 자원 독점 사용을 효과적으로 예방하는 기능을 수행한다. 따라서 운영체제가 관리하는 시스템 자원의 주요 기능을 살펴보면 다음과 같다.

| 자원의 주요관리기능 |

- 자원의 현재 상태 파악 및 추적기능 수행
  사용가능한 모든 자원에 대한 상태를 파악하고 추적한다.

- 스케줄링기능 수행
  프로세스들에게 자원을 분배하고 할당하기 위한 정책을 수행한다.

- 자원 할당기능 수행
  프로세스들에게 충돌을 방지하고, 독점 사용을 방지하기 위해 할당 정책을 수행한다.

- 자원의 회수기능 수행
  프로세스들에게 할당된 자원을 다른 프로세스들에게 다시 할당하기 위해서 사용을 마친 자원들을 회수한다.

7.1.4 운영체제의 발전과정

컴퓨터가 개발된 초창기에는 운영체제가 없던 시절로 이 당시에 컴퓨터 작동은 기계어를 직접 사용하여 컴퓨터 시스템을 구동하였으며, 이후 발전을 거듭하여 현재에 이르고 있다. 운영체제는 1950년대 1세대를 시작하여 진화를 거듭하고 있으며, 최근에는 4차 산업 혁명 기술이 우리 사회의 화두가 됨에 따라 4차 산업 혁명과 관련된 기술이 새롭게 도입되고 있다. 운영체제는 4차 산업 혁명시대에도 중요한 역할을 할 것으로 전망되며, 4차 산업 혁명 기술을 견인하고 있는 인공지능(AI: Artificial Intelligence), 사물 인터넷 (Internet of Things), 빅 데이터, 지능형 의료 기술, 지능형 헬스케어 등의 분야에 주도적으로 적용될 것으로 전망된다. 이처럼 운영체제는 과거, 현재, 미래에도 전자기기분야에 없어서는 안 될 중요한 소프트웨어이며, 미래의 무인 자동차, 항공, 조선, 인공지능 가전제품, 홈 네트워킹 분야에 진화된 기술이 새로운 형태의 펌웨어 방식으로 적용될 것으로 전망된다. 따라서 지금까지 진화된 운영체제의 발전과정과 특징을 연대별로 정리하면 다음과 같다.

(1) 1940년대

- 운영체제가 없던 시기
- 기계어 사용하여 명령어 처리

(2) 1950년대

- 단순 순차처리 방식의 초기 일괄처리 시스템 등장
- 입출력 제어시스템 제공
- 작업제어언어(Job Control Language) 사용
- IBM701 운영체제 개발

(3) 1960년대

- 다중 프로그래밍 시스템, 시분할 시스템, 실시간 처리시스템 등의 운영체제 처리 기법 개발

• 다중 대화식 사용자, 다중 모드 사용
• 데이터 통신 지원용 운영체제 개발
• 고급어 (High-level Language) 사용

(4) 1970년대
• 다중 프로세서 개념 적용
• 온라인처리기법 사용 및 마이크로프로세서 개념 사용
• 멀티모드 시분할 시스템(일괄처리, 시분할처리, 실시간처리)의 보편화
• LAN (Local Area Network) 사용
• 정보보호 및 보안문제 적용

(5) 1980년대
• 분산 네트워크 등장 및 적용
• 개인용 컴퓨터를 기반으로 하는 운영체제 등장
• 각종 응용 프로그램의 개발 및 데이터베이스 활용 확대
• 네트워크를 기반으로 클라이언트/서버(Client/Server) 시스템 등장
• UNIX OS 개발 및 적용

(6) 1990년대
• 병렬 컴퓨팅과 분산 컴퓨팅 등장
• 인공지능 기법 등장
• 인터넷적용
• GUI 기반의 운영체제 개념 강화
• 가상 메모리 확대화

(7) 2000년대-현재

- 시스템의 초고속화, 고기능화, 초 경량화
- 통신망의 확대와 개방형 시스템 확대
- 네트워크 기반의 분산 및 병렬운영체제의 보편화
- 임베디드 운영체제 및 클라우드 컴퓨팅 등 고급화된 운영체제 기술 확산
- 모바일 운영체제, 인공지능 운영체제 등과 같은 지능형 운영체제로의 발전

7.1.5 운영체제의 서비스

운영체제는 프로그램 실행을 위한 환경을 제공해 주며, 또한 프로그램과 단말 사용자들에 대해서 정해진 서비스를 제공해 주는 역할을 수행한다. 운영체제의 서비스 기능은 프로그래머의 편리성을 위하여 프로그래밍을 보다 쉽게 할 수 있도록 지원한다. 운영체제에서 서비스되는 주요 기능들을 살펴보면 다음과 같다.

- 프로그램 수행 서비스
- 입출력 동작 수행
- 파일 시스템 조작
- 통신 서비스 제공
- 오류 발견 및 처리
- 자원 할당
- 계정 할당
- 시스템 및 데이터 보호

7.1.6 운영체제의 처리 시스템

초기 운영체제 환경은 운영체제가 존재하지 않던 시절로 이 당시 명령어 처리는 직접 기계어에 의해서 수행되었다. 이렇다 보니 명령어 처리를 수행하는 도중에 오류가 발생

하면 오류를 수정하는 작업이 매우 어려웠으며, 작업처리 시간 또한 길어지는 문제가 발생하였다. 이러한 문제를 해결하기 위하여 여러 운영체제 기법들이 개발되어졌으며, 오늘날 운영체제 환경 하에서 주로 사용되는 운영체제 시스템들을 살펴보면 다음과 같다.

(1) 일괄처리 시스템

일괄처리 시스템(Batch Processing Systems)은 처리할 작업을 일정기간 모아두었다가 작업을 한꺼번에 처리하는 기법이다. 이 기법은 초기 시스템 환경 하에서 작업 준비시간을 줄이기 위하여 도입된 기법으로서 작업 처리 요구가 발생할 때 작업을 그때그때 직접 처리하는 방식이 아니다. 따라서 이 기법은 작업 제출과 작업 완료 사이에 반환시간 또는 처리 응답시간이 길어지는 단점을 가지고 있다. 일괄처리 시스템은 실시간 시스템 (Real-Time System)의 반대 개념으로서 초기 일괄 처리 시스템은 유사한 작업 처리를 위해서 카드와 테이프를 주로 사용하였으나 이후 디스크를 사용하면서 작업 처리의 접근성이 보다 빠른 형태로 진화되었다. 일괄처리 시스템의 가장 큰 문제점 중의 하나는 작업처리 과정에서 임의의 하나의 작업이 수행될 때 이 작업이 시스템의 모든 자원을 독점 사용하기 때문에 이로 인하여 CPU의 유휴시간(Idle Time)이 길어지는 문제를 겪게 되며, 결과적으로 작업이 수행되는 동안에 자원의 낭비가 발생하는 문제를 경험하게 된다.

Note 일괄처리 시스템(Batch Processing System)

온라인처럼 자료나 정보단위들이 발생할 때마다 즉각적으로 처리하는 기법이 아니라 입력되는 자료를 일정 기간 동안, 일정량을 모아두었다가 한꺼번에 처리하는 방식

Note 유휴시간(Idle Time)

유휴시간(Idle Time)이란 CPU가 작업처리 또는 연산처리를 위한 시간이 아니라 연산 처리를 하지 않고 대기하는 시간이다.

| 장/단점 |

- 컴퓨터 시스템을 효율적으로 사용할 수 있다.
- 작업시간이 길어 반환시간이 느리다.
- 적절한 작업 제어 카드를 제공해야 한다.
- 프로그램의 오류 수정 작업이 어렵다.
- CPU가 유휴 상태로 빠질 수 있다.

(2) 실시간처리 시스템

실시간처리 시스템(Real-Time Processing Systems)은 일괄처리 시스템과 다른 작업 처리 방식이다. 이 처리방식은 단말기 또는 제어 대상으로부터 작업처리 요구가 발생할 때 작업처리를 그때그때 실시간으로 처리하는 기법이다. 실시간 처리 시스템은 하나의 컴퓨터 시스템이 여러 개의 작업을 동시에 처리하기 때문에 마치 작업처리를 병렬로 처리하는 방식과 유사하게 보인다. 이처럼 실시간 처리 시스템은 작업처리 요구가 발생할 때 작업을 즉각적으로 처리하게 되기 때문에 은행 창구에서의 실시간 은행 업무 처리, 비행기 좌석 또는 기차 좌석 예약 등과 같은 실시간 업무 처리 분야에서 주로 많이 사용되고 있다. 일반적으로 실시간 처리 시스템은 주기억장치와 단말 사용자 사이의 통신 제어장치를 통하여 작업처리가 제어되며, 실시간 처리 시스템의 작업 처리 과정을 살펴보면 그림7.3과 같다.

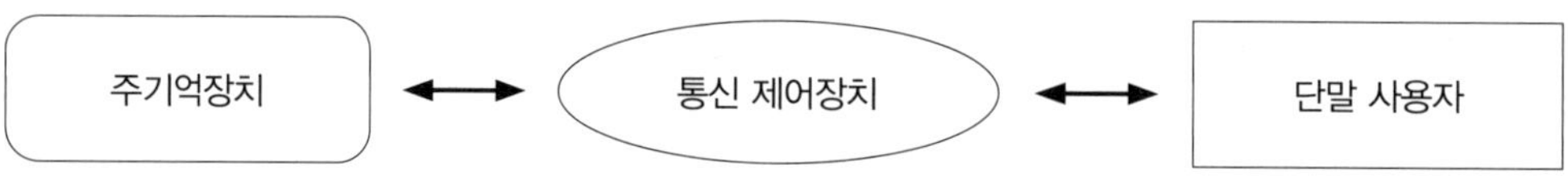

그림 7.3 실시간 처리 시스템의 작업 처리 과정

> **Note 실시간처리 시스템(Real_Time Processing Systems)**
>
> 실시간 처리 시스템은 단말기 또는 제어 대상으로부터 작업처리 요구가 발생할 때 작업처리를 그때그때 실시간으로 처리하는 기법이다.

따라서 실시간 처리 시스템의 장/단점을 살펴보면 다음과 같다.

| 장/단점 |

- 단말기를 통하여 작업처리를 직접 하기 때문에 작업 사용자의 시간이 절감된다.
- 작업 처리 요구가 발생할 때마다 작업처리가 수행되기 때문에 처리시간이 단축되고, 처리 비용이 절감된다.
- 작업처리를 위한 작업이 랜덤하게 도착하기 때문에 입출력 데이터의 일시 저장 및 대기 시간문제가 발생한다.
- 시스템에 장애가 발생할 때 시스템의 재실행 문제가 발생한다.

(3) 오프라인 시스템

오프라인 시스템(Off-line Systems)은 기계적인 입출력 장치의 느린 속도와 연산속도가 빠른 CPU의 작업처리 속도를 보완하기 위해 사용된 기법으로서 이 기법은 온라인 처리 기법과 상반된 작업처리 관계를 가지고 있다. 이처럼 전자적인 속도와 기계적인 속도의 차이를 극복하기 위하여 오프라인 처리 기법이 등장되었으며, 느린 속도 차이를 해결하기 위한 방법으로써 느린 카드 판독기와 라인 프린터를 비교적 빠른 자기테이프로 대체하는 기법이 사용되고 있다. 일반적으로 오프라인 처리구조와 온라인 처리구조를 간단히 살펴보면 그림7.4, 그림7.5와 같다.

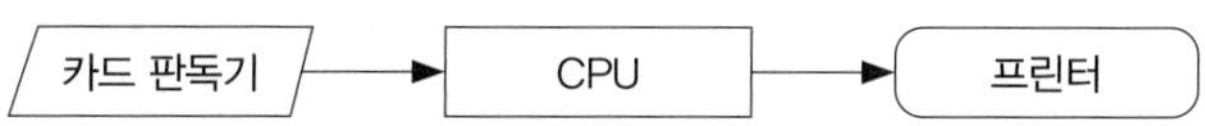

그림 7.4 온라인 처리 구조

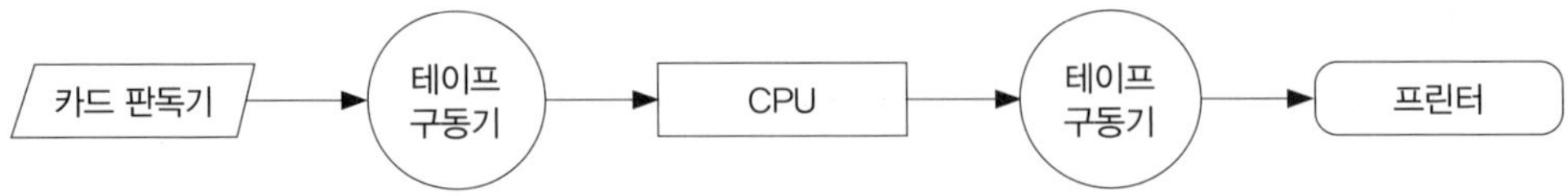

그림 7.5 오프라인 처리 구조

> **Note 오프라인 시스템(Off-line Systems)**
>
> 카드 판독기와 라인 프린터와 같은 특수 목적 장치를 이용하여 직접 입출력하여 작업을 처리하는 방식이다.

오프라인 시스템의 장/단점을 살펴보면 다음과 같다.

| 장/단점 |

- 주 컴퓨터가 카드 판독기와 라인 프린터의 속도에 영향을 받는 것이 아니라 처리 속도가 빠른 자기테이프의 속도에 영향을 받는다.
- 오프라인 시스템에서는 응용 프로그램을 오프라인 입출력하기 위하여 별도의 수정 작업 과정을 거치지 않는다.
- 하나의 프로그램이 다른 입출력 장치와 함께 실행될 수 있는 장치 독립성이 보장된다.
- 하나의 CPU에 의해서 여러 대의 카드 판독기, 라인 프린터, 그리고 자기 테이프 등을 사용할 수 있다.

(4) 온라인 시스템

온라인 시스템(On-line Systems)은 대화식 시스템 (Interactive Systems)이라고 하며, 온라인 시스템을 통하여 작업 처리를 대화식으로 처리한다. 이 시스템은 CPU와 주변장치가 온라인으로 연결되어 작업을 처리하게 되며, 단말 사용자가 컴퓨터 시스템 또는 운영체제에 직접 명령을 수행함으로써 응답을 즉시 받을 수 있는 기능을 수행한다. 이처럼 단말 사용자와 온라인 시스템 간에 작업처리 명령을 직접적으로 수행하기 때문에 대화식 시스템이라 하며, 작업 처리 입력은 온라인 시스템의 입력 장치를 통하여 수행되고, 작업 처리 출력은 온라인 출력 장치를 통하여 수행된다.

Note 온라인 시스템(On-line Systems)

온라인 시스템이란 대화식 시스템 (Interactive Systems)이라고 하며, 온라인 시스템을 통하여 작업 처리를 대화식으로 처리하는 시스템이다.

온라인 처리 시스템에서 작업 명령 처리 과정은 작업 처리 명령을 기다리는 앞 작업 처리 명령에 의해 결정되며, 온라인 시스템의 장/단점을 살펴보면 다음과 같다.

| 장/단점 |

- 사용자는 작업처리 명령을 실시간으로 수행할 수 있다.
- 실행 결과를 곧바로 받아 볼 수 있다.
- 실시간 작업처리로 인하여 응답시간이 짧다.
- 실시간으로 실행결과가 출력되기 때문에 프로그래머에게 프로그램 검사와 개발에 따른 융통성이 제공된다.
- 프로그래머나 시스템 관리자에 의한 유휴시간이 발생된다.

(5) 시분할 시스템

시분할 시스템(Time-Sharing Systems)은 단말 사용자들에게 일정한 시간을 균등하게 분할하는 기법으로서 다중 프로그래밍의 논리적 확장이라 할 수 있다. 즉 시분할 시스템은 각 단말 사용자들에게 CPU에 대한 시간 할당량 (Time Slice 또는 Time Quantum)이라는 일정 시간을 할당하여 주어진 시간 동안 직접 컴퓨터와 대화 형식으로 작업 처리를 수행하는 방식이다. 시분할 시스템의 목적은 모든 컴퓨터 사용자들에게 동일한 서비스를 받도록 하는 것이며, 자신만이 컴퓨터 시스템을 독점하여 사용하고 있는 듯한 착각을 가지도록 하는 것이다. 이렇게 함으로써 각 사용자는 CPU의 활용시간을 효율적으로 제공받을 수 있으며, 이로 인하여 작업의 병행 처리를 수행할 수 있는 장점을 제공받는다. 시분할 시스템은 실시간 대화형 처리 및 CPU의 활용도를 높이는 역할을 수행하며, 프로그램 개발, 사무자동화, 그래픽 처리 등에 응용되고 있다.

시분할 시스템은 단말기에서 컴퓨터와 대화형식으로 직접 프로그래밍을 할 수 있으며, 타임 슬라이스(time slice) 또는 Time Quantum 방식으로 시분할 시스템을 수행한다. 시분할 시스템은 CPU의 유휴시간을 줄일 수 있는 장점을 제공하며, 프로그램 개발, 사무자동화, 온라인 정보검색, 그래픽처리 등과 같은 분야에 주로 많이 적용되고 있다.

| **시분할 시스템**(Time-Sharing Systems) |

- 여러 명의 사용자가 단말기를 통하여 중앙의 컴퓨터 시스템을 동시에 사용하는 시스템 방식으로써 각 단말 사용자들에게 CPU에 대한 일정 시간을 분배하여 주어진 시간 동안 컴퓨터와 직접 대화 형식으로 작업처리를 수행하는 시스템 방식이다.

| **시간할당량**(Time Slice or Time Quantum) |

작업처리를 위해 부여된 일정한 시간을 말한다.

| **목적** |

- 각 사용자로 하여금 자신만이 컴퓨터 시스템을 독점하여 사용하고 있는 듯한 착각이나 환상을 느끼도록 한다.
- 동시에 많은 사용자들이 컴퓨터를 공유하도록 하는 기능을 제공한다.

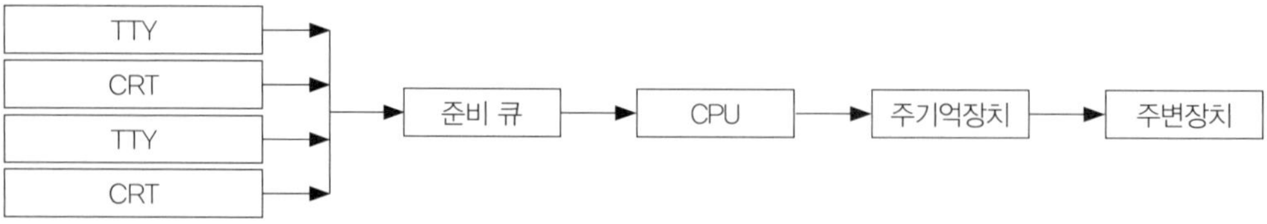

그림 7.6 시분할 시스템 구조

시분할 시스템 구조는 그림7.6과 같으며, 시분할 시스템에 대한 장/단점을 살펴보면 다음과 같다.

| 장/단점 |

- 여러 단말 사용자들이 CPU를 공평하게 할당받을 수 있다.
- 멀티프로그래밍 기법처럼 여러 개의 작업을 주기억 장치에 동시에 적재할 수 있다.
- 자원 제어에 대한 책임을 운영체제에 전가시킴으로써 운영체제를 복잡하게 할 수 있다.
- 여러 단말 사용자들에 대한 공정한 자원 공유를 보장하기 위하여 단말 사용자들에게 CPU 할당시간을 공평하게 할당해야 한다.
- 실행 중인 프로세스 간의 통신 및 I/O장치 사용에 대한 제어 및 관리 기능을 제공해야 한다.
- CPU 자원을 공평하게 분배하기 위하여 기억장치 관리 기법, 스케줄링과 같은 기법들이 요구된다.

(6) 다중프로그래밍 시스템

다중프로그래밍 시스템(Multi-programming Systems)은 주기억장치에 여러 개의 다중 프로그램을 적재하여 동시에 실행시키는 다중 시스템 처리 기법으로서 이 시스템의 목적은 시스템의 성능을 극대화시키기 위한 것이다. 즉 다중 프로그래밍 시스템은 CPU의 효율을 극대화하여 다중 프로그래밍의 실행정도를 향상시키기 위한 것이며, 이 시스템은 CPU를 필요로 하지 않는 동안에 다른 사용자 프로그램들에게 CPU의 사용권한을 허락함으로써 CPU의 효율을 극대화한다. 따라서 다중 프로그래밍 시스템은 다른 프로그램들에게 CPU가 항상 이용될 수 있도록 주기억장치에 여러 개의 작업들을 미리 적재해 두어야 하며, 주기억장치에 다중 프로그래밍의 적재 정도에 따라 CPU의 이용률의 성능이 결정된다.

일반적으로 다중프로그래밍 시스템에서 다중작업처리는 주기억 장치에 적재되어 있는 프로그램 작업들 중에서 한 개의 프로그램 작업을 선택해서 실행하게 되며, 실행 중인 프로그램 작업이 자기 테이프나 디스크, 키보드 등의 입출력 발생을 마주치게 되면 입출력을 완료한 후 다른 프로그램 작업을 수행하게 된다. 그러나 이전의 비 다중프로그래밍 시스템 환경 하에서 프로그램 작업이 입/출력을 마주치게 되면, 이 경우 CPU는 유휴상태로 전환되어 CPU 작업을 일시 중단하게 된다. 이 경우 CPU의 유휴상태로 인하여 시스템의 처리율은 떨어지게 되며, 결과적으로 시스템의 성능이 저하되는 문제가 발생한다.

이러한 문제를 해결하기 위해서 다중 프로그래밍 시스템이 개발되었으며, 다중 프로그래밍 시스템에서는 CPU의 유휴상태를 줄이기 위해서 CPU와 프로그램 작업들 사이에 문맥교환(Context Switching)을 통해서 새로운 프로그램 작업들을 교체한다. 다중프로그래밍 시스템에서 작업의 순차 실행 과정은 그림7.7과 같으며, 다중 프로그래밍의 실행과정은 그림7.8과 같다.

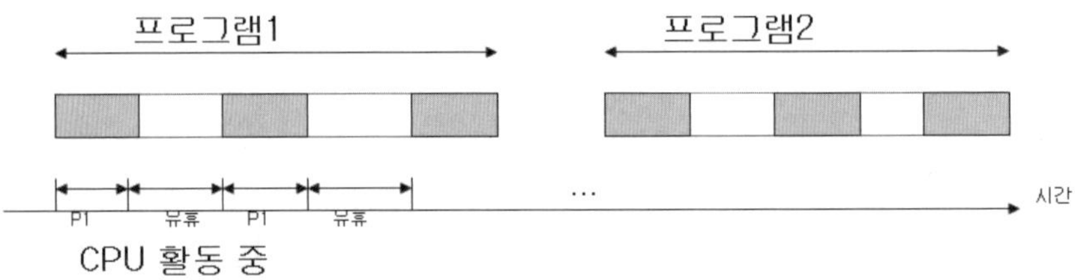

그림 7.7 프로그램 작업의 순차 실행

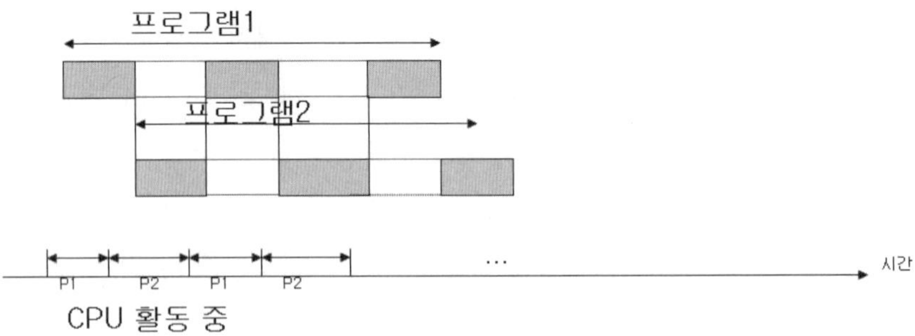

그림 7.8 다중 프로그래밍의 실행 구조

| **다중 프로그래밍 시스템**(multi-programming system) |

- 다중 프로그래밍 시스템(multi-programming system)은 CPU의 효율을 극대화하기 위한 방법으로서 여러 개의 사용자 프로그램이 마치 동시에 실행되는 것처럼 처리하는 시스템 처리 기법이다.
- 1개의 처리 장치로 여러 개의 프로그램을 동시에 처리하는 다중 데이터 처리 시스템이다.
- 한 사용자 프로그램이 CPU를 사용하다가 입출력 장치 등 CPU를 필요하지 않은 동안 다른 사용자 프로그램이 그 시간에 CPU를 사용하여 CPU의 효율을 극대화하기 위한 시스템 처리 기법이다.

| **문맥교환**(Context-Switching) |

문맥교환이란 하나의 프로세스가 CPU를 사용 중인 상태에서 다른 프로세스가 CPU를 사용하도록 교체하는 과정이며, 즉 CPU와 주기억장치 사이에서 주기억장치에 적재된 하나의 작업 프로그램을 CPU로 교환하는 과정이다.

다중프로그래밍 시스템에 대한 장/단점을 살펴보면 다음과 같다.

| **장/단점** |

- 주기억 장치에 여러 개의 프로그램 작업을 적재함으로써 다중 작업 처리가 가능하다.
- 다중 프로그래밍 시스템은 여러 개의 작업 프로그램을 동시에 기억장치에 적재시킴으로써 CPU의 유휴 시간을 줄일 수 있다.
- 여러 개의 프로그램 작업을 준비 큐(Queue)에 배치해야 하기 때문에 주기억장치 관리 기법 또는 CPU 스케줄링 기법이 요구된다.
- 스케줄링, 교착상태, 병행 제어 및 보호 문제 등의 문제가 발생할 수 있다.

(7) 다중 처리 시스템

다중처리 시스템(Multi-Processing Systems)은 컴퓨터 시스템에 한 개 이상의 프로세서를 장착하여 여러 작업을 동시에 수행하는 시스템으로서 다중 처리 시스템의 목적은 작업의 처리율 향상과 신뢰성을 보장하기 위한 것이다. 현재 우리가 경험하고 있는 많은 종류의 슈퍼컴퓨터, 그리고 메인 프레임 급 이상의 대형 컴퓨터에서는 다중 프로세서를 장착하여 컴퓨터의 작업처리를 수행하고 있다. 이러한 이유로 프로세서가 과거에 비해 가격은 굉장한 속도로 하락하였으며, 성능은 매우 향상되었기 때문이다. 무엇보다 다중 처리 시스템의 장점은 다중 프로세서로 인하여 하나의 프로세서에 고장이 나더라도 다른 프로세서가 그 기능을 대체할 수 있다는 점이며, 이로 인하여 시스템의 안정성과 신뢰성이 보장된다는 점이다. 다중 처리 시스템은 다중 처리 운영방법에 따라 크게 강결합 시스템(Tightly Coupled System)과 약결합 시스템(Loosely Coupled System)으로 구분되며, 강결합 시스템과 약결합 시스템의 차이점을 살펴보면 다음과 같다.

| 강결합 시스템과 약결합 시스템의 차이 |

(1) 강결합 시스템(Tightly Coupled System)

- 강결합 시스템은 프로세서들이 해당 작업을 처리함에 있어 매우 밀접하게 동기화되어 있는 시스템 구조 방식으로써
- 동기화에 중점을 둔다.

(2) 약결합 시스템(Loosely Coupled System)

- 약결합 시스템은 프로세서 간의 동기화 문제가 그다지 엄격하지 않으며, 2개 또는 그 이상의 프로세서들이 서로 결합하는 방식으로써
- 작업 처리량에 목적을 둔다.

| **다중 처리 시스템**(Multi-Processing Systems) |

- 여러 개의 프로세서를 두어 여러 작업을 동시에 수행하는 시스템이다.

- 여러 개의 프로세서가 공동 기억장치를 통하여 메모리를 공유하며, 다중 처리기의 단일 운영체제에서의 제어가 가능한 시스템이다.

다중프로세서 시스템에 대한 장/단점을 살펴보면 다음과 같다.

| 장/단점 |

- CPU를 여러 개 사용함으로써 작업 처리속도가 향상되고, 신뢰성이 보장된다.
- 하나의 프로세가 고장 날 때 다른 프로세서가 작업처리를 대신할 수 있다.
- 여러 프로세서들과 주기억장치 간에 작업처리가 공유될 수 있도록 적절한 프로세서 스케줄링 기법이 필요하다.
- 프로세서 자원들 간의 경쟁을 제어하기 위한 적절한 스케줄링 기법이 필요하다.

(8) 분산 처리 시스템

분산처리 시스템(Distributed Processing Systems)의 중요한 특징 중의 하나는 통신 네트워크를 통하여 지역적으로 분산된 작업들을 처리한다는 점이다. 다시 말해서 컴퓨터 통신 네트워크가 활성화됨에 따라 분산처리 시스템은 발전하게 되었으며, 원거리에 흩어져 있는 컴퓨터와 데이터 통신이 가능해졌음을 의미한다. 따라서 분산처리 시스템은 통신 네트워크를 통하여 지역적으로 흩어진 여러 컴퓨터들에게 작업처리를 분산처리 하도록 하는 시스템을 말한다. 분산처리 시스템의 목적은 기능적으로 흩어진 여러 컴퓨터 노드들의 상호협동을 통해서 신뢰성을 보장하고 시스템의 처리 속도를 향상시키는데 있다. 즉 분산처리 시스템은 연산속도와 신뢰성을 향상시키고 컴퓨터 자원을 보다 효율적으로 이용하기 위하여 도입되었으며, 분산처리 시스템의 구조를 살펴보면 그림7.9와 같다.

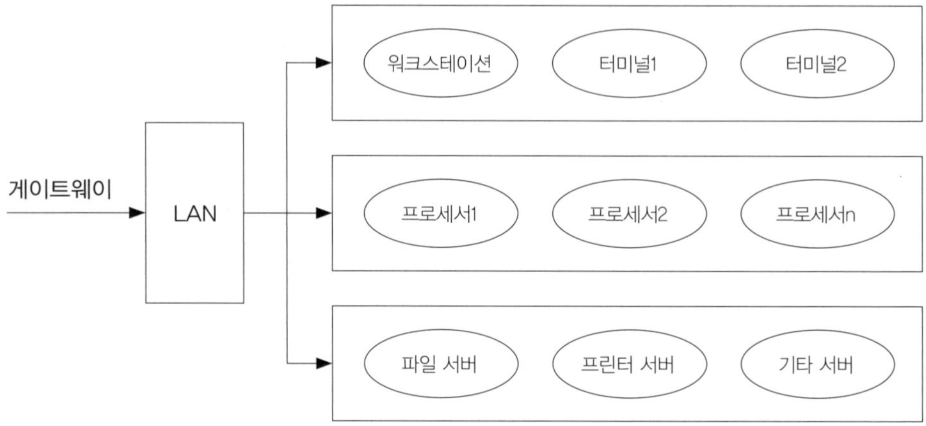

그림 7.9 분산 처리 시스템 구조

일반적으로 분산처리 시스템이 요구하는 기능은 크게 자원공유기능, 연산속도 향상기능, 신뢰성 확보 기능, 통신 보장 기능이며, 각각의 기능을 살펴보면 다음과 같다.

(1) 자원 공유

다수의 노드가 네트워크에 연결되어 있을 경우 한 노드의 사용자는 다른 노드의 자원을 사용할 수 있다. 일반적으로 분산 시스템에서의 자원 공유는 다른 노드에 있는 파일의 공유, 분산 데이터베이스 접근, 파일 인쇄, 특정 하드웨어의 사용, 다른 동작 등의 과정을 통해서 수행된다.

(2) 연산속도 향상

분산처리 시스템에서는 여러 연산을 병행적으로 수행할 수 있으며, 이러한 병행 기능을 통하여 연산속도가 향상된다. 또한 분산처리 시스템에서는 병행 수행을 통해서 여러 노드의 연산 분담이 가능하며, 특정노드에 작업의 부하가 증가될 때 부하가 적은 다른 노드로 연산을 이동시킴으로써 부하를 줄일 수 있다.

(3) 신뢰성 확보

분산처리 시스템에서 한 노드에 고장이 날 때 나머지 노드에 영향을 주지 않고 계속 연산을 수행할 수 있다는 장점을 가진다. 따라서 하드웨어와 자료를 적절하게 공유함으로써 한 노드의 고장이 전체 시스템에 영향을 미치지 않도록 할 수 있으며, 이로 인하여 분산처리 시스템의 신뢰성이 보장된다.

(4) 통신 보장

분산처리 시스템 환경 하에서의 연산처리는 통신 네트워크를 통해서 수행되며, 통신이 보장되지 않으며 분산처리 기능이 수행될 수 없음을 의미한다. 따라서 분산처리 시스템 환경 하에서 다수의 노드가 통신 네트워크로 연결되어 있으면 각각의 프로세서 간에 정보전송이 수행될 수 있으며, 상호 간에 데이터 전송이 가능하다. 또한 분산처리 시스템에서는 통신 프로토콜을 사용하여 상호 간에 데이터 접근 및 공유를 수행할 수 있는 장점이 제공된다.

| **분산처리 시스템**(Distributed Processing System) |

분산처리 시스템(Distributed Processing System)은 하나의 대형 컴퓨터에서 수행하던 기능을 지역적으로 분산된 여러 개의 미니컴퓨터에 분산시킨 후 통신망을 통하여 작업을 분산적으로 처리하는 시스템이다.

7.1.7 운영체제의 계층구조

운영체제를 계층적으로 구성하는 목적은 운영제제를 보다 쉽게 설계하고 개발하기 위한 것이며, 또한 운영체제 개발에 있어서 오류가 발생할 때 오류의 수정을 보다 쉽게 하기 위한 것이다. UNIX 운영체제의 경우 운영체제는 전형적인 계층구조로 되어 있으며, root 디렉토리에서 사용자 디렉토리에 이르기 까지 각 디렉토리들이 부모노드와 자식노드 관계로 구성되어 있다. UNIX 운영체제에서 운영체제 구조는 계층구조로 되어 있으며, 운영체제 계층구조는 상호관계를 가지는 프로그램 모듈들의 집합으로 구성되어 있다. 그림7.10은 일반적인 운영체제의 계층구조이며, 각각의 계층구조의 역할을 살펴보면 다음과 같다.

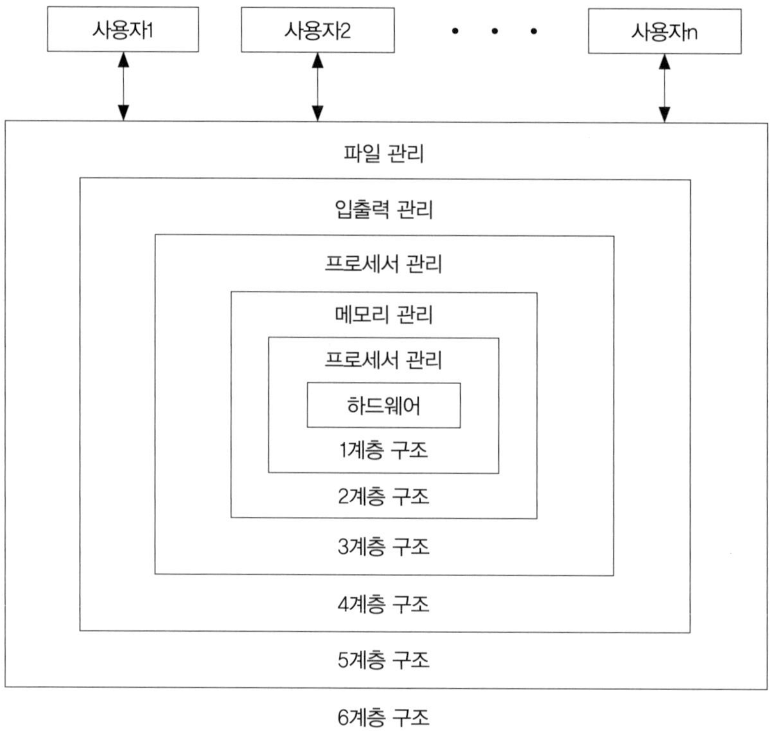

그림 7.10 운영체제의 계층구조

- 1계층 구조 : 동기화 및 프로세서 스케줄링을 위한 프로세서 관리를 담당한다.
- 2계층 구조 : 메모리 할당 및 회수 기능을 수행하는 메모리 관리를 담당한다.
- 3계층 구조 : 프로세스 관리를 담당하는 구조로서 프로세스 생성, 제거, 프로세스 간 메시지 전달, 프로세스 시작과 정지 등의 작업을 담당한다.
- 4계층 구조 : I/O 등의 주변 장치를 담당하는 구조로서 주변 장치의 상태를 파악하여 관리하는 일과 입출력 장치의 스케줄링을 하고 입출력에 대한 전반적인 작업을 관리한다.

- 5계층 구조 : 파일의 생성과 소멸, 파일의 개 폐, 파일의 유지 및 관리 등을 담당한다.
- 6계층 구조 : 사용자 계층 구조로서 사용자의 응용 프로그램 등을 관리한다.

7.1.8 운영 제어 프로그램

운영체제 기능에 따른 운영제어 프로그램은 크게 제어 프로그램과 처리 프로그램으로 분류되며, 제어 프로그램에는 감시 프로그램, 데이터 관리 프로그램, 작업 제어 프로그램으로 분류된다. 그리고 처리 프로그램에는 언어번역 프로그램, 서비스 프로그램, 문제 프로그램으로 분류되며, 문제 프로그램은 주로 응용 프로그램들을 다룬다.

이들 프로그램 들 중 감시 프로그램, 데이터 관리 프로그램, 작업 제어 프로그램, 언어번역 프로그램, 서비스 프로그램들을 시스템 프로그램이라 하며, 각각을 살펴보면 다음과 같다.

(1) 제어 프로그램(Control Program)

제어 프로그램은 다음과 같은 기능을 수행한다.

- **감시 프로그램**

감시 프로그램(Supervisor Program)은 운영체제에서 가장 중심적인 프로그램으로서 시스템의 모든 동작 상태를 관리 감독하는 기능을 수행하는 프로그램이다.

- **데이터 관리 프로그램**

데이터 관리 프로그램(Data Management Program)은 주기억장치와 보조기억 장치 간의 자료 전송, 파일의 조작 및 처리, 입출력 자료와 프로그램 간의 논리적 연결 등의 기능을 수행하는 프로그램으로써 시스템에서 취급하는 파일과 데이터를 표준적인 방법으로 처리하고 관리하는 프로그램이다.

• 작업 제어 프로그램

작업 제어 프로그램(Job Control Program)은 어떤 업무를 처리하고 다른 업무로의 이행을 자동적으로 수행하기 위한 준비 및 그 처리 완료를 담당하는 기능을 수행하는 프로그램으로써 작업의 연속 처리를 위한 스케줄링 및 시스템 자원 할당 등의 기능을 수행한다.

(2) 처리 프로그램

처리 프로그램(Processing Program)은 다음과 같은 기능을 수행한다.

• 언어번역 프로그램

언어번역 프로그램(Language Translator Program)은 프로그래머가 프로그래밍언어로 작성한 프로그램을 입력받아 기계어로 번역해 주는 소프트웨어로서 컴파일러(compiler), 어셈블러(assembler), 인터프리터(interpreter) 등의 언어 번역기가 사용되고 있다.

• 서비스 프로그램

서비스 프로그램(Service Program)은 사용빈도가 높은 프로그램들을 시스템 제공자가 미리 작성하여 사용자에게 제공해 주는 프로그램으로서 시스템 서비스 프로그램과 사용자 서비스 프로그램 등으로 구성된다. 서비스 프로그램에는 연결에디터(Linkage Editor) 프로그램과 라이브러리언(Librarian) 프로그램 등이 있으며, 사용자 서비스 프로그램에는 정렬/병합(sort/merge) 프로그램과 유틸리티(utility) 프로그램 등이 있다.

• 문제 프로그램

문제 프로그램(Problem Program)은 사용자 자신이 업무상 필요에 따라 작성한 프로그램을 말한다.

7.1.9 시스템 프로그램

시스템 프로그램(System Program)이란 컴퓨터 시스템에서 사용자가 필요로 하는 작업을 처리할 수 있도록 지원해 주는 소프트웨어를 말하며, 시스템 프로그래밍이란 이러한 프로그램을 작성하는 작업을 말한다. 시스템 프로그램은 어셈블러, 매크로, 로더 등이 있다.

| **시스템 프로그램**(System Program) |

컴퓨터 시스템에서 사용자가 필요로 하는 작업을 처리할 수 있도록 지원해 주는 소프트웨어이다.

○ 시스템 프로그램의 종류

- 어셈블러(assembler)
- 매크로(macro)
- 로더 (loader)

응용 프로그램(Application program)은 시스템 프로그램의 도움을 받아서 사용자가 원하는 실제 프로그램을 작성하는 프로그램으로써 응용 프로그램에는 통계 패키지, 워드 프로세서, 각종 업무 처리 프로그램 등이 있으며, 운영체제에서 적용되는 소프트웨어 구조를 살펴보면 그림7.11과 같다.

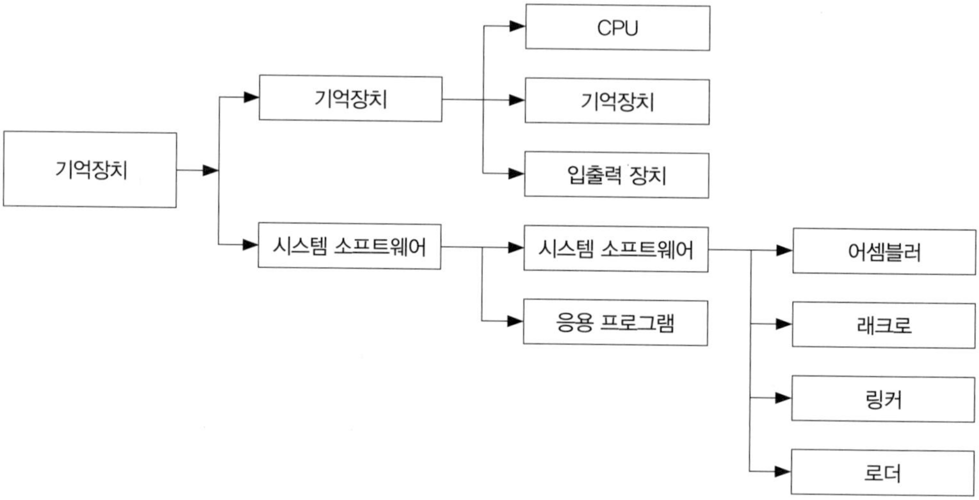

그림 7.11 운영체제에서 적용되는 소프트웨어 구조

• 어셈블러

어셈블러(Assembler)란 어셈블리어(Assembly Language)로 작성된 프로그램을 컴퓨터 기계어로 번역해 주는 번역기를 말하며, 어셈블리어란 기호, 숫자들로 표현된 명령어 코드들을 기호화한 프로그래밍언어를 말한다. 어셈블리어 명령어 구조는 크게 기계명령, 어셈블러 명령, 매크로 명령어로 구성되어 있으며, 각각의 구조를 살펴보면 다음과 같다.

| 어셈블러(Assembler) |

어셈블리어(Assembly Language)로 작성된 프로그램을 컴퓨터 기계어로 번역해 주는 번역시스템이다.

(1) 어셈블리어의 명령어 구조

• 기계 명령어

기계 명령어(machine instruction)란 기계어로 작성된 명령어 하나하나에 대하여 기호화시킨 명령어를 말한다.

• 어셈블러 명령어

어셈블러 명령어(assembler instruction)란 어셈블러가 원시 프로그램을 번역할 때 어셈블러에게 번역시에 도움이 되는 정보를 전달하기 위해 사용되는 명령어를 말한다.

• 매크로 명령어

매크로 명령어(macro instruction)란 사용자의 편의를 위해서 제공되는 명령어로서 시스템에서 제공되며, 또는 사용자가 정의하여 사용하는 언어를 말한다.

(2) 어셈블리어의 구성

어셈블리어는 크게 이름 필드, 명령어 코드 필드, 오퍼랜드 필드, 그리고 주석 필드로 구성되며, 각각의 필드를 살펴보면 다음과 같다.

• 이름 필드

이름 필드(Name Field)는 프로그래머가 프로그래밍을 할 때에 필요한 기호를 적는 부분으로써 이 필드는 데이터의 정의 및 반복 부분을 표시하게 되며, 매크로 등의 기능을 표시할 때 주로 사용된다.

• 명령어 코드 필드

명령어 코드 필드(Instruction Code Field)는 실제 명령어 필드 부분으로서 기호로 치환된 기계어 동작을 표시하는 필드를 말한다.

• 오퍼랜드 필드

오퍼랜드 필드(Operand Field)는 명령어 코드 필드에 의해서 수행될 데이터와 해당 번지 등을 기술하는 필드를 말한다.

• 주석 필드

주석 필드(Comment Field)는 프로그래머나 프로그램 코드를 읽는 사용자들에게 해당 부분에 대한 설명을 기술하는 필드로써 즉 특정 코드를 이해할 수 있도록 보충 설명을 기술해 주는 필드를 말한다. 주석 필드에서 주석문은 어셈블리어 코드를 만났을 때 실제 코드를 번역하지 않고 단지 참고만 수행한다.

○ 매크로

매크로(Macro)란 몇 개의 어셈블리 언어로서 수행되어야 하는 작업의 이름을 프로그래머가 지정해 주는 기능으로써 어셈블 과정에서 매크로 프로세서에 의해 확장이 수행된다. 이때 매크로 확장은 대응하는 어셈블리 언어의 명령어로서 대체되며 주로 사용자가 작성하기 어려운 I/O 명령문들을 매크로로 작성하며, 매크로가 수행하는 기능을 살펴보면 다음과 같다.

(1) 매크로의 특징 및 서브루틴과의 차이점

(가) 매크로 사용의 특징

• 반복적으로 코딩을 작성하는 수고로움을 덜어준다.
• 프로그램을 간단명료하게 작성해 준다.
• 매크로를 실제 처리하는 명령어들로 대체함으로써 작업속도가 떨어지는 문제점이 발생할 가능성이 있다.

(나) 매크로 명령과 서브루틴의 차이점

• 매크로 : 프로그램 번역시에 호출한 위치에 매크로에 해당하는 코드가 실제로 삽입된다.
• 서브루틴 : 실행 시 호출 부분에서 프로그램 제어가 서부루틴을 수행하는 부분으로 이동했다가 서브루틴 프로그램이 종료되면 다시 주프로그램으로 복귀하는 프로그램이다.

(2) 매크로 프로세서

(가) 기본 수행 작업

- 매크로 정의 인식
- 매크로 정의 저장
- 매크로 호출 인식
- 매크로 호출 확장과 인수 치환

(나) 매크로 프로세서의 기능

- 중간파일(확장된 원시 프로그램의 파일)을 생성하지 않아도 된다.
- 매크로 프로세서와 어셈블러의 비슷한 기능을 하나로 합칠 수 있다.
- 매크로를 사용하면서 어셈블러의 모든 기능을 이용할 수 있다.

○ 링커

링커(Linker)는 링키지 에디터(Linkage Editor)라고도 하며, 서브프로그램과 주프로그램을 연결해 주는 시스템 프로그램을 말한다. 일반적으로 링커는 다른 곳에서 작성된 프로그램 루틴이나 컴파일 또는 어셈블러 된 루틴들을 모아서 실행 가능한 하나의 루틴으로 연결해 주는 기능을 수행한다.

| **링커**(Linker) |

링커는 링키지 에디터(Linkage Editor)라고도 하며, 서브프로그램과 주프로그램을 연결해 주는 시스템 프로그램이다.

○ 로더

로더(Loader)란 컴파일러에 의해서 로딩된 모듈들을 주기억장치에 적재시키는 시스템 프로그램으로써 컴퓨터 내부로 정보를 가져오거나 또는 외부 기억장치로부터 정보들을 주기억장치의 내부로 적재시킬 때 사용되는 프로그램을 말한다. 따라서 로더는 로딩된 모듈 또는 컴파일된 데이터 모듈 정보가 기억장치의 어느 부분에 기억(적재) 되어 있는가를 추적하는 기능을 수행한다.

Note 로더(Loader)

로더는 컴파일러에 의해서 로딩된 모듈들을 주기억장치에 적재시키는 시스템 프로그램이다.

로더가 수행하는 기능으로는 주기억 장소 할당, 링킹, 재배치, 로딩 기능 등이 있으며, 각각을 살펴보면 다음과 같다.

(1) 로더의 기능

- 주기억장치 할당(allocation) : 주기억장치 할당이란 프로그램이 들어갈 기억장소를 배정하는 것을 말한다.
- 링킹(linking) : 링킹이란 외부 프로그램과 연결을 수행시키는 기능을 말한다.
- 재배치(relocation) : 재배치란 실제 기억장소에 대응되도록 프로그램 주소를 재배치하는 과정을 말한다.
- 로딩(loading) : 로딩이란 프로그램과 데이터를 기억장소에 기억시키는 기능을 말한다.

링커와 로더와의 관계를 살펴보면 그림7.12와 같으며, 로더는 크게 절대 로더와 재배치 로더로 구분된다.

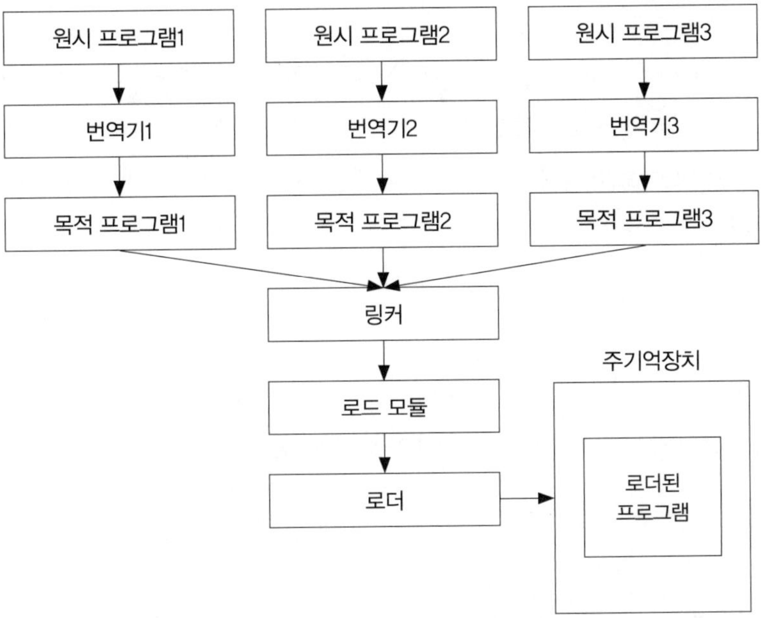

그림 7.12 링커와 로더의 관계

(2) 로더의 종류

- 절대 로더

절대로더(Absolute Loader)란 기계어 코드 프로그램에서 정한 정확한 번지에 명령문과 데이터를 기억시키는 기능을 말한다.

- 재배치 로더

재배치 로더(Relocating Loader)란 로드가 수행될 때 주기억장치 내의 사용가능 공간에 따라 주기억 장치 어느 곳에 프로그램을 기억시킬 것인가를 수행하는 기능을 말한다.

(3) 로딩 기법

로딩 기법은 크게 동적 로딩 기법과 동적 링킹기법으로 구분되며, 각각을 살펴보면 다음과 같다.

- 동적 로딩

  동적 로딩(Dynamic Loading) 기법이란 프로그램의 모든 페이지나 세그먼트들을 주기억 장치 내에 모두 적재하는 기법이 아니라 필요한 부분만을 주기억 장치에 적재하여 실행하고 나머지는 보조기억장치에 보관해 두었다가 필요에 따라 적재를 수행하는 기법을 말한다.

- 동적 링킹

  동적 링킹(Dynamic Linking)이란 외부 호출에 대하여 로딩과 링킹을 실행시간까지 연기시켜 시스템의 부담을 줄이기 위한 기법을 말한다.

7.2 분산 운영체제

클라우드 환경에서 분산처리를 위한 운영체제는 크게 네트워크 운영체제와 분산 운영체제로 구분할 수 있으며, 네트워크 운영체제는 지역적으로 널리 분산되어 있는 광역 통신망에서 주로 사용된다. 반면에 분산 운영체제는 근거리 통신망 LAN에서 주로 사용되는 운영체제로써 이들을 살펴보면 다음과 같다.

| 네트워크 운영체제와 분산 운영체제 |

- 네트워크 운영체제
- 분산 운영체제

7.2.1 네트워크 운영체제

네트워크 운영체제는 광역 통신망에서 주로 사용되는 운영체제로서 독자적인 운영체제를 가지고 있으면서 필요시 네트워크를 통하여 다른 노드와 통신을 수행하는 운영체제이다.

네트워크 운영체제는 그림7.13과 같이 네트워크 운영체제 NOS(Network Operating System), 지역 운영체제 LOS(Local Operating System), 그리고 커널(Kernel) 구조로 되어 있으며, 이들 운영체제를 통하여 지역적으로 분산된 노드들과 통신을 수행하게 된다.

NOS는 광범위하게 분산된 노드들을 지원하기 위한 네트워크 운영체제이며, LOS는 독자적으로 작업처리를 수행하는 지역 운영체제이다. 그리고 커널은 운영체제의 가장 중요한 핵심으로써 NOS와 LOS를 관리하고 기본적인 서비스를 제공하는 시스템 명령어이다.

일반적으로 네트워크 운영체제는 사용자로 하여금 네트워크와 호스트 컴퓨터의 복잡한 기능을 쉽게 사용할 수 있도록 지원하며, 호스트의 각종 자원들을 편하게 사용할 수 있도록 지원한다.

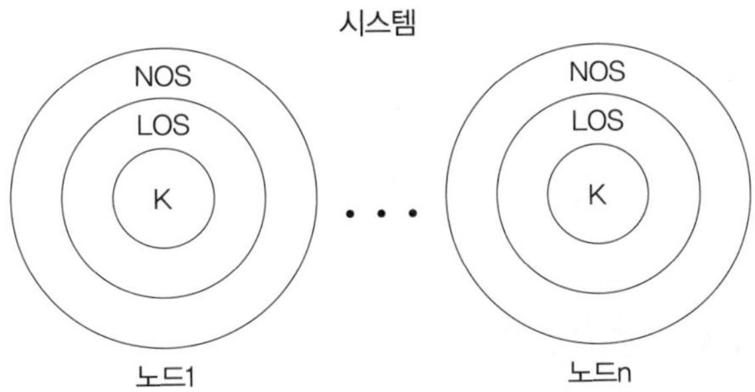

그림 7.13 네트워크 운영체제

7.2.2 분산 운영체제

분산 운영체제는 분산 시스템 환경에서 자원관리와 사용자 인터페이스 기능을 독자적으로 운영하는 방식이 아닌 전체 네트워크를 단일로 운영하는 운영체제이다. 분산 운영체제는 그림7.14와 같이 분산 운영체제와 커널 구조로 되어 있으며, 전체 네트워크가 단일 운영체제로 운영된다. 분산 운영체제는 네트워크 운영체제와 달리 근거리 통신망 서비스에 주로 사용되며, 시스템에 대한 일관성으로 인해 네트워크의 유지, 보수가 쉽다는 장점이 있다.

분산 처리 시스템 내의 각 호스트들의 운영체제는 다른 호스트의 운영체제들과 협업을 통하여 작업처리를 공유하며, 데이터 이관(Data Migration), 연산 이관(Computation Migration), 그리고 프로세스 이관(Process Migration)을 통해서 소프트웨어적 또는 하드웨어적 기능을 극대화한다.

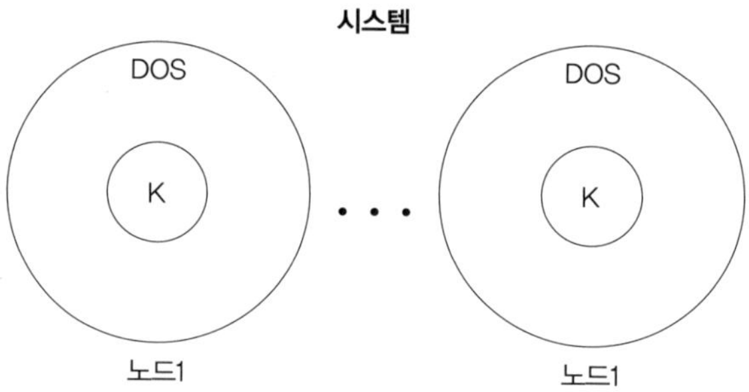

그림 7.14 분산 운영체제

7.3 클라우드 운영체제

7.3.1 기본개요

클라우드 운영체제(Cloud OS)는 클라우드 컴퓨팅 환경에 기반을 두고 있으며, 클라우드 운영체제는 클라우드 컴퓨팅 및 가상화 환경에서 작동하도록 설계된 운영체제를 말한다. 즉, 클라우드 운영체제는 클라우드 기반 인프라 내에서 자원관리, 배포 등의 기능을 수행하는 소프트웨어 플랫폼으로써 일반적으로 데이터 스토리지, 컴퓨팅 리소스 및 네트워킹 시설을 위한 통합 인터페이스 기능을 제공한다. 이러한 기능을 통해서 하드웨어를 효율적으로 사용하고 애플리케이션 관리를 효율적으로 수행하며, 또한 리소스를 가상화하고 이를 서비스로 제공함으로써 사용자에게 물리적 하드웨어 제한 없이 컴퓨팅 성능, 스토리지 및 애플리케이션에 액세스 할 수 있도록 해준다.

클라우드 운영체제는 인터넷을 통해 소프트웨어, 애플리케이션 및 인프라 서비스를 관리하고, 가상머신, 가상서버, 가상인프라는 물론 백엔드 하드웨어와 소프트웨어 자원 관리 및 운영, 실행, 프로세스를 관리하며, 마이크로 소프트웨어(MS)사에서 정의한 클라우드 운영체제를 살펴보면 다음과 같다.

| MS의 클라우드 운영체제 |

클라우드 운영체제란 가상 운영체제라고도 하며, 단일 SW 패키지가 아니라 서버 플랫폼, 퍼블릭 클라우드, 시스템관리, 통합 개발 툴, 데이터베이스, 그리고 디바이스 관리 등을 결합한 통합된 단일 시스템을 말한다.

즉 운영체제를 각각의 시스템들이 결합된 하나의 통합시스템으로 간주하고 있으며, 통합 시스템하에서 성능을 유지하기 위해서는 시스템 모니터링, 가용률, 백업 및 복구 등과 같은 성능요소들이 고려되어야 한다.

또한 클라우드 환경에서 클라우드 OS의 성능을 유지하고 사용자 위주의 편리성을 제공하기 위해서는 윈도 서버를 중심으로 한 시스템센터, SQL서버, 윈도 인튠, 비주얼 스튜디오 등과 같은 클라우드를 위한 통합 플랫폼이 제공되어야 하며, 스토리지 관리, 가상화 관리, 그리고 네트워크 관리 등과 같은 관리 정책이 제공되어야 한다.

이러한 클라우드의 관리정책을 위해 MS의 클라우드 OS는 컴퓨팅, 네트워킹 및 스토리지 기능을 모두 지원하는 운영체제 관리정책, 우수한 확장성과 효율성을 갖춘 윈도 애저, 데이터센터 자동화, 비용 절감을 위한 윈도 시스템 센터, 미션 크리티컬한 성능 및 실시간 처리 지원을 위한 SQL 서버, 통합 개발 툴인 비주얼 스튜디오, 그리고 퍼블릭 클라우드 위에서 컴퓨터와 디바이스 관리를 위한 관리정책을 제안함으로써 클라우드 운영체제 유지에 선도적 역할을 하고 있다. 이러한 관리정책은 프라이빗, 퍼블릭 클라우드의 로컬 환경에서 벗어나 하이브리드 클라우드 서비스 환경을 제공하기 위한 것이며, 윈도 서버와 윈도 시스템센터로 구축된 프라이빗 클라우드를 뛰어넘어 윈도 애저가 제공하는 퍼블릭 클라우드 서비스 및 MS 파트너 사의 클라우드 서비스까지 하나로 통합하여 단일화된 하이브리드 클라우드 서비스 환경을 제공하기 위한 것이다. 이렇게 함으로써 클라우드 컴퓨팅 서비스가 수행되는 실제 업무환경에서 데이터센터를 혁신할 수 있게 되며, 또한 데이터의 크기, 형태뿐만 아니라 통합 관리, 분석을 통해서 클라우드 서비스 운영환경을 새로운 형태의 운영환경으로 변화시킬 수 있게 된다.

클라우드 컴퓨팅관점에서 클라우드 운영체제는 주로 가상화된 환경 내에서 하나 이상의 가상머신의 작동을 관리하며, 사용 중인 가상환경과 클라우드 서비스에 따라 클라우드 운영체제의 기능은 달라진다. 예를 들어, 컴퓨팅 응용환경에서 사용되도록 개발된 클라우드 운영체제는 가상머신 및 서버의 단일 또는 클러스터의 프로세스와 스레드를 관리하게 되며, 라이트엔드 클라우드 OS는 인터넷 브라우저를 통해서 사전 설치된 애플리케이션을 최종 사용자에게 서비스하게 된다. 이처럼 클라우드 운영체제는 클라우드 컴퓨팅 및 가상화 환경 내에서 작동하도록 설계된 고유한 유형의 운영체제로써 클라우드 OS는 백엔드 하드웨어 또는 소프트웨어 리소스 등과 같은 가상 인프라를 관리하게 되며, 프로세스를 관리하는 기능을 수행한다. 현재 대표적인 클라우드 OS로는 Microsoft Windows Azure 및 Google Chrome OS가 있다.

7.3.2 프로세스

프로세스는 최종 사용자가 처리하고 관리하는 작업처리 형태든, 데스크톱에서 처리되는 작업처리 형태든, 태블릿 및 넷북을 포함한 여러 장치를 통해서 처리되고 관리되고 있다. 무엇보다 중요한 한 점은 프라이빗, 퍼블릭 및 하이브리드 클라우드 전반에 걸쳐 애플리케이션을 더 빠르게 제공함으로써 프로세스의 처리율과 서비스율을 향상시킨다는 점이다.

프로세스란 용어는 1960년대 멀틱스(Multics) 운영체제에서 처음 등장하였으며, 클라우드 운영체제 관점에서 프로세스는 중요한 기능을 수행한다. 예컨대 초기의 컴퓨터 시스템 환경에서는 하나의 프로그램이 하나씩 순차적으로 허용되고 실행되었다. 그러나 오늘날의 컴퓨팅 시스템 환경에서는 고성능의 프로세서 기술의 발달, 병렬 컴퓨팅 기술 등의 발달로 인하여 주기억장치에 여러 개의 프로그램들이 동시에 적재되어 병행 처리되는 구조로 진화되었다. 이러한 진화 발전은 컴퓨터 환경에서 다중 작업을 가능토록 하였으며, 프로그램 실행을 보다 견고하게 해주는 기반을 마련하였다.

프로세스는 클라우드 컴퓨팅 환경에서 하나의 작업 처리단위가 되고 있으며, 프로세스란 용어는 현재 다양한 형태로 정의되어 사용되고 있다. 클라우드 컴퓨팅 환경과 작업 처리 관점에서 프로세스에 대한 용어를 살펴보면 다음과 같다.

- 실행 중인 프로그램 단위
- 실행 가능한 태스크(Task) 또는 작업(Job) 단위
- 실행 중인 프로시저(Procedure) 단위

프로세스 관점에서 볼 때 운영체제 환경에서 적용되고 있는 일괄처리 작업, 시분할 사용자 작업 단위, 그리고 스풀링 같은 시스템 태스크도 하나의 프로세스로 간주할 수 있으며, 그리고 CPU가 실행하는 작업 단위 또한 하나의 프로세스가 된다. 한편, CPU에서 실행되는 작업 단위관점에서 볼 때 프로세스와 프로그램의 개념은 서로 다르며, 예를 들어 디스크 상의 코드, 정적 데이터 등과 같은 프로그램이 메모리에 적재되면 이 프로그램은 프로세스가 된다. 따라서 CPU 실행관점에서 볼 때 프로그램과 프로세스 간의 개념적 차이점을 살펴보면 다음과 같다.

| 프로그램과 프로세스 간의 개념적 차이 |

- 프로그램: 컴파일된 코드, 초기화 전역변수, 문자열, 문자 상수 등 정적 데이터를 포함하고 있는 정적 개체이다.

- 프로세스: 메모리에 적재된 프로그램이 프로그램카운터 또는 레지스터와 같은 자원을

사용한 동적인 개체. 즉 디스크 상의 코드, 정적 데이터 등과 같은 프로그램이 메모리에 적재된 동적 개체이다.

메모리에 적재된 동적인 개체정보 또한 프로세스 단위가 되며, 이러한 동적 개체 정보가 CPU에 할당되어 실행 작업 단위가 된다. CPU에 할당된 프로세스는 실제적으로 실행을 수행하는 작업단위기 때문에 때때로 프로세스는 작업 또는 태스크라는 용어로 사용되기도 하며, 이처럼 프로세스는 작업을 실행하는 중요한 역할을 수행한다.

7.3.3 스레드

스레드는 CPU가 독립적으로 처리하는 하나의 작업 단위로써 프로세스나 태스크보다 더 작은 작업단위이다. 스레드는 다중 프로그래밍 시스템 환경에서 CPU로 전송되어 하나의 프로그램 단위로 실행되며, 일반적으로 CPU에서 실행되는 코어 개수와 스레드 개수는 동일하게 취급된다. 스레드의 사용목적은 프로세스 스케줄링의 부담을 최소화하여 시스템의 성능을 극대화하기 위한 것이다.

프로세스 관점에서 스레드는 독립된 제어 흐름을 가지고 있으며, 자신만의 스택(stack)과 레지스터(register)를 가지고 있다. 그리고 스레드는 그룹 내에 속하는 다른 프로세스와 코드, 주소 공간, 자원 등을 공유하며, 하나의 스레드가 생성되면 스레드는 여러 상태로 존재할 수 있다. 스레드는 스레드 관리 알고리즘에 의해서 스레드 상태가 관리되며, 스레드가 수행하는 관리 기능을 살펴보면 다음과 같다.

| 스레드의 관리기능 |

- 스레드의 생성과 소멸
- 스레드 자원 할당
- 스레드 스케줄링과 문맥교환 관리

스레드는 프로세스에서 실행 개념만을 분리한 것으로써 실제로 실행의 기본단위가 된다. 하나의 프로세스 내에는 다수의 스레드가 존재할 수 있으며, 대부분의 기존 프로그램들은 하나의 프로세스가 하나의 스레드를 가지고 있는 형태로 구성된다. 하나의 CPU에서 스레드가 실행되는 관점과 병행되는 관점에서 스레드와 프로세스 간의 차이점을 살펴보면 표7.1과 같다.

표 7.1 스레드와 프로세스의 차이점

구분	스레드	프로세스
실행 관점	실행점이 여러 개 이유: 하나의 CPU상의 실행 중인 프로세스에는 여러 개의 스레드가 존재하기 때문에	실행점이 하나 이유: 하나의 CPU상에는 하나의 프로세스만이 실행되기 때문에
병행 관점	스레드의 병행실행이 가능	스레드의 병행실행이 불가능

7.4 임베디드 운영체제

7.4.1 기본개요

최근의 임베디드 시스템은 클라우드 컴퓨팅은 물론, 무선 모바일 통신 시스템, 무인 자동차, 스마트 가전 기기, 그리고 항공 등에 적용되기 시작하면서 임베디드 시스템을 효율적으로 관리하고 스케줄 하기 위한 필요성도 점차 증가되고 있으며, 이러한 이유로써 임베디드 운영체제(Embedded Operating Systems)가 등장하게 되었다. 임베디드 운영체제는 임베디드 시스템을 체계적으로 스케줄 하고 관리하는 기능을 제공하며, 임베디드 운영체제는 보통 하드웨어에 내장되어 있는 운영체제로써 전자제품, 개인용 휴대전화, 디지털카메라 등 소형 가전 정보 기기와 자동차에 주로 사용되고 있다. 따라서 임베디드 운영체제란 임베디드 시스템에서 사용되는 운영체제로써 임베디드 시스템 상에서 정해진 목적을 수행하는 소프트웨어라고 말할 수 있다.

임베디드는 크게 임베디드 운영체제, 임베디드 컴퓨팅, 임베디드 데이터베이스, 임베디드 소프트웨어 등 사용목적에 따라 여러 유형의 임베디드 시스템과 기능이 있으며, 우리가 현재 사용하고 있는 모바일 통신 시스템 중에서 구글 안드로이드 운영체제와 애플의 iOS가 전형적인 임베디드 운영체제라 할 수 있다.

임베디드 운영체제는 클라우드 컴퓨팅 및 모바일 통신 시스템 외에도 공장자동화 또는 가정자동화 등과 같은 자동화 분야에서 주로 많이 적용되며, 임베디드 운영체제가 적용되는 임베디드 시스템 분야를 간단히 살펴보면 다음과 같다.

• 정보 가전제품 분야

세탁기, 냉장고, 전자레인지, 전기밥솥, 진공청소기, 에어컨 등과 같은 정보 가전제품은 전형적으로 임베디드 기능이 내장된 시스템이며, 이 분야에 임베디드 운영체제가 적용될 수 있다.

• 모바일 폰 및 PDA 단말기

모바일 폰과 PDA 단말기는 임베디드 기능이 잘 탑재된 임베디드 시스템이다. 모바일 폰에 적용되고 있는 전파 분류 기능, 음성 기능, 잡음 제거 기능, 전화번호 메모 기능, 벨소리 기능 등은 임베디드 기능이 비교적 잘 적용된 임베디드 시스템이다.

• 첨단 특수 분야

정확한 반응 및 연산, 그리고 처리능력을 가진 기계항공, 우주, 국방, 의료, 멀티미디어 통신, 에너지 개발 등 첨단 분야에 임베디드 시스템 기능이 적용되고 있으며, 이러한 분야에 임베디드 운영체제가 적용된다.

| **임베디드 운영체제**(Embedded Operating Systems) |

임베디드 시스템에서 사용되는 운영체제로써 임베디드 시스템 상에서 정해진 목적을 수행하는 소프트웨어이다.

7.4.2 임베디드 운영체제 기능 및 기술

임베디드 시스템 기능을 스케줄 하고 관리하기 위한 운영체제의 주요 기능과 기술을 살펴보면 다음과 같다.

(1) 임베디드 운영체제 기능

임베디드 운영체제에 사용되는 주요 기능은 크게 실시간 처리 기능, 스케줄러 기능, 태스크 통신 기능, 커널 선점 기능, 그리고 사용자 개발 도구 지원 기능 등이 있으며, 각각을 살펴보면 다음과 같다.

- 실시간 처리 기능: 실시간 처리 기능이란 제한된 시간 내에 임베디드 시스템이 요구하는 요구사항을 처리하기 위한 기능을 말하며, 주요 실시간 처리 기능은 응답성, 태스크의 실시간 스케줄링, 그리고 비동기적 이벤트 처리 기능 등이다.

- 스케줄러 기능: 스케줄러 기능이란 스케줄러를 이용하여 여러 개의 태스크를 동시에 수행하는 기능을 말하며, 이때 스케줄러에 의해서 수행되는 스케줄링 알고리즘은 우선순위 스케줄링 알고리즘이 적용된다.

- 태스크 통신 기능: 태스크 통신 기능이란 멀티태스킹이 수행되는 시스템 하에서 태스크 동기화 및 태스크 간 통신을 지원하는 기능을 말한다.

- 커널 선점 기능: 커널 선점 기능이란 우선순위가 높은 순으로 커널에 태스크를 선점하는 기능이다.

- 사용자 개발 도구 지원 기능: 사용자 개발 도구 지원 기능이란 시스템을 설치하거나 구동이 편리하도록 사용자가 별도의 개발 시스템을 이용하여 응용 소프트웨어를 개발하

는 기능을 말한다.

(2) 임베디드 운영체제 기술

임베디드 운영체제에 적용되는 기술은 임베디드 시스템에 따라 다르다. 일반적으로 임베디드 시스템에 적용되는 임베디드 운영체제 기술은 실시간 기능이 탑재된 멀티태스킹 커널 기술과 전력관리 기술이 적용되어야 하며, 또한 그래픽 사용자 인터페이스(GUI)를 위한 응용 프로그램 개발 기술과 실행 프로그램 운영 기술이 적용되어야 한다.

임베디드 운영체제에서는 이러한 기술이 기본적으로 적용되어야 하며, 2006년 IT839에서 제시한 임베디드 운영체제 적용기술을 살펴보면 다음과 같다.

| 2006년 IT839에서 제시한 임베디드 운영체제 적용기술 |

- 실시간 지원 멀티태스킹 기술: 실시간 지원 멀티태스킹 기술은 유비쿼터스 환경에 기본 실시간 멀티태스킹을 지원하기 위한 기술로써 이 기술은 주로 제어시스템을 위한 각종 제어, 방범 및 방재 시스템, 그리고 정보 가전 기기 등에 주로 적용된다.

- 경량 커널기술: 경량 커널기술은 임베디드 시스템에 적용되는 기본적인 커널 기술로써 이 기술은 임베디드 특성에 따른 제한된 자원을 가지고서 특정 응용을 대상으로 하는 시스템에 주로 적용된다.

- 전력관리 기술: 전력관리 기술은 유비쿼터스 환경에서 초 전력을 유지하기 위한 전력관리 기술로써 이 기술은 휴대용 정보 가전기기를 포함한 각종 소형 배터리를 사용하는 시스템에 주로 적용된다.

- 경량 그래픽 라이브러리 기술: 경량 그래픽 라이브러리 기술은 사용자에게 편리한 사용자 인터페이스 (UI)기능과 경량화를 지원하기 위한 기술로써 이 기술은 그래픽 사용자 인터페이스(GUI) 구현을 위해 주로 적용된다.

- 경량 윈도우 시스템 기술: 경량 윈도우 시스템 기술은 사용자와 응용 프로그램 간의 입출력 상호작용을 보다 편리하게 지원해 주는 기술로써 이 기술은 입출력 시스템과 사용자, 그리고 운영체제와의 연동을 위해 적용된다.

7.4.3 임베디드 컴퓨팅

임베디드 컴퓨팅(Embedded Computing)이란 일반적인 컴퓨터가 아닌 각종 전자제품이나 정보기기에 설치되어 있는 마이크로프로세서에 미리 정해진 특정한 기능을 수행하는 시스템으로서 무선망의 발달로 인하여 부가가치가 높은 산업으로 인식되고 있다.

최근에 임베디드 컴퓨팅 서비스는 단순 텍스트 중심의 서비스 구조에서 벗어나 멀티미디어 메시지 서비스와 같은 하이브리드형 서비스 중심으로 서비스 패러다임이 빠르게 이동되고 있으며, 특히 임베디드 S/W의 멀티미디어 처리, 다중 작업 및 실시간 처리 능력이 강화되고 유무선 통신 및 네트워크 접목으로 인하여 전통적인 제조, 유통, 금융 산업뿐만 아니라 전자상거래, CRM, 국방, 우주, 신용카드 결제, 멀티미디어 통신 등의 여러 분야에 다양하게 적용되고 있다.

또한 유비쿼터스 컴퓨팅 및 4차 산업 혁명의 융/복합 기술과 지능형 컴퓨팅 시스템의 본격적인 서비스로 인하여 임베디드 컴퓨팅 기술은 차세대 모바일 통신 서비스뿐 만 아니라 지능형 로봇, 인공지능 가전 분야, 국방, 우주 분야에 이르기까지 중요성이 점차 확대될 것으로 여겨진다. 이러한 중요성으로 인하여 우리 정부에서도 임베디드 신성장 국가 산업 달성을 위한 SmarTown 등의 임베디드 프로젝트를 추진하였으며, 그 결과 많은 성과를 도출하기도 하였다. 최근에 임베디드 컴퓨팅의 중요성에 따라 임베디드 하드웨어를 위한 SoC, 임베디드 시스템 소프트웨어를 위한 통신 프로토콜, 프리미티브 GUI, 임베디드 미들웨어를 위한 스트리밍 처리 기법 등과 같은 기법들은 사용자들에 많은 관심을 받고 있으며, 사용자 서비스 관점에서의 중요한 서비스 분야에서 있어서 매우 중요한 기능을 수행하고 있다.

임베디드 컴퓨팅의 관점에서 임베디드 시스템이란 특정 기능을 수행하는 컴퓨터 시스템으로 장치 내에 존재하는 전자 시스템을 말하며, 일반적으로 내장형 시스템이라 한다. 임베디드 시스템은 전자기기 제어, 각종 기계 제어 그리고 기타 제어가 필요한 시스템 등에 주로 많이 적용되고 있다. 임베디드 컴퓨팅과 임베디드 시스템을 구분해서 살펴볼 때 임베디드 컴퓨팅은 개인용 컴퓨터와 같은 특정되지 않는 일반적인 목적을 수행하는 컴퓨팅 기능을 말하며, 임베디드 시스템은 전체 장치의 일부분으로 구성된 시스템으로써 제어 기능과 두뇌 역할을 하는 특수 목적을 가진 시스템을 말한다. 이처럼 임베디드 시스템은 특정 목적을 수행하는 일종의 컴퓨팅 기능을 가진 시스템으로써 임베디드 시스템이 수행하는 기능은 프로그램 코드를 작성하여 메모리에 기록하고 이를 읽어 동작 시키는 기능을 수행한다.

임베디드라는 용어는 전자 하드웨어와 기계 부분을 포함하는 전체 장치의 일부로써 특정 용도를 처리하는 요소들이 시스템에 내장되었다는 것을 의미한다. 따라서 임베디드 용어가 적용된 임베디드 시스템은 오늘날 일상생활에 쓰이는 많은 응용 시스템들에 폭넓게 적용되고 있으며, 많은 장치들을 제어하는 데 사용되고 있다.

임베디드 시스템은 다양한 장치들을 제어하는 마이크로컨트롤러(Micro-controller), 데이터 신호 처리, 그리고 이미지 처리를 위해 사용되는 DSP (Digital Signal Processor) 등의 프로세서 코어 등으로 구성되어 있다. 마이크로 컨트롤러는 규모가 작은 시스템에 유용하게 적용되고 있으며, 일반적으로 마이크로 컨트롤러는 운영 체제를 포함하지 않고 있다. 그러나 규모가 큰 마이크로 컨트롤러의 경우에는 운영 체제(윈도우 CE, 또는 리눅스 커널)를 포함하고 있어야 하며, 그렇지 않을 경우 마이크로 시스템을 제어하는 데 있어서 여러 제약점을 가질 수 있다. 이러한 운영체제 위에 특수한 기능만을 수행하도록 하고자 할 경우에는 이 시스템을 제어하기 위한 별도의 응용 프로그램을 설치해야 한다. 예를 들어 같은 ARM 마이크로컨트롤러는 하나의 칩에 플래시 또는 RAM과 같은 메모리를 포함하기도 하며, 필요에 따라서는 타이머, UART, SPI, ADC 등과 같은 하드웨어 시스템을 장착하기도 한다. 그러나 여기에서 사용하는 메모리는 용량이 크지 않기 때문에 운영체제를 포함하기에는 한계점을 가진다. 임베디드 시스템에서 하드웨어는 하나의 칩 안에 장착하지만, 칩 밖에 많은 용량의 메모리를 장착하고 PCB에서 연결하여 사용한다. 이것은 시스템이 크기 때문에 용량이 큰 메모리를 시스템에 장착해야하기 때문이다.

임베디드 관점에서 볼 때 개인용 컴퓨터는 하드 디스크와 같은 대용량 저장장치에 운영 체제를 내장하고 있으며, 이에 반해서 임베디드 시스템은 운영 체제와 응용 프로그램들이 플래시 메모리에 이미지 형태로 저장되어 있다가 시스템 작동과 동시에 램 디스크를 만든 다음, 램 디스크 위에 운영 체제와 응용 프로그램들이 구성되고 구동을 수행하게 된다. 이러한 관점에서 볼 때 개인용 컴퓨터는 임베디드 기능을 가진 전형적인 임베디드 시스템의 한 유형이라 할 수 있다.

임베디드 시스템은 하나 이상의 주 처리 코어로 각각의 시스템과 기능들을 제어하게 되며, 이러한 제어 기능을 담당하는 시스템을 마이크로 컨트롤러 또는 디지털 신호 처리 장치라 한다. 이러한 기능을 담당하는 시스템들은 특정 전용 임무를 위해 사용되며, 매우 강력한 연산능력을 발휘하기도 한다. 예를 들어 항공기의 이/착륙을 제어하는 항공관제 시스템은 이러한 기능을 수행하는 일종의 임베디드 시스템이라 할 수 있다. 대형 컴퓨터와 공항, 레이더망을 연결하는 지역 망 또는 전국 망도 일종의 임베디드 시스템 기능을 하며, 레이더 시스템 또한 임베디드 기능을 수행하는 시스템이라 할 수 있다. 임베디드 시스템은 특정 임무를 수행하고 있기 때문에 시스템을 최적화하여 설계할 경우 크기와 생산 비용을 줄이고 신뢰성과 성능을 향상시킬 수 있는 장점을 제공하게 된다. 이러한 임베디드 시스템을 적절히 활용하여 대량생산할 수 있는 기반을 갖춘다면 경제적인 이득을 가져올 수 있어 경제 활성화에도 도움이 될 수 있을 것이다.

외형적으로 볼 때 임베디드 시스템은 디지털시계 및 MP3 재생장치에서부터 커다란 고정 설비, 즉 교통 신호등, 공장 제어 장치, 그리고 원자력 발전소 제어 시스템에 이르기까지 다양한 산업 시스템에도 적용될 수 있을 것이며, 또 다른 관점에서 볼 때 임베디드 시스템은 컴퓨터 주변장치, 네트워크 기능을 수행하는 통신 장치, 그리고 다양한 전자제어 장치 등에 폭넓게 적용될 수 있을 것이다.

| 임베디드 컴퓨팅(Embedded Computing) |

일반적인 컴퓨터가 아닌 각종 전자제품이나 정보기기에 설치되어 있는 마이크로프로세서에 미리 정해진 특정한 기능을 수행하는 시스템이다.

| 임베디드 시스템(Embedded System) |

전체 장치의 일부분으로 구성된 시스템으로써 제어 기능과 두뇌 역할을 하는 특수 목적을 가진 시스템

7.4.4 임베디드 시스템의 특징

임베디드 시스템은 대개 저가로 선택된 기능만을 수행하도록 설계되어 있으며, 몇몇 기능은 매우 빠른 처리를 요구하고 있으나 일부 다른 기능들은 대부분 속도를 중요하게 여기지 않는다. 일반적으로 임베디드 시스템의 전체 구조는 비용을 낮추기 위해 범용 컴퓨터 시스템의 하드웨어에 비해 의도적으로 단순화되어 있다.

예를 들어 임베디드 시스템은 개인용 컴퓨터에서 쓰이는 일반 주변장치 인터페이스에 비해 10-24배 정도 느리며, 시스템 제어를 위해 직렬 버스 방식으로 주변 장치를 제어하고 있기 때문에 속도 관점에서 처리속도가 느린 단점이 있다. 그러나 일부 임베디드 시스템들은 고성능의 처리 기능과 자원을 필요로 하지 않기 때문에, 상대적으로 느린 프로세서와 작은 크기의 메모리를 가지고서 시스템을 제어하게 되며, 이로 인한 비용을 절감할 수 있는 장점을 가진다.

임베디드 시스템을 제어하기 위해서는 펌웨어가 요구되며, 펌웨어(Firmware)란 하드웨어 장치의 롬이나 플래시 메모리에 내장되어 있는 소프트웨어를 말한다. 즉, 펌웨어는 롬(ROM)에 저장된 하드웨어를 제어하는 마이크로프로그램이다.

따라서 펌웨어 기능을 가진 임베디드 시스템의 특징을 간단히 살펴보면 다음과 같다.

- 임베디드 시스템 상의 프로그램은 대개 제한된 하드웨어 자원 위에서 실시간(Real-Time) 제약 조건을 가지고 동작하며, 임베디드 시스템은 시스템 상에 디스크 드라이브나 운영 체제, 그리고 키보드나 화면이 없는 경우도 존재한다.

- 임베디드 시스템은 파일 시스템을 가지지 않을 수도 있으며, 플래시 드라이브를 저장 매체로 사용할 수 있다.

- 임베디드 시스템은 사용자 인터페이스를 가지고 있지만 작은 키패드 또는 LCD를 사용하여 사용자 인터페이스 기능을 수행한다.

- 임베디드 시스템은 오랜 기간 동안 오류 없이 안정적으로 실행될 수 있도록 설계되어야 한다.

- 펌웨어가 임베디드 기능을 수행하고 신뢰성을 보장하기 위해서는 개인용 컴퓨터에서 쓰이는 소프트웨어보다 신중한 개발과 테스트 과정을 거쳐야 한다.

대부분의 임베디드 시스템은 디스크 드라이브 또는 스위치, 버튼 등 기계적인 동작으로 인해서 손상을 입을 수 있는 부품의 사용을 피하고 대신에 플래시 메모리 같은 물리적 손상이 비교적 덜 발생하는 칩을 사용하는 것이 임베디드 시스템 관리 관점에서 바람직하다. 임베디드 시스템이 적용되는 분야는 석유 시추공사, 우주공간 등 인간이 직접 즉각적인 제어를 하기 어려운 장소에 적용될 수 있으며, 드론 및 우주 제어 등과 같은 사람의 접근이 어려운 분야에 적용이 가능하다. 따라서 임베디드 시스템은 최악의 상황에서도 스스로 작동되도록 하는 기능을 가져야 하며, 인간의 도움 없이도 극한의 환경에서 작용될 수 있는 기능을 가져야 한다.

임베디드 시스템에서 적용되는 기술 중의 하나는 특정 적용 분야에 적합한 IC들을 하나의 CPU 칩에 집적시킴으로서 별도의 주변 장치용 칩을 보드 위에 설치 않아도 작동될 수 있도록 하는 시스템 온 칩(SoC: System On Chip) 기술이다. 임베디드 시스템에는 ARM, MIPS, 콜드파이어/68K, PowerPC, x86, PIC 마이크로컨트롤러, 8051 등 많은 다양한 CPU 아키텍처가 사용되며, 이러한 아키텍처가 데스크톱 컴퓨터와 다른 점이다.

향후 데스크톱 컴퓨터 시장에선 기존의 인텔/IBM x86이나 애플의 매킨토시에서 벗어나 고성능의 프로세서가 탑재된 PowerPC들이 경쟁 아키텍처로 등장할 거라 전망된다.

과거 2016년 기준 CPU 아키텍처에서는 ARM 코어가 주로 많이 사용되었으나 오늘날에는 인텔 8051, PIC 마이크로컨트롤러, AVR, ARM 코어 8비트 등의 마이크로 칩이 사용되고 있다. ARM은 보통 8비트의 고성능 칩으로써 리눅스 커널을 포팅하기 위해 주로 사용되며, OS를 탑재하기 위해 ARM 칩 외부에 RAM이나 FLASH를 PCB 상에 장착하여 사용되기도 한다.

| **펌웨어**(Firmware) |

하드웨어 장치의 롬이나 플래시 메모리에 내장되어 있는 소프트웨어이다.

7.4.5 임베디드 운영체제의 개발환경

(1) 리눅스

임베디드 운영체제 중의 하나는 리눅스(Linux)이며, 리눅스의 운영체제는 리눅스 커널 기반 위에서 GNU의 gcc를 사용하여 실행한다. gcc는 소스를 웹사이트에서 가져온 뒤, 목적 CPU에 맞추어 컴파일함으로써 gcc 관련 도구를 생성한다. gcc 관련 파일 실행은 타겟 또는 목적 CPU을 설정하고 make 명령어를 사용하면서 해당 CPU의 크로스 컴파일러를 실행한다. gcc를 이용한 프로그램 개발 방법은 이클립스 사용방법과 make 명령어 처리 방법을 사용하며, 이클립스 사용방법은 다음과 같다.

위의 이클립스 사용방법이 리눅스 PC의 X-윈도우 상에서 주로 사용되는 개발환경이며, gcc를 윈도우에서 실행할 경우에는 리눅스 운영체제 환경에서 gcc를 컴파일해야 한다.

| **이클립스 사용방법** |

(Eclipse IDE for C/C++ Developers)는 IDE로 gcc와 연결하여 사용한다.

(2) 윈도우 CE

윈도우 CE는 윈도우 PC에서 동작하고 비주얼 스튜디오 개발환경에서 수행되는 응용 프로그램이다. 윈도우 CE의 초기 환경은 커널 즉, 윈도우 CE 플랫폼 빌더와 응용 프로그램 개발 즉 임베디드 비주얼 C++와 같은 도구를 사용하여 개발되었다. 이후 커널 컴파일과 응용 프로그램 개발이 비주얼 스튜디오에 통합되어 개발되었으며, 윈도우 CE와 PC 윈도우 응용 프로그램 간에는 약간의 차이가 있으므로 이들을 개발할 때는 비주얼 스튜디오의 환경 설정을 서로 다르게 설정해야 한다. 윈도우 CE를 실행하고 프로그램을 개발하기 위해서는 윈도우 CE용 개발 도구를 설치해야 하며, 윈도우 CE 설치 예는 다음과 같다.

| **윈도우 CE 컴팩트 7 설치 예** |

- 비주얼 스튜디오 2008 프로페셔널 설치
- 비주얼 스튜디오 2008 서비스 팩 1 설치
- 선택 사항 : 마이크로소프트 익스프레션 블렌드 3 설치
- 윈도우 임베디드 컴팩트 7 설치
- 윈도우 임베디드 컴팩트 7 업데이트와 같은 순서로 설치한다.

7.4.6 실시간 운영체제

실시간 운영 체제 RTOS(Real Time Operating System)란 실시간 응용 프로그램을 위해 개발된 운영 체제를 말하며, 실시간 운영 체제는 운영 체제의 기능 중 CPU 시간 관리 부분에 초점을 맞추어 설계된 운영체제이다. 실시간 운영 체제는 프로그래머가 프로세스 우선순위에 더 많은 제어를 가지며, 응용 프로그램의 우선순위가 시스템 프로그램의 우선순위보다 앞설 수 있다. 실시간 운영 체제는 시스템 코드의 임계 구역을 최소화하며, 이를 통하여 응용 프로그램의 처리 요청을 정해진 시간 안에 처리해 주는 기능을 수행한다. 실시간 운영체제의 핵심은 응용 프로그램 태스크 처리에 걸리는 시간을 일관되게 유지해 주는 기능이며, 실시간 운영 체제에서 처리 시간의 변동폭은 지터(jitter)에

의해 좌우된다. 지터란 실제 신호와 기준점과의 시간 편차이다.

실시간 운영체제는 경성(Hard) 실시간 운영 체제와 연성(Soft) 실시간 운영 체제로 구분되며, 경성 실시간 운영 체제가 일반적으로 연성 실시간 운영 체제에 비해서 지터 지연이 적게 발생한다. 실시간 운영 체제의 주된 설계 목표는 높은 처리율이 아니라 실시간 성능 보장에 있으며, 경성(hard) 실시간 운영 체제와 연성(soft) 실시간 운영 체제 두 가지 방식에 의해서 운영체제가 구동된다. 구동방법은 이벤트 구동방법과 시분할 스케줄링 구동 방법으로 분류되며, 다음과 같다.

| 실시간 운영 체제의 구동방법 |

- 이벤트 구동(Event-driven) 방법: 이벤트 구동 방법은 우선순위 기반 스케줄링 또는 선점형 스케줄링 이라고도 하며, 태스크 또는 작업 전환이 현재 수행 중인 태스크보다 높은 우선순위를 가질 때 이벤트를 구동하여 서비스를 요청하는 방법이다.

- 시분할(Time-sharing) 스케줄링 구동 방법: 시분할 스케줄링 구동 방법은 클럭 인터럽트 또는 라운드 로빈과 같은 주기적인 이벤트가 발생할 때 태스크의 전환을 통해서 이벤트를 발생시켜 서비스를 요청하는 방법이다.

이벤트 구동방법과 시분할 스케줄링 구동 방법을 비교할 때 시분할 스케줄링 구동 방법은 실제 필요한 것보다 더 자주 태스크 전환이 발생하며, 이러한 이유로 인하여 좀 더 자연스럽고 예측하기 쉬운 멀티태스킹을 제공한다.

시분할 스케줄링 구동 방법은 하나의 프로세스나 한 명의 사용자가 장치를 독점적으로 사용하는 것과 같은 효과를 제공하며 이러한 이유로 인하여 좀 더 나은 멀티태스킹을 보장받게 된다.

운영체제의 관점에서 볼 때 프로세스는 실행(Running), 대기(Ready), 보류(Block)의 세 가지 상태 중 한 가지의 상태로 존재하며, 대부분의 경우에 프로세스는 블록상태를 가지며 준비 큐의 오직 한 개의 프로세스만이 수행상태로 전환을 수행한다.

실시간 운영체제도 이와 같은 프로세스 상태 구조에 의해 프로세스 상태 전이가 발생하며, 고급 실시간 운영 체제에서는 실시간으로 동작하는 프로세스들이 실시간으로 동작하지 않는 프로세스들과 컴퓨터 자원을 공유하여 프로세스 상태를 추적하고 관리한다. 고급 실시간 운영체제를 위해서는 실시간 컴퓨팅(Real-Time Computing) 기능이 필요하며, 자원관점에서 볼 때 실시간 컴퓨팅은 크게 경성 실시간 컴퓨팅(Hard Real-Time Computing)과 연성 실시간 컴퓨팅(Soft Real-Time Computing)으로 분류된다. 이들 실시간 컴퓨팅에 의해 한정된 자원이 효율적으로 관리되며, 실시간 컴퓨팅이란 사용할 수 있는 자원이 한정되어 있는 상황에서 작업 수행이 요청되었을 때, 이를 제한된 시간 안에 처리해서 그 결과를 도출하는 과정을 말한다. 즉, 실시간 컴퓨팅은 작업의 요청에서 수행결과를 얻기까지의 시간적인 제약이 존재하는 시스템으로서 제약 조건에 따라 경성 실시간 컴퓨팅과 연성 실시간 컴퓨팅으로 구분된다.

- 경성 실시간 컴퓨팅
- 연성 실시간 컴퓨팅

(1) 경성 실시간 컴퓨팅

경성 실시간 컴퓨팅은 작업의 실행 시작이나 완료에 대한 시간 제약조건이 발생할 때 시스템에 치명적인 영향을 줄 수 있다. 이에 대한 예로는 무기제어, 발전소제어, 철도자동제어, 미사일 자동조준 등이 있다. 경성 실시간 컴퓨팅을 위해서는 컴퓨팅 보장과 시간 정확성, 그리고 컴퓨팅에 대한 예측성을 제공해 주어야 한다.

(2) 연성 실시간 컴퓨팅

연성 실시간 컴퓨팅은 작업 실행에 대한 시간 제약을 가지지만 시간 제약을 지키지 못해도 전체 시스템에 큰 영향을 끼치지 않는다. 대표적인 사례 중의 하나가 동영상 스트리밍이다. 연성 실시간 컴퓨팅의 경우 초당 일정한 프레임(Frame)을 재생해야 하는 제약을 가지고 있으나, 이 시스템의 경우 시스템이 다른 작업을 수행할 때 다른 작업으로 인한 프레임(Frame)이 건너뛰어져도 동영상을 재생하고 있던 시스템에는 큰 영향을 주지 않는다. 연성 실시간 컴퓨팅에서 동영상 전송을 담당하는 기능은 프레임이며, 프레임(Frame)은 데이터 통신(Data Communications), 컴퓨터 그래픽스(Computer Graphics), TV(Tele Vision) 방송 등에서 전송되는 정보의 단위 즉 초당 이미지가 처리되고, 이미지가 재생되는 전송 단위이다.

연습문제

1 운영체제에 있어서 사용자계층과 하드웨어 계층과의 관계를 간단히 설명하시오.

2 운영체제의 대표적인 자원유형은 무엇이며, 사용이유에 대해서 간단히 설명하시오.

3 클라우드 운영체제란 무엇인지 설명하시오.

4 일괄처리방식과 실시간 처리방식의 차이점을 설명하시오.

5 임베디드 운영체제란 무엇인지 설명하시오.

제8장

클라우드 관리

8.1 기본개요

8.2 클라우드 운영환경

8.3 클라우드 관리 플랫폼

8.4 클라우드 관리기능

8.5 클라우드 관리전략

제8장

클라우드 관리

8.1 기본개요

인터넷 환경에서 기업 이용자 서비스가 점점 확대되고 개인의 클라우드 컴퓨팅 서비스 이용이 증가함에 따라 전체 클라우드 컴퓨팅 서비스의 원활한 동작을 위해 클라우드 컴퓨팅 관리에 대한 필요성이 대두되기 시작하였다. 또한 인터넷상에서 새로운 형태의 클라우드 컴퓨팅 서비스 기법들이 계속 출현함에 따라 이들에 대한 관리표준이 제공하지 않으면 서비스에 대한 혼란이 야기될 수 있으며, 관리비용이 증가되는 문제를 겪을 수 있게 된다. 현재 많은 ISP(Internet Service Provider) 사업자들은 CMS(Cloud Management System)를 통해서 클라우드 서비스 품질을 관리하고 있으며 또한 최상의 서비스를 제공하기 위해 많은 노력을 하고 있다. 이러한 노력의 결과로 클라우드 이용자들은 현재 최상의 서비스를 받고 있으며, 기업체 관점에서는 비용절감이라는 효과를 제공받고 있다. 이러한 관점에서 클라우드 관리는 서비스 신뢰도를 높여 최상의 서비스를 제공하게 되며, 클라우드 관리란 사용자 및 액세스 제어, 데이터, 애플리케이션, 서비스 등 관리자가 클라우드에서 운영하는 모든 제품과 서비스를 제어하고 조화롭게 운영하는 방식을 말한다.

클라우드 관리의 주요 기능으로는 관리자에게 필요한 리소스에 액세스 하고, 원하는 프로세스를 자동화하고, 필요에 따라 조정하고, 사용량과 비용을 모니터링하는 능력을 제공하는 것이다. 즉 관리자가 유연성과 확장성을 유지하면서, 변화에 빠르게 적응할 수 있도록 지원하는 기능이다.

한편 클라우드 제품 및 서비스 관점에서 클라우드 관리는 퍼블릭, 프라이빗 또는 하이브리드 컴퓨팅 인프라, 리소스, 서비스를 관리하고 감독하는 프로세스로써 이 과정에서

IT 관리자는 클라우드 관리 도구와 기술을 적용하여 클라우드 제어, 가시성, 운영성, 확장성을 유지하면서 클라우드 환경에 빠르게 대처하는 기능을 수행한다.

이때 클라우드 관리를 수행하는 클라우드 관리자는 클라우드 관리 툴을 이용하여 퍼블릭 클라우드, 프라이빗 클라우드, 하이브리드 및 멀티클라우드와 같은 클라우딩 환경의 리소스를 관리하고 재해발생 시 재해복구와 같은 클라우드 활동을 수행하게 된다. 이를 통하여 클라우드를 구성하는 인프라, 플랫폼, 애플리케이션, 클라우드 제공업체와 클라우드 서비스 제공업체 간의 리소스, 데이터에 대한 관리제어 등의 기능을 수행하게 된다.

이처럼 서비스 운영관점에서 볼 때 클라우드 관리는 하나 이상의 프라이빗 또는 퍼블릭 클라우드 사용 시 효율성을 모니터링하고 극대화하기 위한 프로세스이며, 조직관점에서 볼 때는 클라우드 관리 플랫폼을 사용하여 클라우드 사용량을 관리하는 프로세스이다. 따라서 IT 관리자는 클라우드 관리를 통해서 클라우드 서비스를 극대화하게 되며, 클라우드 리소스 비용을 줄일 수 있게 된다.

무엇보다 클라우드 관리를 위해서는 클라우드 기반 서비스를 언제, 어떻게 사용할지에 대한 클라우드 기준이 필요하며, 클라우드 관리를 위한 첫 번째 기준은 사용량을 모니터링하여 기준을 정하는 일이다. 이러한 기준은 조직이 클라우드 사용량 및 관련비용이 얼마나 드는지에 대한 기준을 명확하게 분석하기 위한 것이며, 멀티 클라우드 환경에서 멀티 클라우드 관리를 보다 효율적으로 관리하기 위한 전략이다. 두 번째로는 클라우드 관리 플랫폼을 이용하여 관리의 효과를 극대화하는 일이다. 이러한 기능을 통해서 관비비용을 줄이고 성능을 극대화할 수 있게 된다.

8.2 클라우드 운영환경

클라우드 운영을 위한 관리 소프트웨어는 일반적으로 기존 클라우드 환경에 가상 머신(Virtual Machine, VM)으로 배포하여 운영되며, 여기서 VM은 운영 데이터를 저장하고 보관하기 위한 데이터베이스와 운영정보 제공을 위한 서버를 가지고 있다. 그리고 서버는 애플리케이션 프로그래밍 인터페이스(API)와 통신을 통하여 데이터베이스와 클라우드를 유지하게 되며, 그 안에서 상호작용하는 가상, 클라우드 또는 컨테이너 기반 리소스와 연결을 통하여 상호작용을 수행하는 기능을 하게 된다. 데이터베이스는 가상 인프라의 성능에 대한 정보를 수집하고 분석 정보를 웹 인터페이스에 전송함으로써 클라우드 관리자로 하여금 클라우드 성능을 시각적으로 파악할 수 있도록 지원하는 기능을 수행하게 된다.

일반적으로 클라우드 운영을 위한 운영관리는 운영체제에 의해서 관리되고 유지되며, 운영체제는 클라우드를 구성하는 모든 다양한 기술을 제어할 뿐만 아니라 클라우드 관리 툴을 배포하는 기능을 수행한다. 운영체제는 사용 중인 기타 다른 클라우드 환경과도 상호작용을 하며, 대표적으로 Linux 기반의 오픈소스 환경은 클라우드 운영체제를 지원하는 운영체제 유형 중의 하나이다.

클라우드 관리는 클라우드 기반의 애플리케이션을 효과적으로 감독하고 관리함으로써 클라우드 비용 및 사용량을 효율적으로 관리해 주게 되며, 운영관리 기능의 주요 요소를 살펴보면 다음과 같다.

- 자동화
  대규모 환경의 경우 클라우드 기반의 애플리케이션 관리가 반복적으로 발생할 수 있다. 자동화 기능은 클라우드 관리를 통해 리소스를 프로그래매틱 방식으로 관리하여 용량 관리, 지속적 통합, 조정을 제공하여 운영 부담을 최소화하는 기능을 제공한다.

- 규정 준수 및 거버넌스
  클라우드로 전환할 경우 기본 인프라와 애플리케이션에 대한 일정 수준의 제어권을 포기하는 일이 발생할 수 있는데 이를 극복하기 위한 방법으로 클라우드 운영규정을 따르도록 하는 방안이다. 이를 통해 클라우드 환경으로 전환 시 발생하는 문제를 최소화하게 된다.

• 보안

클라우드 보안은 클라우드 서비스 제공업체와 공동으로 책임져야 하므로 클라우드 관리는 클라우드 환경의 데이터, 애플리케이션, 서비스를 보호하는 데 매우 중요한 역할을 한다. 선도적인 클라우드 도구는 강력한 위협 인텔리전스 및 감지를 위한 머신러닝 기능을 제공하고, 보안 모니터링 및 프로세스 간소화를 지원하게 된다.

• 모니터링 및 로깅

클라우드 관리는 이벤트 모니터링 및 로깅을 통해 클라우드 관측을 쉽게 지원하며, 관리환경에서 발생하는 상황을 조사하고 이해하는 데 도움이 된다. 모니터링 및 로깅 기능은 로그 파일 집계, 분석, 상관관계 지정 기능을 통해 오류를 식별하고, 사고 관리를 자동화하여 성능을 최적화하도록 지원한다.

• 성능 및 비용보고

클라우드 환경은 신중하지 않을 경우 당초보다 성능이 저하되고 비용이 증가되는 문제가 초래될 수 있다. 성능을 최적화하기 위해서는 클라우드의 어떤 리소스가 언제 사용되는지를 정확하게 파악해야 하며, 리소스 관리를 주기적으로 수행하는 일이 스케줄링되어야 한다. 그리고 클라우드 운영관리에 드는 비용을 최소화하기 위해 비용에 따른 관리, 보고, 예측을 주기적으로 스케줄링해야 한다. 이를 통해 클라우드 리소스의 성능이 보장되며, 불필요한 비용낭비를 줄일 수 있게 된다.

8.3 클라우드 관리 플랫폼

클라우드 관리는 클라이언트 조직에서 활용하는 클라우드 리소스 및 서비스에 대한 검색, 프로비저닝, 추적, 성능 측정 및 보고서 생성을 위해 설계된 관리 플랫폼에 의해서 관리 되며, 클라우드 관리 플랫폼은 클라우드 공급자 자체에서 서비스 형태로 제공된다.

이러한 관리 플랫폼은 편리하고 공급자에 의해 지원되고 있으며, 공급자는 모든 도구 설치 및 유지관리 기능을 수행한다.

클라우드 관리를 위한 플랫폼은 타사 공급자로부터 구입한 후 로컬 데이터 센터 또는 클라우드 가상 머신(VM) 내부의 클라우드 자체에 배포하게 되며, 또 다른 경우에는 SaaS 공급자가 배포하고 지원하는 독립적인 SaaS 제품으로 제공되는 타사 플랫폼을 선택할 수도 있다.

타사 클라우드 관리 플랫폼의 경우 공급자의 기본 관리 플랫폼 기능이 다를 경우 서비스 지원이 불가능할 수가 있기 때문에 다중 클라우드 환경을 신중히 고려해야 한다. 클라우드 플랫폼은 가상 리소스, 스토리지, 애플리케이션, 서비스 풀로 구성되어 있으며, 온디맨드 방식으로 리소스에 액세스 하고 소프트웨어를 관리하게 된다. 따라서 클라우드 관리는 소프트웨어, 자동화, 정책, 거버넌스, 인력 등 클라우드 컴퓨팅 서비스가 제공되는 방식을 제어하고 운영하는 방식이며, 관리 플랫폼에 의해 제어되고 스케줄 된다.

클라우드 관리 플랫폼(Cloud Management Platform, CMP)은 사용자의 요구에 맞는 커스터 마이징을 통해서 수행되며, 운영체제, 애플리케이션, 프로비저닝, 클라우드 보안, 스토리지 프레임워크, 표준 운영환경(Standard Operating Environments, SOE) 등 클라우드 요구사항을 충족해야 한다. 이밖에도 유연하며 변화에 빠르게 적응할 수 있는 환경을 제공해야 하며, 이러한 기능을 제공하는 클라우드 관리 플랫폼 요소를 살펴보면 다음과 같다.

- 수동 태스크 자동화

  자동화는 사람이 직접 수행하는 수동적인 일들을 시스템이 대신하기 때문에 효율성을 높이고 오류를 줄일 수 있는 장점을 가지고 있다. 자동화는 클라우드 컴퓨팅에서 가장 큰 부담을 덜어주며, 클라우드 관리 플랫폼에 공통적으로 적용되고 있다.

- 비용 시각화

클라우드 서비스는 사용이 간편하기 때문에 방심할 경우 예산 범위를 쉽게 초과할 수 있다. 따라서 클라우드 관리 플랫폼은 정확한 비용관리와 예측, 보고 기능을 수시로 제공해야 한다.

• 인터넷 기반의 액세스 지원

클라우드의 리소스, 데이터, 처리 기능과 마찬가지로 관리자는 자신과 인프라의 위치에 관계없이 수시로 클라우드 관리 툴에 액세스 할 수 있어야 한다.

• 하이브리드 클라우드 및 멀티클라우드 환경 지원

미래에는 기업이 프라이빗, 퍼블릭, 하이브리드 등 모든 유형의 클라우드를 이용하게 될 것이다. 따라서 모든 클라우드 관리 플랫폼은 여러 환경 전반에서 모든 유형의 클라우드를 원활하고 안전하게 지원할 수 있는 기능을 제공해야 한다.

• 모든 요소 관리

기본적인 특징처럼 보일 수도 있겠지만, 빈번한 변화와 업데이트에 유연하게 적응하기 위해서는 어느 클라우드 관리 플랫폼에서든 셀프서비스 기능이 필수적으로 지원되어야 한다. 즉 리소스, 설정, 용량에 대한 사용자 액세스를 주기적으로 관리하면서 모든 요소를 지속적으로 관리하고 제어해야 하며, 온프레미스, 가상 머신, 데이터 센터 등 인프라의 요소를 안정적으로 지원해야 한다.

이처럼 관리 플랫폼은 클라우드 인프라의 각 요소들에 대한 사용량과 성능을 추적하고 모니터링하는데 도움이 되며, 일반적으로 클라우드 관리 도구와 소프트웨어는 자체 데이터베이스와 서버가 있는 가상머신으로 배포된다. 서버는 API를 통하여 클라우드 환경 내의 리소스들과 통신을 수행하며, 클라우드의 기반의 애플리케이션, 성능 데이터 등을 분석하여 성능관리를 수행한다.

대부분의 클라우드 서비스 제공업체는 자체 플랫폼에서 클라우드 관리 서비스를 통해 성능 및 사용량 데이터를 수집하고 통계를 생성하게 되며, 알림을 전송하는 클라우드 애플리케이션 전반의 보고 기능을 제공한다. 그러나 이로 인해 기업체가 하이브리드 또는 멀티 클라우드 환경에서 운영 중일 때 여러 제공업체에 보고해야 하는 경우 번거로운 문제가 발생하기도 한다.

가트너의 정의에 따르면 CMP는 퍼블릭 클라우드, 프라이빗 클라우드, 멀티·하이브리드 클라우드 등 다양한 클라우드 환경을 통합하고 관리할 수 있는 플랫폼이라고 정의하고 있다. CMP는 셀프-서비스 인터페이스, 자원 프로비저닝(Provisioning), 미터링(Metering), 빌링(Billing), 워크로드(Workload) 최적화 등의 기능을 제공해야 하며, 가트너가 제시한 클라우드 관리 영역을 살펴보면 그림8.1과 같다.

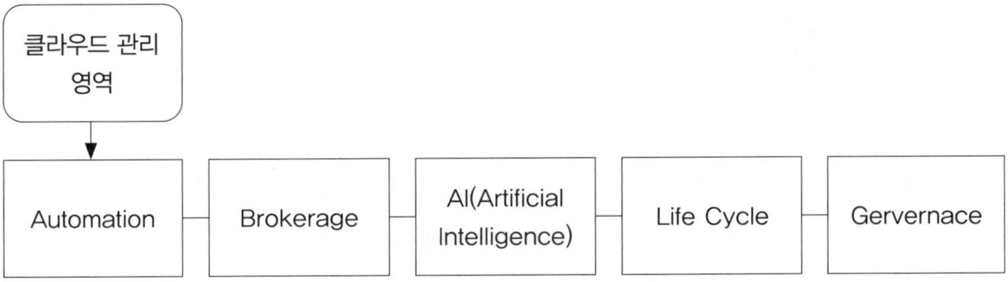

그림 8.1 클라우드 관리영역

8.4 클라우드 관리기능

클라우드는 많은 기업에서 점점 더 중요한 컴퓨팅 인프라 구성요소가 되고 있으며, 클라우드를 사용할 경우 무엇보다 비용이 많이 들며, 만일 타사 인프라에 클라우드 서비스를 의존할 경우 비용이 많이 드는 문제가 발생할 수 있다.

클라우드 사용자 관점에서 클라우드 사용자는 워크로드 배포가 다양한 상황에서 항상 사용 가능하고 제대로 작동한다는 사실을 알아야 하며, 워크로드 또는 클라우드 사용에 있어서 일부 문제가 발생하면 고객은 서비스가 중단된다는 점을 알아야 한다. 또한 클라우드 관리 관점에서 클라우드 사용자는 적절한 클라우드 예산을 설정하고 더 이상 필요하지 않은 리소스의 경우에는 이를 빠르게 해제해야 한다. 이러한 기능을 적절히 수행하는 알고리즘이 클라우드 관리기능이며, 클라우드 관리를 위해서는 다음과 같은 사항들을 신중히 고려해야 한다.

| 사용자 요구사항 |

- 사용자가 클라우드 서비스를 요청할 때 정상적으로 서비스 동작이 수행되어야 한다.
- 퍼블릭 클라우드, 프라이빗 클라우드, 멀티·하이브리드 클라우드 등 다양한 클라우드 서비스에 대한 자원접근이 가능해야 한다.
- 비용이 저렴해야 한다.
- 응답이 신속해야 한다.
- 시스템 사용이 믿을 수 있고 안전해야 한다.

클라우드 관리기능은 운영적 측면과 기능적 측면 두 가지로 분류될 수 있으며, 이 중에서 운영적 측면은 클라우드의 리소스들을 제어하거나 장애가 발생했을 때 이를 신속히 발견하여 해결함으로써 사용자들에게 불편함을 최소화하는 기능이며, 기능적 측면은 보안, 네트워크 기능, 서버 및 데이터베이스 등과 같은 자원관리 기능을 반영함으로써 사용자들의 요구사항을 즉각적으로 수용하는 기능이다. 이와 같은 사용자의 요구사항을 만족하기 위하여 클라우드의 관리기능은 다음과 같이 5가지 기능으로 분류할 수 있으며, 각각의 기능을 살펴보면 다음과 같다.

8.4.1 장애관리 기능

장애관리는 클라우드의 기능과 동작이 원활하게 수행되도록 하는 기능으로써 제대로 수행되지 않는 클라우드의 요소들을 찾아내어 문제점을 해결하기 위한 기능이다. 이러한 기능은 온프레미스, 가상머신, 데이터 센터 등의 클라우드 요소에 장애가 발생하였을 때 장애공지 및 분석기능을 통해서 원인을 파악하고 문제를 해결할 수 있도록 도와주는 기능이다. 즉 장애관리 기능은 클라우드 운영상에 문제가 발생하였을 때 관리자가 장애 기능을 효과적으로 분석 대처함으로써 장해로 인해 발생하는 문제를 최소화하기 위한 것이다. 예를 들어 클라우드 통신서비스를 수행하던 중 회선이 끊어진 경우에는 클라우드 서비스를 수행할 수가 없게 된다. 이러한 장애요인을 재빠르게 찾아내어 분석하고 통신 서비스 장애 요인을 최소화하기 위한 목적이 장애관리의 기능이다.

장애관리 기능에서 장애관리가 필요한 이유는 클라우드 장애가 발생하였을 때 이에 대한 신속한 장애해결을 요구하기 때문이며, 주식 등과 같은 실시간 데이터를 사용하는 사용자의 경우에는 매 순간 클라우드 서비스 장애에 민감할 수밖에 없으며, 이러한 장애요구 사항을 만족하기 위해서는 빠르고 정확한 장애탐지 및 분석기능이 제공되어야 한다.

장애탐지는 사용자가 장애를 느끼기 전에 장애탐지 알고리즘에 의해 미리 장애를 탐지하는 기능이며, 장애탐지를 위해서는 주기적으로 클라우드의 요소정보를 수집하고 요인들을 분석해야 한다. 이 과정에서 장애발생 유무가 결정되게 되며, 장애가 발생하였을 때 이에 대한 적절한 조치를 취함으로써 클라우드 서비스의 문제를 해결하게 된다.

8.4.2 자원관리 기능

자원관리 기능은 클라우드 시스템에서 지원되는 자원에 관한 모든 정보를 관리하는 기능을 말한다. 클라우드 시스템 상에서는 인가받지 않는 사용자가 자신의 이익을 위해 클라우드 자원들의 비용을 지불하지 않고 사용하는 사용자가 있을 수 있으며, 또한 악의를 가진 사용자가 악의적인 목적으로 접근하여 사용할 수도 있다. 이러한 경우에는 시스템에 치명적인 손실을 가져다 줄 수도 있으며, 최악의 경우에는 시스템 사용이 불능상태에 빠질 수도 있게 된다. 자원관리 기능은 클라우드 자원에 대한 사용자의 접근권한을 제한하여 악의적인 사용자로부터 보호하기 위한 기능이며, 이 과정에서 클라우드 접근자에 대하여 계정을 부여하여 클라우드 자원 사용을 제한하여 관리하게 된다.

클라우드 자원들을 운영하고 관리하기 위해서는 많은 비용이 뒤 따르게 되며, 클라우드 서비스 업체들은 사용자들이 어떤 유형의 서비스를 요구하는지에 따라 그에 해당하는 서비스 비용을 지불하게 된다. 또한 서비스 이용자들이 어떤 서비스 자원을 얼마만큼 사용하였는지에 대한 정보를 작성하여 사용자들이 선호하는 서비스 유형을 통계로 제공하게 되며, 사용자들이 선호하는 서비스를 선택하여 사용할 수 있도록 서비스 유형을 설계하는 기능을 제공하게 된다.

8.4.3 구성관리 기능

구성관리 기능은 클라우드 구성요소들 사이의 관계와 상태를 정의하는 관리기능이다. 온프레미스, 가상 머신 및 스토리지 용량 등의 구성은 수시로 그 기능이 변화되며, 서비스 이용자가 많거나 줄어들 때 또는 클라우드 요소들을 재구성하고자 할 때 구성관리 알고리즘을 통해서 구성관리 기능을 적절히 수행하게 되며, 클라우드 서비스의 최적화를 위해 구성요소들을 재배치하는 기능을 수행한다. 이와 같이 구성요소들의 정보는 수시로 변하기 때문에 이들에 대한 정보를 저장해야 하며, 물리적 구성, 서비스 유형, 그리고 운영 도메인과 같은 구성관리 정보가 제공되어야 한다.

클라우드 서비스 환경에서 장애가 발생할 경우 장애관리를 효율적으로 수행하기 위해 구성관리 알고리즘이 제공되게 되며, 구성관리를 위한 알고리즘으로는 MIB(Management Information Base) 알고리즘이 사용된다.

MIB는 클라우드 시스템 상에서 장애가 발생하였을 때 장애요인을 분석하여 이를 적절히 대응하고 신속히 해결하기 위한 알고리즘이다. 이와 같은 알고리즘을 사용함으로써 장애로 인한 문제를 최소화하게 되며, 구성관리를 보다 효율적으로 수행하게 된다.

8.4.4 성능관리 기능

성능관리란 클라우드 서비스 상에서 서비스 이용도, 처리율, 그리고 응답시간 등의 클라우드 성능과 관련한 정보를 수집하고 분석하는 기능을 말한다. 이러한 기능은 클라우드 서비스 이용계획 및 유지보수 등을 위해 사용되며, 클라우드 시스템을 운영할 때 성능저하 원인을 확인하고, 클라우드 서비스의 작업 처리율을 분석하여 성능요소의 재구성 및 계획에 따른 근거자료로 사용된다.

성능관리에서는 클라우드의 성능 최적화를 위해 네트워크의 흐름을 추적하고 분석하는 기능을 수행하는 네트워크 관리 기능을 수행하며, 네트워크 관리기능은 네트워크 장비 간의 트래픽 흐름을 관리하고 시스템 성능에 관한 정보를 관리하는 기능을 수행하게 된다. 즉 네트워크 관리기능은 네트워크에 과도한 트래픽이 발생하는지 병목현상이 발생하는지 또는 이로 인한 응답시간이 길어지는지에 대한 정보 분석을 수행한다.

성능관리 기능은 클라우드 성능관리뿐만 아니라 네트워크 성능관리기능을 수행하며, 클라우드 성능관리를 위해 성능 통계정보를 작성하고 관리한다. 성능 통계정보는 병목으로 인해 사용자가 서비스 불편을 느끼기 전에 병목원인을 찾아내어 성능을 최적화하기 위한 기능이며, 네트워크의 성능을 안정적으로 유지하기 위한 기능이다. 따라서 성능정보를 기초로 한 클라우드 성능관리 기능은 네트워크 성능 유지 및 구성요소를 안정적으로 유지하는 기능을 수행한다.

8.4.5 보안관리 기능

보안관리 기능은 클라우드 보안을 위해 보안행위를 기록 관리하는 기능을 말한다. 클라우드 환경에서 보안관리 기능은 클라이언트/서버환경과 마찬가지로 패스워드, 제한적 접속권한, 암호화 기능 등을 통하여 보안 관리가 수행되며, 클라우드 시스템과 사용자 들 간의 정보를 주고받을 때 외부 침입자에 의한 중요한 정보 유출 및 도난을 방지하기 위하여 암호화 기능을 수행한다. 보안유지를 위해서는 사전에 암호화키를 생성하고 분배하는 과정이 필요하며, 암호화키 관리를 위해 암호화 알고리즘이 수행되게 된다. 보안 관리에서 중요한 기능 중의 하나는 로그정보 관리이며, 로그정보는 보안과 관련된 사용자 접근 또는 오류에 대한 정보를 기록하는 기능을 수행한다. 이러한 과정을 통해서 사용자 정보 및 클라우드 자원정보가 보호를 받게 되며, 외부 침입자로부터 클라우드 정보와 사용자 정보를 안전하게 보호 받을 수 있도록 해준다.

8.5 클라우드 관리전략

클라우드 관리는 퍼블릭, 프라이빗 또는 하이브리드 클라우드 인프라 리소스 및 서비스에 대하여 제한적으로 접속권한을 제어한다. 이러한 과정은 클라우드 리소스, 서비스 프로비저닝에서부터 워크로드 배포 및 모니터링, 리소스 및 성능 최적화, 그리고 워크로드 및 리소스 폐기, 재할당에 이르기까지 전체 클라우드 수명주기에 관한 모든 기능을 포함하고 있다. 잘 설계된 클라우드 관리전략은 IT 전문가가 동적이고 확장 가능한 클라우드 컴퓨팅 환경을 제어하는 데 도움이 되며, 클라우드 관리전략의 목적은 퍼블릭, 프라이빗, 하이브리드 또는 멀티 클라우드 환경을 효과적으로 관리하고 지원하기 위한 것이다. 이를 통해서 기업은 보다 강력한 기업전략을 세울 수 있으며, 기업의 요구사항에 부합한 기술능력 설계 및 프로세스를 설계할 수 있다. 따라서 클라우드 관리 전략 관점에서 관리기능을 살펴보면 다음과 같다.

- 여러 환경에서 일관된 제어를 지원하여 가장 적합한 곳에 서비스를 배포하고 통합할 수 있는 기능을 제공할 수 있다.
- 민첩한 변경 관리를 지원하는 동시에 용량, 사용량, 비용, 보안을 지속적으로 모니터링하고 분석할 수 있는 기능을 제공한다.
- 속도 저하 없이 보안 제어 및 자동화된 정책 시행을 제공하는 보안 및 규정 준수를 지키도록 한다.
- 비용에서 사용자 변경, 위반에 이르기까지 클라우드 리소스와 서비스를 지속적으로 검토하고, 향후 문제가 발생하기 전에 이슈를 파악하고 그에 따라 비즈니스 규칙과 프로세스를 업데이트하도록 하는 기능을 제공한다.

클라우드 관리전략을 계획하고 실천하면 IT 성능을 개선하고 보안을 강화할 수 있으며, 또한 비용을 줄일 수 있는 장점을 제공하게 된다. 따라서 클라우드 관리전략을 통해서 얻을 수 있는 장점을 살펴보면 다음과 같다.

- 보다 빠른 의사결정력
  클라우드 관리를 통해 보다 빠른 의사 결정을 할 수 있으며, 클라우드 작업 및 유지보수에 드는 비용과 시간을 줄일 수 있다. 빠른 의사 결정은 민첩한 애플리케이션 개발을 지원하여 배포 속도를 높이고 오류를 최소화할 수 있다.

- 융통성 보장
  융통성 보장은 리소스 사용 방식과 클라우드 관리를 통해 사용자의 엑세스를 쉽게 추적하도록 보장하며, 워크로드의 균형점을 최적으로 파악하고 클라우드 용량을 최대한 활용할 수 있도록 융통성을 보장한다.

- 효율적인 리소스통합관리
  클라우드 관리 도구를 사용함으로써 애플리케이션, 운영체제, 스토리지, 클라우드 보안 도구 등의 리소스를 효율적으로 통합 관리하는 기능을 제공한다. 또한 리소스 통합관리를 통하여 클라우드 환경에서의 리소스 할당, 규정 준수, 보안, 비용 관리 등에 대한 기능을 효율적으로 제어하고 관리하는 통합관리 기능을 제공한다.

- 규정준수 파악용이
  클라우드 관리는 클라우드 정책, 가이드라인, 규제요건 등 규정준수를 용이하게 파악할 수 있도록 지원한다. 규정준수 기능은 관리자가 보안 프로세스를 간소화하고, 환경 전반의 사용량 및 구성을 자동으로 모니터링하여 위반 및 기타 새로운 문제를 신속하게 파악할 수 있도록 지원하고 있다.

• 클라우드 관리용이

클라우드 관점에서 클라우드 지출을 추적하고 예측하는 것이 쉬운 일이 아니다. 클라우드 관리는 클라우드에 따른 리소스를 보다 효과적으로 할당하여 리소스에 따른 비용이 어느 정도인지를 비교적 정확하게 예측할 수 있도록 도와주는 기능을 수행한다.

• 관리 설계용이

클라우드 관리는 클라우드 설계를 용이하게 할수록 지원하며, 이를 통하여 리소스 낭비를 줄이고 클라우드 인프라에 따른 에너지 소비를 줄일 수 있도록 지원한다.

따라서 클라우드 관리전략의 목표를 살펴보면 다음과 같다.

• 셀프서비스 지원

셀프서비스는 IT 전문가나 클라우드 서비스 제공업체의 도움 없이 클라우드 사용자가 클라우드 리소스에 액세스 하고, 새로운 리소스를 생성하고, 사용량과 비용을 모니터링하고, 리소스 할당을 유연하게 조정하는 서비스 기능이다.

• 워크플로우 자동화 지원

워크플로우 자동화는 사람의 개입 없이 클라우드 인스턴스를 자동으로 관리하는 기능을 말하며, 이 기능은 워크로드 배포 및 모니터링에 사용되는 자동화 인프라의 핵심 요소이다. 이러한 자동화 기능을 지원함으로써 클라우드 관리의 목적을 달성하게 된다.

• 클라우드 분석기능

클라우드 분석은 클라우드 워크로드와 사용자 경험을 추적하는 데 도움이 되는 기능으로써 이 기능은 클라우드 비용과 성능을 관리하고 최적화하는 데 필수적인 기능이다. 이와 같은 세 가지 지원기능을 통해서 클라우드 관리에 드는 비용을 줄일 수가 있게 되며, 리소스 등의 자원관리를 최적화할 수가 있다.

연습문제

1 클라우드 관리란 무엇인가?

2 클라우드 관리 고려사항에 대해서 간단히 설명하시오.

3 가트너가 제시한 클라우드 관리영역에는 어떤 것들이 있는지 설명하시오.

4 클라우드 관리전략을 수행하는 목적은 무엇인가?

5 가트너가 정의한 CMP란 무엇인가?

제9장

클라우드 분산처리

9.1 기본개요

9.2 시스템 목적

9.3 분산처리 모델

제9장

클라우드 분산처리

9.1 기본개요

클라우드 분산처리 기술은 사용자 한 사람이 전용해서 사용하는 개인전용 컴퓨터에서 벗어나 여러 사람이 인터넷을 통해서 서로의 정보를 주고받는 형태로 진화되었으며, 1980년대 이후 마이크로프로세서 기술의 발전과 컴퓨터 통신 및 네트워크 기술의 발전으로 인해 분산 처리 시스템(Distributed Processing System)의 기술이 발전하기 시작하였다.

클라우드 분산처리 컴퓨팅은 클라우드 컴퓨팅 기술을 통해서 지역적으로 분산된 사용자 컴퓨터 또는 서버들을 연결할 수 있도록 진화된 컴퓨팅 시스템을 말하며, 클라우드 분산처리 컴퓨팅은 시스템의 작업처리 효율을 증가시키는 역할을 하고 있다. 따라서 클라우드 분산처리 컴퓨팅은 지역적으로 분산된 컴퓨터와 데이터베이스(Database)를 통신 네트워크로 상호 연결하여 사용자가 마치 하나의 시스템인 것처럼 데이터를 처리해주는 시스템이라 할 수 있으며, 클라우드 분산처리 컴퓨팅 시스템은 일반적으로 분산 처리기, 통신 네트워크, 분산 데이터베이스로 구성된다.

클라우드 분산처리 컴퓨팅 시스템에서 분산 처리기는 지역적으로 분산된 사용자 컴퓨터 또는 서버이며, 자신의 운영체제를 가지면서 작업들을 독립적으로 처리하는 기능을 수행한다. 그리고 통신 네트워크는 지역적으로 분산된 컴퓨터 노드들을 상호 연결하는 기능을 수행하며, 분산 데이터베이스는 지역적으로 분산 저장되어 있는 데이터를 관리하는 기능을 수행한다.

클라우드 분산처리 컴퓨팅 시스템에서의 가장 일반적인 구조는 클라이언트/서버 구조이며, 클라이언트(Client)는 데이터의 처리 또는 전송을 요청하는 컴퓨터이다. 그리고 서버(Server)는 클라이언트가 요청한 데이터를 처리해 주거나 전송해 주는 컴퓨터로써 중앙 집중 시스템에서는 하나의 서버에 여러 대의 클라이언트가 구성되기도 한다. 분산처리 시스템에서 각각의 컴퓨터 노드는 데이터의 처리 기능에 따라 클라이언트가 되기도 하고 서버가 될 수 있다. 클라우드 분산처리 시스템은 기존의 중앙 집중 처리 시스템(Centralized Processing System)과는 달리 모든 작업들이 중앙컴퓨터에 집중되어 처리되는 방식이 아니라 지역적으로 분산된 컴퓨터들에 의해서 작업이 처리되며, 처리된 결과와 내용들이 통신 네트워크를 통해서 상호 교환된다. 즉, 분산 컴퓨터 노드들은 통신 네트워크를 통해서 정보가 상호 교환되며, 분산처리 시스템의 일반적인 특징을 살펴보면 다음과 같다.

- 지역적으로 분산된 자원을 가지고 있으며, 자원 중복이 가능하다.
- 통신 네트워크를 통하여 정보를 상호 교환한다.
- 시스템을 구성하는 컴퓨터 노드들은 어느 정도 자율성을 가진다.
- 특정 자원의 위치를 몰라도 그 자원의 사용이 가능하다.
- 자신의 운영체제를 가지면서 작업을 독립적으로 수행할 수 있다.
- 시스템의 전체 정책 결정을 위한 통합 제어기능이 필요하다.

9.2 시스템 목적

클라우드 분산처리 컴퓨팅 시스템은 중앙 집중 시스템과는 달리 시스템의 효율성이 증가되며, 하나의 컴퓨터 노드가 고장이 발생할 때 다른 컴퓨터 노드가 그 기능을 대신함으로서 신뢰성이 보장된다. 일반적으로 클라우드 분산처리 컴퓨팅 시스템의 설계 목적은 자원공유, 연산속도 향상, 신뢰성 향상, 그리고 컴퓨터 노드들 간의 통신기능을 제공함으로서 시스템의 성능을 향상시키기 위한 것이다. 자원 공유 기능은 컴퓨터 노드 사용자들에게 유용한 자원을 공유할 수 있도록 지원하는 기능이며, 일반적으로 분산 데이터베이스에서 처리되는 데이터, 원격지 노드들에 대한 파일 인쇄 그리고 원격지 특수 하드웨어 장치들에 대한 접근 및 사용 기능을 제공한다.

연산 속도 향상 기능은 어떤 특정 컴퓨터 노드에 부하가 집중될 때 이들 부하를 다른 컴퓨터 노드에 분산시킴으로써 노드의 연산 속도를 향상시키기 위한 기능이며, 신뢰성 향상 기능은 만약 하나의 컴퓨터 노드가 고장이 날 때 다른 컴퓨터 노드에 작업들을 분산함으로써 작업의 신뢰성이 보장되도록 하는 기능이다. 그리고 컴퓨터 통신 기능은 통신 네트워크를 통하여 컴퓨터 노드들 간의 데이터 전송이 수행되도록 하는 기능이다.

| 분산처리 시스템의 설계 목적 |

- 자원공유
- 연산속도 향상
- 신뢰성 향상
- 통신 기능 제공

9.3 분산처리 모델

일반적으로 분산처리 시스템은 프로세서(Processor), 네트워크 위상(Network Topology), 그리고 통신망(Communication Network)에 따라 다양한 모델이 적용되며, 중/대형 시스템들을 위한 모델에서부터 개인용 컴퓨터들을 위한 모델에 이르기까지 적용 모델이 다양하다. 이 절에서는 분산처리 시스템에 적용되는 일반적인 모델에 대해서 살펴보며, 다음과 같다.

| 프로세서 모델에 따라 |

- 클라이언트/서버(Client/Server) 모델
- 프로세서 풀(Processor Pool) 모델

• 하이브리드(Hybrid) 모델

| 네트워크 위상에 따라 |

• 완전 연결(Fully Connected) 구조
• 부분 연결(Partially Connected) 구조
• 계층(Hierarchy) 구조
• 성형(Star) 구조
• 링(Ring) 구조
• 다중접근 버스(Multi-access Bus) 구조

| 통신망에 따라 |

• 광역 통신망(WAN) 모델
• 근거리 통신망(LAN) 모델

9.3.1 프로세서 모델

(1) 클라이언트/서버(Client/Server) 모델

분산 처리 시스템에서의 가장 일반적인 모델은 클라이언트/서버 모델이며, 클라이언트와 서버 간의 LAN을 기반으로 분산처리를 수행한다. 서버는 클라이언트가 요청한 서비스를 수행하는 컴퓨터 노드이며, 클라이언트는 서버에 서비스를 요청하는 컴퓨터 노드이다. 일반적으로 클라이언트/서버 모델에서 응용 프로그램은 사용자 워크스테이션 또는 PC환경에서 수행되며, 서비스 처리과정은 다음과 같이 수행된다.

• 서버는 클라이언트의 요청을 받아 수행하기 위해 시스템을 초기화한다.
• 서버는 클라이언트의 서비스 요청을 기다린다.
• 클라이언트는 통신 네트워크, 즉 LAN을 통해서 서버에게 서비스를 요청한다.

• 서버는 클라이언트가 요청한 서비스를 수행하고, 서비스가 끝나면 다른 클라이언트의 요청을 기다린다.

이와 같은 과정을 거쳐서 서버는 클라이언트가 요청한 서비스들을 수행하며, 서비스 요청을 처리하기 위한 클라이언트/서버 모델은 그림9.1과 같다.

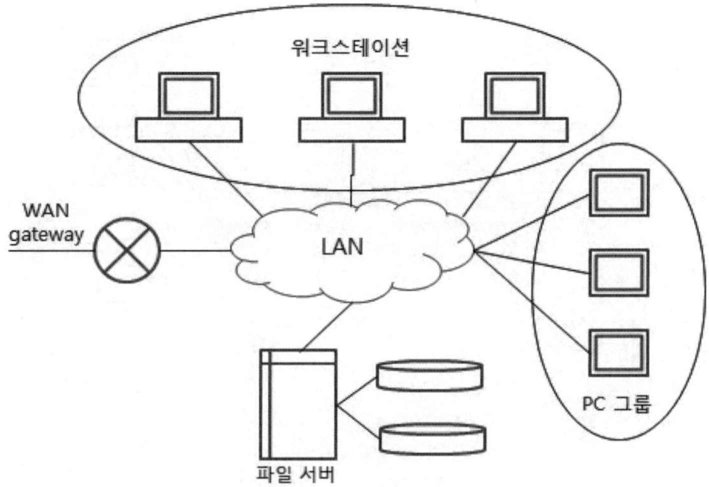

그림 9.1 클라이언트/서버 모델

그림9.1에서 보듯이 파일 서버, 워크스테이션, PC는 LAN을 통해서 상호 자원 접근을 허용하며, WAN gateway를 통해서 다른 지역의 컴퓨터들과 네트워킹을 수행한다. 클라이언트/서버 모델은 공유된 중앙 컴퓨터가 없는 대신 사용자의 프로그램을 수행시키기 위하여 성능이 우수한 컴퓨터를 가질 수 있으며, 사용자들 간의 CPU를 공유하기 위해 시분할 단일 컴퓨터를 구성할 수 있다. 이 모델은 프로그램의 모듈성과 융통성이 보장되는 장점이 있다.

(2) 프로세서 풀(Processor Pool) 모델

프로세서 풀 모델은 1982년 캠브리지 프로젝트의 CDCS(Cambridge Distributed Computer System)에 개발 적용되었으며, 이 모델은 하나 이상의 프로세서 풀이 워크스테이션-서버로 구성된 모델이다. 프로세서 풀 모델에서 응용 프로그램들은 프로세서 서비스로 관리되며, 사용자들이 워크스테이션 또는 X-터미널에서 요청한 작업들은 프로세서 풀에서 필요한 만큼의 프로세서들을 할당하고 실행한다.

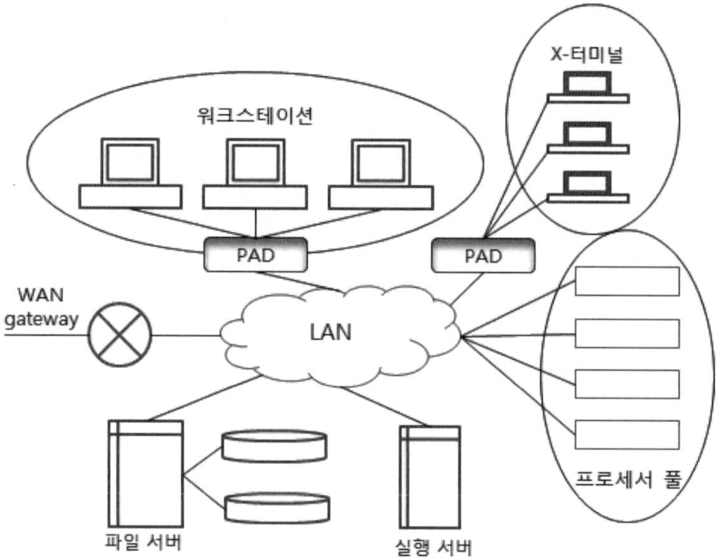

그림 9.2 프로세서 풀 모델

프로세서 풀 모델은 그림9.2와 같이 파일서버, 실행서버, 워크스테이션, 그리고 프로세서들이 LAN을 통하여 자원과 데이터를 서로 공유하며, 워크스테이션과 X-터미널은 PAD(Packet Assembler/Disassembler)를 통하여 다른 컴퓨터 자원들과 상호 네트워킹을 수행한다는 점이 특징이다. 여기서 PAD는 호스트 컴퓨터와 사용자 시스템을 연결해주는 다중 프로토콜 스위칭(Multi-protocol switching) 기능을 수행하며, 이 프로토콜은 국제표준인 X.25 패킷 스위칭 프로토콜로서 예를 들어 16개의 포트를 갖는 X.25프로토콜인 경우 초당 400개의 패킷을 전송한다.

프로세서 풀 모델에서 사용자 워크스테이션이나 X-터미널은 단순히 시스템 자원을 접근하는 기능을 수행하며, 프로세서 풀은 독립적으로 네트워킹이 가능한 컴퓨터로써 비교적 저렴한 컴퓨터로 구성된다. 프로세서 풀 모델은 클라이언트/서버 모델에 비해서 효율적이며, 다음과 같은 장점을 제공한다.

- 자원의 이용률 향상
- 융통성 제공
- 호환성 제공
- 동질처리 가능

(3) 하이브리드(Hybrid) 모델

하이브리드 모델은 그림9.3과 같이 클라이언트/서버 모델과 프로세서 풀 모델을 혼합한 모델이다.

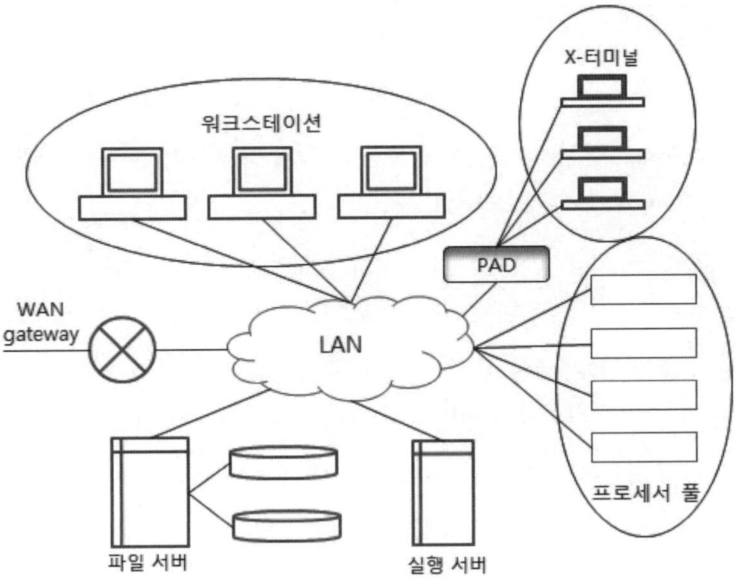

그림 9.3 하이브리드 모델

이 모델은 1986년 Free대학의 Amoeba시스템에 적용되었으며, 프로세서 풀 모델과 달리 워크스테이션에서 PAD 프로토콜을 사용하지 않다는 점이 특징이다. 하이브리드 모델은 사용자 워크스테이션이나 X-터미널을 통해서 다른 시스템에 접근이 가능하며, 과부하가 발생한 프로세서들의 병렬수행이 가능하다는 장점이 있다.

9.3.2 네트워크 위상에 따른 모델

위상(Topology)에 따른 모델이란 네트워크를 물리적으로 연결한 구조를 말하며, 위상이란 물리적인 네트워크의 연결구조이다. 분산처리 시스템 환경에서 네트워크 연결구조는 매우 중요하며, 시스템의 성능을 위해서 다음과 같은 사항들을 고려해야 한다.

- 기본비용: 이것은 시스템 내의 노드들을 연결하는데 드는 비용이다.

- 통신비용: 이것은 한 노드에서 다른 노드로 데이터 전송을 위해 걸리는 시간 및 비용이다.

- 신뢰성: 이것은 시스템 내의 통신회선 또는 노드가 고장이 날 때 나머지 노드들이 계속 통신을 할 수 있도록 보장해 주는 기능이다.

(1) 완전 연결 구조

완전 연결 구조는 그림9.4와 같이 시스템 내의 노드와 노드를 모두 연결하는 구조이다. 이 구조는 다른 노드와 직접 연결을 통하여 통신을 할 수 있으며, 통신 시 발생하는 비용은 노드 수의 제곱에 비례한다. 이 구조는 데이터 전송을 위해 단 한 번의 링크만 사용함으로써 통신이 매우 빠르고 신뢰성이 높다는 장점이 있으나, 많은 링크들로 인하여 고장이 날 경우 비용이 많이 든다는 단점이 있다.

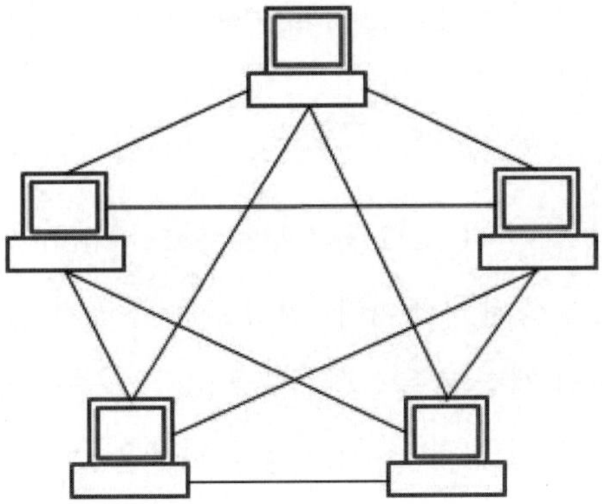

그림 9.4 완전 연결 구조

(2) 부분 연결 구조

부분 연결 구조는 각 노드 쌍들을 완전히 연결하는 구조가 아니라 그림9.5와 같이 노드와 노드들을 부분적으로 연결하는 구조이다.

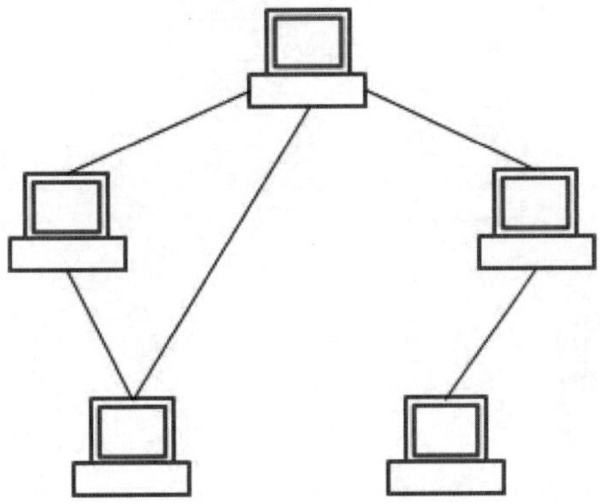

그림 9.5 부분 연결 구조

이 구조는 부분적으로 연결된 노드에 고장이 나면 통신문제가 발생하며, 여러 중간 노드들을 거쳐서 데이터 전송이 수행되므로 통신 속도가 떨어지는 문제가 있다. 일반적으로 부분 연결 구조는 완전 연결 구조에 비해서 신뢰성이 떨어지며, 전송속도가 느리다는 단점이 있으나, 모든 노드들을 거치지 않기 때문에 전송비용이 저렴하다는 장점이 있다.

(3) 계층 구조

계층 구조는 그림9.6과 같이 각 노드들이 부모 노드(Parent node)/자식(Child node) 노드의 트리 구조 형태로 구성된 구조이다. 이 구조는 우리가 윈도우즈 계열의 운영체제에서 흔히 사용하는 폴더의 개념과 유사한 구조이다. 예를 들어 하나의 부모 폴더에 또 다른 자식 폴더를 생성할 수 있고, 그 아래 사용자 파일들을 저장하는 형태와 같다. 계층 구조에서 최상위 노드를 루트 노드라 하며, 루트 노드 아래에 하위 노드들이 계층적으로 구성되게 된다. 루트 노드 아래의 하위노드는 자식노드의 부모가 될 수 있으며, 하나의 계층에 여러 개의 자식노드가 있을 경우, 이들 노드들을 형제 노드라 한다. 예를 들어 그림9.6에서 노드A는 최상위 노드인 루트 노드이며, 그 아래의 노드B와 노드E는 노드C, 노드D, 그리고 노드F의 부모 노드이며, 노드C, 노드D, 그리고 노드F는 형제노드이다.

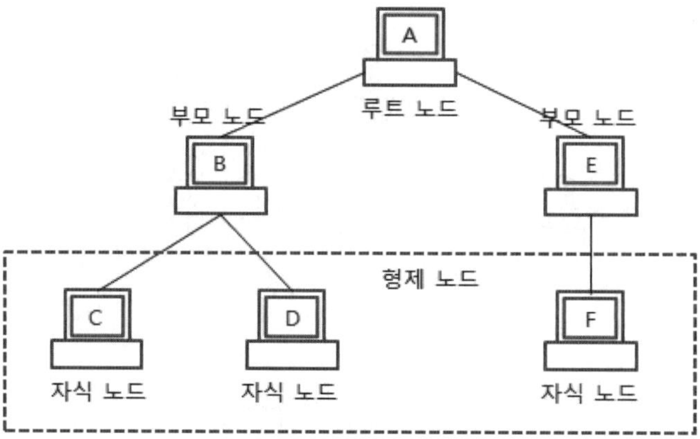

그림 9.6 계층 구조

계층 구조에서 부모 노드가 고장이 나면 자식 노드들은 다른 자식노드들과 더 이상 통신을 할 수 없다는 단점이 있으나, 부분 연결 구조보다 관리가 쉽고, 비용이 저렴하다는 장점이 있다.

(4) 성형 구조

성형 구조는 그림9.7과 같이 중앙의 노드를 중심으로 위성 노드들이 마치 스타형태로 구성된 노드 구조이다. 이 구조에서 중앙 노드와 위성 노드들은 서로 연결되어 있어 직접 통신이 가능하지만 위성노드들은 서로 연결되어 있지 않으므로 중앙 노드를 거쳐서 통신하게 된다.

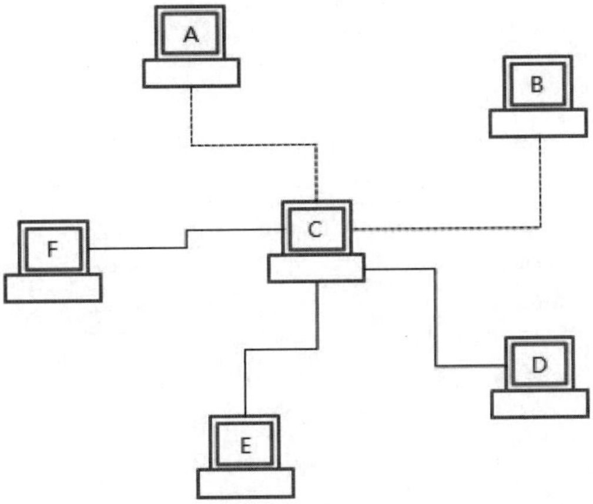

그림 9.7 성형 구조

예를 들어 그림9.7에서 노드A에서 노드B로의 메시지 전송은 노드A에서 중앙 노드C를 거쳐서 노드B로 전송이 수행된다. 성형 구조는 위성 노드들이 중앙 노드를 거치기 때문에 병목 현상이 발생되며, 이로 인하여 속도가 떨어지는 문제가 발생한다. 특히 중앙 노드가 고장이 나면 통신이 불가능해지고 전체 네트워크가 중단되는 문제가 발생할 수 있다. 성형 구조는 구조가 간단하며, 중앙노드 관리로 인하여 노드 관리가 용이한 장점이 있다. 또한 하나의 위성 노드가 고장이 나더라도 다른 위성 노드에게 영향을 주지 않는다.

(5) 링 구조

링 구조는 그림9.8과 같이 노드와 노드가 서로 인접하게 원형을 이루는 구조이며, 이 구조는 물리적인 연결 네트워크 기능으로 인하여 노드와 노드 간의 단 방향 또는 양 방향의 통신이 가능하다.

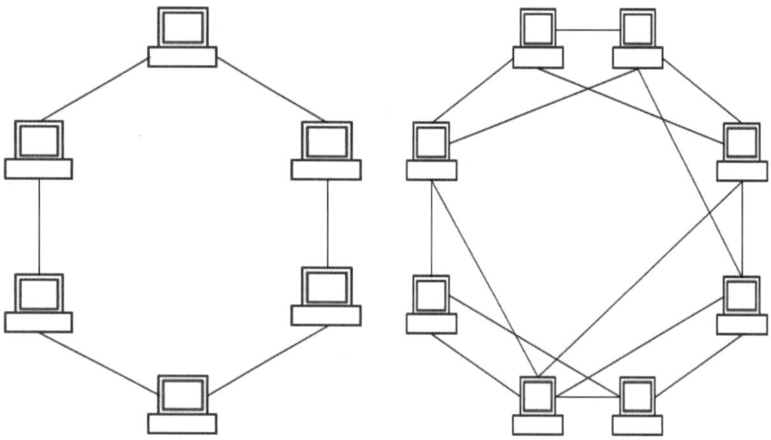

(a) 단 방향 링 구조 (b) 양 방향 링 구조

그림 9.8 링 구조

단 방향 통신은 한쪽 방향으로만 통신을 수행하는 방법이며, 양방향 통신은 양쪽 모두에게 통신을 수행하는 방법이다. 링 구조는 메시지가 하나의 노드에서 이웃 노드로 전송되기 때문에 공평한 서비스가 보장되며, 분산 제어 및 집중 제어가 가능하다. 그러나 하나의 노드에서 목적지 노드까지 링을 돌아야 하기 때문에 노드의 전송 시간이 길어지는 문제가 발생하며, 네트워크에 새로운 노드를 추가하고자 할 때에는 통신 회선을 절단해야 하는 문제가 발생한다.

(6) 다중접근 버스 구조

다중 접근 버스 구조는 그림9.9와 같이 단일 버스 구조와 다중 링 버스 구조로 구성되어 있으며, 단일 버스 구조는 하나의 버스에 모든 노드가 연결되어 있는 구조이다. 그리고 다중 링 버스 구조는 노드들이 링 버스 구조에 연결되어 있는 구조이다.

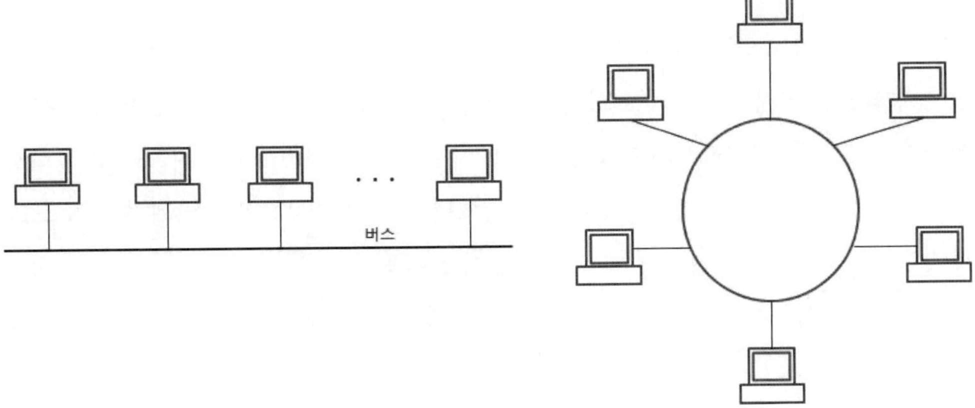

(a) 단일 버스 구조 (b) 다중 링 버스 구조

그림 9.9 다중 접근 버스 구조

다중 접근 버스 구조에서 하나의 노드가 고장이 날 때 다른 노드에게 영향을 주지 않지만 만일 버스 회선이 고장이 나면 네트워크가 분할되는 문제를 겪을 수 있다. 다중 접근 버스 구조는 통신 회선이 한 개이므로 물리적 구조가 간단하며, 노드의 추가/삭제가 용이하다. 또한 한 노드가 고장이 나도 전체 네트워크에 영향을 주지 않기 때문에 신뢰성이 높다는 장점이 있다. 그러나 통신 회선의 길이에 제약을 받으며, 모든 노드들이 데이터를 수신할 수 있어 통신 보안이 어렵다는 단점이 있다.

9.3.3 통신망에 따른 분류

분산처리 시스템은 지역적으로 서비스 되는 망(Network)의 범위에 따라 크게 광역 통신망 WAN(Wide Area Network) 모델과 근거리 통신망 LAN(Local Area Network) 모델로 구분된다. 광역 통신망 WAN은 국가 이상의 넓은 지역을 서비스하는 통신 망 구조이며, 근거리 통신망 LAN은 10Km 이내의 좁은 지역에서 서비스 되는 통신 망 구조이다. 광역 통신망 모델과 근거리 통신망 모델은 서비스 관점과 구조적 관점에서 차이가 있으며, 이들을 살펴보면 다음과 같다.

(1) 광역 통신망 모델

광역 통신망 WAN은 국가 이상의 넓은 지역을 서비스하는 망구조로서 자율성을 갖는 많은 수의 프로세서들을 가지고 있다. WAN은 각 사이트들이 지역적으로 넓게 분산되어 있기 때문에 네트워크상의 전송 오류가 많이 발생하며, 서비스 전송이 느리고 신뢰성이 낮은 문제점이 있다. 일반적으로 광역 통신망은 근거리 통신망에 비해 속도가 느리며, 호스트 사이의 먼 거리로 인해 전송 비용이 많이 든다. 따라서 광역 통신망을 설계하기 위해서는 연결 거리와 초당 전송되는 전송속도 등의 요소를 고려해야 한다. 광역 통신망의 전송속도는 초당 약 1200Byte에서 1MB 정도이며, 주로 전화선, 마이크로웨이브 링크, 그리고 통신 위성 채널 등이 광역 통신 망 유형에 속한다.

(2) 근거리 통신망 모델

근거리 통신망 LAN은 10Km 이내의 비교적 좁은 지역에서 통신 서비스를 수행하는 망구조로서 주로 빌딩 내 또는 사무실 환경에서 많이 사용된다. 근거리 통신망은 비교적 좁은 지역에서 통신 망 서비스가 수행되기 때문에 통신 링크는 일반 컴퓨터 네트워크보다 속도가 빠르며, 오류 발생률 또한 낮게 발생한다. 일반적으로 LAN은 장치들을 연결하는 형태, 즉 위상(Topology)에 따라 링형, 버스형, 스타형 등으로 분류되며, 컴퓨터, 단말 장치, 워드 프로세서, 팩시밀리, 전화선 등이 이 유형에 속한다.

연습문제

1 클라우드 분산처리란 무엇인가?

2 분산처리 시스템의 설계 목적에 대해서 간단히 설명하시오.

3 프로세서 모델에 따른 분산처리 기법에 대해서 설명하시오.

4 통신망에 따른 분산처리 기법에 대해서 설명하시오.

5 클라우드 컴퓨팅에 분산처리 기법이 사용되는 이유에 대해서 설명하시오.

제10장

클라우드 응용

10.1 인공지능(Artificial Intelligence) 클라우드

10.2 클라우드 빅데이터

10.3 IoT 클라우드

제10장

클라우드 응용

10.1 인공지능(Artificial Intelligence) 클라우드

10.1.1 인공지능

인공지능은 인간처럼 사고하고 행동하는 컴퓨터를 만들려고 하는 과정에서부터 출발하였으며, 컴퓨터 공학, 데이터 분석 및 통계, 하드웨어 및 소프트웨어 엔지니어링, 언어학, 신경과학은 물론 인문학 분야의 철학과 심리학을 포함한 여러 학문에 폭넓게 걸쳐 새롭게 떠오르는 학문분야이다. 우리가 인공지능이란 무엇인지에 대한 직관적인 예로는 몇 년 전 알파고와 인간과의 바둑대결을 살펴볼 수 있다.

사실 인공지능에 대한 연구는 오래전(1940년대 후반, 1950년대 초반의 수학, 철학, 공학, 경제 등 다양한 영역의 과학자들에게서 인공적인 두뇌의 가능성이 논의되면서 시작되었으며 1956년에 이르러 인공지능이 학문 분야로 인식됨)으로 거슬러 올라간다. 이 당시 인공지능은 주로 기계학습과 추론엔진을 통한 문제해결 방법이 중요한 연구방향이었으며, 이로 인하여 많은 연구자자들과 이용자들로부터 큰 관심을 받지는 못하였다. 이후 인공지능에 빅데이터가 결합한 형태의 융합기술이 도입되고 학습이론이 적용됨에 따라 인공지능 기술이 여러 분야에 주목을 끌기 시작했다.

인공지능은 일반적으로 인간의 지능이 필요하거나 인간이 분석할 수 있는 것보다 규모가 훨씬 큰 데이터(즉, 빅데이터)를 가공 및 처리하고 있으며, 추론, 학습 및 행동 등의 많은 기능을 포함하고 있다. 이처럼 인공지능은 학습, 창조, 이미지 인식 등과 같이 주로 인간지능과 연결된 인지문제를 해결하기 위한 분야에 적용되고 있으며, 최근에는 스마트센서, 사람이 생성한 콘텐츠, 모니터링 도구, 시스템 로그와 같은 다양한 소스에서 대량의 데이터를 수집하고 분석/처리하는 등 여러 복잡한 문제 해결을 위해 활용되고 있다.

인공지능의 목표는 빅데이터에 여러 학습 알고리즘(Learning Algorithm)을 적용하여 의미 있는 지식을 도출하는 것이며, 도출된 지식을 인간과 같은 방식으로 새로운 문제를 해결하는 데 도움을 주는 데 있다. 예를 들어 인공지능 기술은 사람의 대화에 의미 있게 반응하고, 독창적인 이미지와 텍스트를 만들고, 실시간 데이터 입력을 기반으로 결정을 내릴 수 있도록 하며, 이용자 조직은 애플리케이션에 인공지능 기술을 융합하여 비즈니스 프로세스를 최적화하고 고객 경험을 개선하는데 이용할 수가 있다.

인공지능 기술이 여러 분야에 적용되고 있는 예에서 보듯이 향후 다양한 산업분야에 광범위하게 적용될 것으로 예상되며, 인공지능이 제공하는 이점을 살펴보면 다음과 같다.

| 인공지능 사용이점 |

• 복잡한 문제 해결

인공지능 기술은 머신러닝(Machine Learning) 및 딥 러닝(Deep Learning) 등과 같은 학습 알고리즘을 이용하여 인간과 유사한 지능으로 복잡한 문제를 해결할 수 있으며, 인공지능은 패턴을 발견하고, 정보를 식별하고, 해답을 제시하는 등 대규모로 정보를 처리할 수 있는 기능을 제공한다. 또한 인공지능을 사용함으로써 법률 자문, 의료 진단, 비즈니스 분석과 같은 다양한 분야의 문제해결에 도움이 될 것으로 전망된다.

• 비즈니스 효율성 증대

인간과 달리 인공지능 기술은 성능저하 없이 연중무휴로 작동이 가능한 장점이 있으며, 인공지능 기술은 수동 작업을 오류 없이 수행할 수가 있다. 인공지능 기술은 반복적이고 지루한 작업을 집중적으로 처리할 수 있으며, 또한 다른 영역의 인적 자원을 활용하여 비즈니스의 처리효율을 향상시킬 수 있다. 이처럼 인공지능 기술을 사용하면 모든 비즈니스 관련 태스크를 간소화하는 동시에 직원의 업무량을 줄이는데 도움이 된다.

• 보다 스마트한 의사결정

인공지능은 학습 알고리즘을 사용하여 인간보다 더 빠르게 대량의 데이터를 분석하는 기능을 제공하며, 인공지능 플랫폼을 통해서 현재의 흐름을 스마트하게 파악하고, 데이터를 분석함으로써 보다 스마트한 의사결정을 내릴 수 있도록 지원한다. 이처럼 인공지능은 스마트한 데이터 예측을 통해서 향후 의사결정을 위한 방법으로 제공된다.

- 비즈니스 프로세스 자동화

인공지능은 머신 러닝, 딥 러닝 등과 같은 다양한 학습 알고리즘을 적용함으로써 태스크를 정확하고 빠르게 수행하게 되며, 이러한 기능을 통하여 복잡하거나 지루한 비즈니스 작업을 자동화하여 운영 효율성을 높일 수 있다. 또한 이러한 기능을 통하여 더 복잡하고 창의적인 작업을 수행할 수가 있다.

(1) 인공지능 학습모델

인공지능 관점에서 복잡한 문제해결 및 스마트한 의사결정을 위해서는 학습과정이 매우 중요하며, 데이터 학습을 위해 사용되는 학습모델을 살펴보면 다음과 같다.

| 인공지능 학습모델 |

- 지도학습

지도학습은 features와 같은 특징이 지정된 구조화된 학습 데이터를 사용하여 특정 입력을 출력에 매핑하는 기계학습(머신러닝) 모델이다. 예를 들어 고양이 사진을 인식하는 알고리즘을 훈련시키기 위해서는 고양이라는 특징을 지정하여 학습시키는 것과 같은 학습방법이다.

- 비지도학습

비지도 학습은 features와 같은 특징이 지정되지 않은 데이터를 기반으로 패턴을 학습하는 기계학습(머신러닝) 모델이다. 이 모델은 지도학습 모델과 달리 최종 결과를 사전에 알 수 없다는 점이다. 이 모델은 학습 알고리즘이 데이터에서 학습된 속성을 기반으로 그룹을 분류하게 된다. 비지도 학습은 패턴 일치 및 설명 모델링에 적합한 학습기법이다.

• 강화학습

강화학습(Reinforcement Learning)은 최적의 결과를 얻기 위한 결정을 내리도록 소프트웨어를 훈련시키는 기계학습(머신러닝) 모델로써 인간이 목표를 달성하기 위해 사용하는 시행착오 학습 과정을 모방한 학습모델이다. 즉, 강화학습은 컴퓨터 에이전트가 역동적인 환경에서 반복적인 시행착오 상호작용을 통해 작업 수행 방법을 학습하는 머신러닝 기법의 한 유형이다. 이러한 학습 접근법을 통해서 에이전트는 작업 수행을 위한 명시적인 프로그래밍 없이도 작업에 대한 보상 메트릭을 최대화할 수 있게 된다. 강화학습 모델은 최근 딥러닝 및 계산능력의 발전으로 인해 인공 지능의 여러 분야에 광범위하게 적용되고 있다.

(2) 인공신경망

신경망은 인간의 뇌와 비슷한 뉴런의 구조를 이용한 모델로써 데이터 분류 및 분석을 위해 '퍼셉트론'이라 하는 인공 뉴런을 사용한다. 분석처리를 위한 데이터는 신경망의 첫 번째 레이어에 제공되고, 각 퍼셉트론은 결정을 수행한 후 이 정보를 다음 레이어의 여러 노드에 전달하게 된다. 레이어가 3개를 초과하는 경우 이러한 학습 모델을 '심층신경망' 또는 '딥 러닝'이라 하며, 최근의 최신 신경망에는 수백 또는 수천 개의 레이어들이 존재하기도 한다. 최종 퍼셉트론의 출력은 객체를 분류하거나 데이터에서 패턴을 찾는 데 이용되며, 인공지능에서 지식추론을 위해 사용되는 인공신경망의 유형을 살펴보면 다음과 같다.

| 인공신경망 유형 |

• 순방향 신경망

순방향 신경망(FF)은 가장 오래된 형태의 신경망 구조중 하나로써 출력이 달성될 때까지 데이터가 인공 뉴런 층을 따라 한 방향으로만 처리되는 망구조이다. 오늘날 대부분의 순방향 신경망은 여러 레이어로 구성된 '다층 순방향' 구조이며, 일반적으로 순방향 신경망은 '역전파'라는 오류 수정 알고리즘과 함께 사용되고 있다. 즉, 이 망구조는 신경망의 결과로 시작해서 처음부터 다시 작동하여 오류를 찾아 신경망의 정확도를 향상키는 구조이다.

• 순환 신경망

순환 신경망은 일반적으로 시계열 데이터 또는 시퀀스와 관련된 데이터를 사용한다는 점에서 순방향 신경망 구조와 다르며, 순환 신경망은 현재 레이어의 출력에 따라 이전 레이어에서 발생한 이벤트들을 메모리에 저장한다. 예를 들어 자연어 처리를 수행할 때 순환 신경망은 문장에 사용되는 다른 단어를 미리 사용할 수가 있다. 순환 신경망은 음성 인식, 번역 및 자막 이미지 등에 주로 사용되고 있다.

• 장/단기 메모리

장/단기 메모리는 메모리를 사용하여 이전 레이어에서 발생한 작업처리를 기억하는 순환 신경망 구조형태 중의 하나이다. 순환 신경망과 장단기 메모리의 차이점은 장단기 메모리는 메모리 셀을 이용하여 여러 레이어 전에 발생한 작업처리를 기억한다는 점이며, 이 구조는 음성 인식 및 예측에 주로 사용되고 있다.

• 컨볼루셔널 신경망

컨볼루셔널 신경망은 최근 인공지능에서 사용되는 신경망 구조의 일부로써 이 구조는 컨볼루셔널 레이어 및 풀링 레이어를 사용하여 이미지를 필터링하는 기능을 수행한다.

• 생성적 적대 신경망

생성적 적대 신경망 구조는 출력의 정확성을 개선하기 위해 사용되는 망구조로써 이 구조는 2개의 신경망이 서로 경쟁하여 정확성을 유도한다. 이 구조는 사실적인 이미지를 만들고 예술을 창조하는 분야에 주로 이용되고 있다.

10.1.2 인공지능(AI) 클라우드

AI 클라우드(Artificial Intelligence Cloud)는 클라우드 컴퓨팅과 AI를 융합한 기술로써 AI를 클라우드 컴퓨팅과 병합하여 AI 도구, 알고리즘 및 클라우드 서비스를 지원하는 클라우딩 기법이다. AI 클라우드를 통해 기업은 머신러닝, 자연어 처리, 컴퓨터 비전 등 AI의 잠재력을 최대한 활용할 수 있으며, 인공지능과 클라우드의 융합은 기업에 경쟁 우위 제공과 다양한 장점을 제공하게 된다.

AI 클라우드의 주요 이점은 광범위한 데이터 집합과 빅데이터를 빠르고 효율적으로 처리할 수 있다는 점이며, 이러한 이점은 기계 학습 알고리즘을 통해 대규모 데이터 저장소 내에 감춰진 패턴과 통찰력을 찾아낼 수 있기 때문에 전자상거래, 은행, 의료, 법률 서비스, 주식거래 등 다양한 데이터 중심 산업에 적용되고 있다. 또한 이러한 분석 기능을 통해서 기업체는 데이터 기반 통찰력을 바탕으로 중요한 의사결정을 효율적으로 수행할 수 있는 장점을 제공하게 된다.

이밖에도 AI 클라우드는 AI 기반의 알고리즘을 배포하여 지루하고 반복적인 작업을 자동화할 수 있으며, 이러한 자동화 기능을 통해서 효율성이 향상되고 수작업 의존도를 줄이는 효과를 제공하게 된다. 이는 결과적으로 비용 절감의 효과와 생산성 향상이라는 결과를 가져오게 된다.

AI 클라우드의 실시간 기능은 챗봇을 통한 신속한 고객 서비스에서부터 생산 프로세스 자동화에 이르기까지 여러 애플리케이션 분야에 중요한 역할을 하며, 기업의 관점에서는 기업의 혁신을 제공하는 기능을 수행한다. 일반적으로 기업에 AI 클라우드를 사용하면 AI 기반 조직이 클라우드 컴퓨팅의 확장성, 유연성 및 접근성을 활용하여 역동적이고 혁신적인 기업 생태계를 조성할 수가 있게 되며, 이러한 기능은 결과적으로 기업의 비즈니스 환경을 바꾸는 중요한 역할을 하게 되며, AI 클라우드가 제공하는 중요한 기능을 살펴보면 다음과 같다.

| AI 클라우드 기능 |

• AI 애플리케이션 중앙관리

AI 클라우드 솔루션은 AI 애플리케이션을 중앙 집중식으로 관리하고 제어하는 기능을 제공하며, 필요에 따라 AI 프로젝트를 관리하고, 진행 상황을 모니터링하고, 리소스를 할당하는 기능을 수행한다. 이러한 기능을 통해서 AI 프로젝트가 체계적이고 효율적으로 관리되고 유지되게 된다.

• 기 구축 AI 모델 이용

클라우드 서비스는 비즈니스 과제를 해결하기 위해 기 구축 AI 모델을 사용할 수가 있으며, 이러한 모델은 자연어 처리, 이미지 인식 등 다양한 애플리케이션에 적용되고 있다. 이 모델은 개발 시간과 비용을 절약하기 위한 목적으로 주로 사용된다.

• 맞춤형 AI 솔루션 제공

AI 클라우드 플랫폼을 사용하면 기업체 요구에 알맞는 맞춤형 AI 솔루션 제공이 가능하며, 이러한 기능을 이용하여 특정 문제에 대한 AI 모델과 앱을 개발할 수가 있다. 또한 맞춤형 AI 솔루션은 기존의 솔루션으로 해결할 수 없는 문제를 해결할 수 있는 장점을 제공한다.

• 데이터 지향 의사결정 지원

AI 클라우드 서비스는 AI를 활용한 데이터 분석기능을 수행하며, 대규모 데이터 세트를 처리하고 통찰력 있는 정보를 도출하는 기능을 수행한다. 또한 AI는 고객 행동패턴을 발견하고, 수요를 예측하고, 운영 불규칙성을 찾아낼 수 있기 때문에 기업의 의사결정을 수행하는데 이용된다.

• 프로세스 최적화와 자동화

AI 클라우드는 단순하고 지루한 작업을 효율적으로 처리하는 기능을 제공하며, 고객 서비스의 기본 질의를 제공함으로써 처리의 최적화를 제공한다. 이 기능은 산업 프로세스를 간소화하고 가동 중지시간을 줄이고 생산성을 향상시키는 분야에 효과적이다.

• 위험요소 완화 및 보안강화
AI 클라우드 서비스는 보안과 위험요소를 줄이는데 크게 기여하며, AI 알고리즘은 네트워크 트래픽 불규칙성과 위협을 실시간으로 식별하고 관리하는 기능을 제공한다. 이러한 기능은 중요한 기업 데이터를 보호하고 원활한 운영을 보장하는 기능을 수행한다.

• 비용과 자원 최적화 제공
AI 클라우드는 운영의 자동화와 자원할당 기능을 통하여 운영비용을 절감한다. 그리고 클라우드 컴퓨팅 인스턴스는 사용한 만큼만 비용을 지불하도록 스케줄 되며, 이러한 기능을 통하여 관리비용과 운영비용을 줄일 수 있게 된다.

이처럼 AI 클라우드에서 클라우드 컴퓨팅은 인터넷 또는 클라우드를 통해 컴퓨팅 서비스가 제공되며, 클라우드 컴퓨팅을 통해서 제공되는 서비스에는 서버, 데이터베이스, 소프트웨어, 네트워킹 및 분석 등이 있다. 따라서 AI 클라우드 컴퓨팅은 조직이 사용한 만큼만 비용을 지불하기 때문에 비용이 절감된다는 점이며, 관리 측면에서 인공지능 기술이 적용되기 때문에 관리가 효과적이라는 점이다.

10.2 클라우드 빅데이터

10.2.1 빅데이터(Big Data)

최근에 국내외 많은 기업들은 고객의 행동, 습관, 선호도를 분석하여 기업경영에 반영하기 위하여 빅데이터를 수집하고 관리한다. 빅데이터는 기업의 경영개선과 마케팅 전략에 도움이 되며, 이러한 기업경영에 도움을 제공하는 기술로 빅데이터와 클라우드 컴퓨팅이 제시되고 있다. 빅데이터 관점에서 오늘날 우리는 매일 다양한 소스에서 엄청난 양의 데이터가 생성되고 있음을 경험하고 있으며, 생성된 데이터는 크기가 너무 크고 방대해서 기존의 분석처리 방법으로는 처리가 복잡하며 또한 이러한 데이터는 규모가 클 뿐만 아니라 빠르게 이동하고 다양성도 뛰어나다는 특징이 있다. 이러한 데이터의 특징을 처리하는 기술이 빅데이터이며, 빅데이터는 대량의 데이터를 저장, 분석, 처리하는 기술이다. 즉 빅데이터란 디지털 환경에서 생성된 문자, 영상, 수치, 정형 및 비정형 데이터 등의 대규모 데이터로써 데이터의 특징을 분석하여 결과를 도출해 내는 기술을 말한다.

일반적으로 빅데이터 환경에서 생성된 데이터는 생성주기도 짧고, 문자 및 영상 등의 데이터가 대규모적이며, 디지털화 속도가 가속화됨에 따라 20~30년 전에는 생산된 정보의 1%만이 디지털 정보였다면 이제는 생성된 정보의 94% 이상이 디지털 정보임을 알 수가 있다. 이러한 디지털 정보는 휴대폰, 서버, 사물 인터넷의 센서 장치, 그리고 소셜네트워크 등에서 폭발적으로 생성되고 있으며, International Data Group의 보고에 따르면 전 세계 데이터 량은 2020년부터 2025년까지 44제타바이트에서 163제타바이트로 기하급수적으로 증가할 것으로 예측하고 있다. 통계에 따르면 하루에 생성되는 데이터양은 약 44제타바이트(44×1021바이트)로써 이는 매초 1인당 1.7MB의 데이터가 생성됨을 의미한다 [3].

그림10.1은 글로벌 빅데이터의 증가추세를 보여주고 있으며, 그림에서 보듯이, 2015~2020도 까지는 해마다 증가율이 작아졌지만, 2020년 이후에는 증가율이 크게 늘어났음을 알 수 있다.

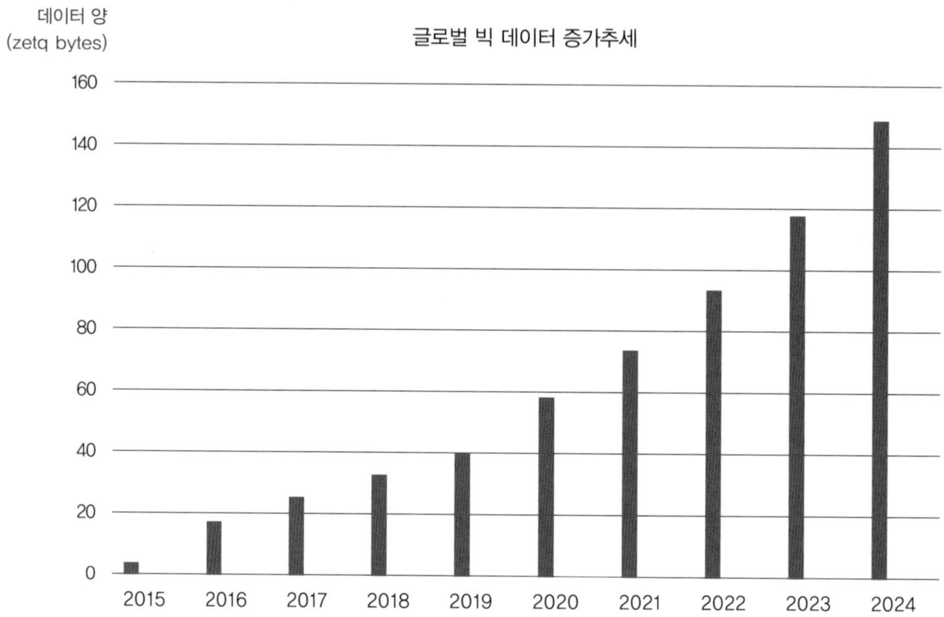

그림 10.1 글로벌 빅데이터 증가추세 [출처: 3, 4]

글로벌 빅데이터 증가추세에 따르면 Snapchat 사용자는 매분 527,760장의 사진을 공유하고, 120명 이상의 전문가가 LinkedIn에 가입하고, 4,146,6000개의 YouTube 동영상을 사용자가 시청하고, 456,000개의 Twitter를 전송하고 있으며, Instagram 사용자가 46,740장의 사진을 업로드하고 있음을 알 수 있으며[5], Facebook을 통하여 매일 3억 개가 넘는 글과 사진이 업로드되고, 510,000개 이상의 댓글이 게시되고, 매분 293,000개의 상태가 업데이트되고 있음을 보여주고 있다.

이처럼 빅데이터는 Facebook 및 소셜미디어뿐만 아니라 주요 도로와 공공건물은 물론 심지어 아파트 엘리베이터 안에 설치된 CCTV의 영상 정보 등 일상 활에서 사용되고 있는 모든 정보까지를 포괄적으로 포함하고 있다. 따라서 빅데이터는 기존에 저장되어 있는 정보 및 데이터는 물론, 민간 기업체에서 축적된 데이터, 그리고 공공의 데이터까지 그 규모와 범위는 다양하며, 일상생활 속의 데이터까지 빅데이터화 함으로써 이용도와 중요성이 더 커질 것으로 예상된다.

10.2.2 빅데이터 특징

빅데이터의 특징은 볼륨(Volume), 속도(Velocity), 다양성(Variety)의 3V로 요약되며, 이 중에서 볼륨은 데이터 크기를 결정하는 속성 또는 특성으로써 일반적으로 테라바이트 또는 페타바이트의 크기를 가지고 있다. 예를 들어, 페이스 북은 많은 사용자 수로 인하여 약 2,500억 장의 사진과 2조 5천억 개가 넘는 사용자 게시물이 저장되며, 이는 저장하고 처리해야 하는 데이터 량이 매우 많다는 것을 의미한다. 볼륨은 빅데이터의 가장 대표적인 특징이며 [8], 그림10.2는 빅데이터의 3가지 특징을 보여주고 있다.

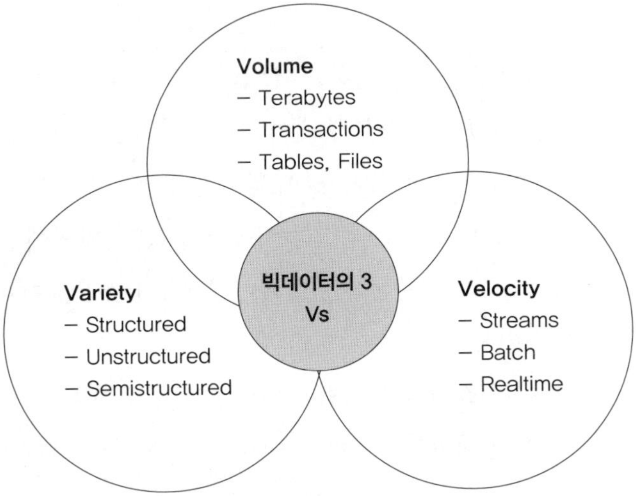

그림 10.2 빅데이터의 3Vs

속도는 데이터가 생성되는 정도 또는 생성된 데이터를 처리하고 분석하는 속도를 나타낸다 [8]. 예를 들어, 페이스북 사용자는 하루에 9억 개가 넘는 사진을 업로드하며, 이는 초당 약 104개의 사진을 업로드하는 수치이며, 그림10.3은 다양한 소스에서 생성된 데이터 생성 속도를 보여주고 있다. 그림에서 보듯이 소셜 미디어와 사물 인터넷(IoT)이 가장 큰 데이터를 생성하고 있으며, 이러한 추세는 향후 점점 더 증가할 것으로 예상된다.

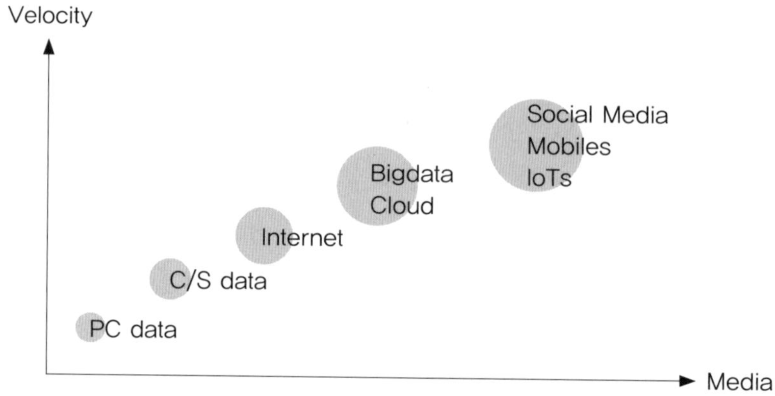

그림 10.3 데이터 생성속도

빅데이터에서 데이터 생성속도를 결정하는 데이터 처리에는 일괄처리 방식과 스트림 방식의 두 가지가 있으며, 일괄 처리방식은 데이터를 일정기간 모아두었다가 모아둔 데이터를 데이터 블록에서 처리하는 방식이다. 이 방식은 일정기간 동안 모아둔 데이터의 크기로 인해 처리하는 데 시간이 더 오래 걸리는 단점이 있다. 반면에 스트림 처리방식은 실시간으로 데이터를 처리하고 분석하는 방식이며, 즉 이 방식은 데이터가 도착하는 대로 즉시 처리하는 방식이다.

끝으로 다양성은 다양한 소스에서 생성되는 다양한 유형의 데이터를 의미하며, 빅데이터는 일반적으로 트랜잭션 데이터, 스프레드시트, 관계형 데이터베이스 등과 같은 구조화된 정형 데이터, Extensible Markup Language - XML, 웹 서버 로그 등과 같은 반 구조화된 반 정형 데이터, 그리고 소셜 미디어 게시물, 오디오, 이미지, 비디오 등과 같은 비 구조화된 비정형 데이터 등으로 구성된다. 특히 최근에는 데이터에 대한 데이터를 나타내는 메타데이터도 빅데이터로 간주하고 있으며, 오늘날 생성된 데이터의 약 80% 이상이 비정형 데이터 범주에 속하고 있다.

최근에는 3가지 특징에 가치(Value) 및 복잡성(Complexity)을 추가하여 5가지 요소로 특징을 나타내기도 하며(O'Reilly Radar Team, 2012), 다양하고 방대한 규모의 빅데이터는 미래 경쟁력의 우위를 좌우하는 중요한 자원으로 인식되어 그 중요성이 날로 증가하고 있다.

따라서 기업의 관점에서 빅데이터 활용은 고객의 행동을 미리 예측하고 대처방안을 마련해 기업경쟁력을 강화시키고, 생산성 향상과 비즈니스 혁신을 가능케 할 것으로 보이며, 국가기관 및 공공의 관점에서 빅데이터는 국가와 국민이 요구하는 신뢰성 있는 서비스를 제공할 수 있는 기회가 될 것으로 보인다.

10.2.3 빅데이터 처리

빅데이터 처리는 데이터 마이닝, 기계학습, 자연어 처리, 그리고 패턴인식처리 방식이 주로 사용되고 있으며, 대규모 데이터 처리를 위한 하둡(Hadoop)과 그리고 유연한 질의처리를 위해 NoSQL이 사용되고 있다. 데이터 처리 관점에서 빅데이터는 기존 데이터 처리방식과는 다르며, 기존 데이터 처리방식에서는 먼저 데이터를 탐색한 다음 모델 설계와 데이터베이스 구조를 생성한 후 데이터 처리를 진행한다. 그러나 빅데이터 처리방식에서는 파일, 시스템, 센서 및 웹과 같은 여러 다중 소스로부터 데이터를 수집하는 과정에서부터 분석 및 처리가 시작되며, 그림10.4는 빅데이터 분석 및 처리과정을 보여주고 있다.

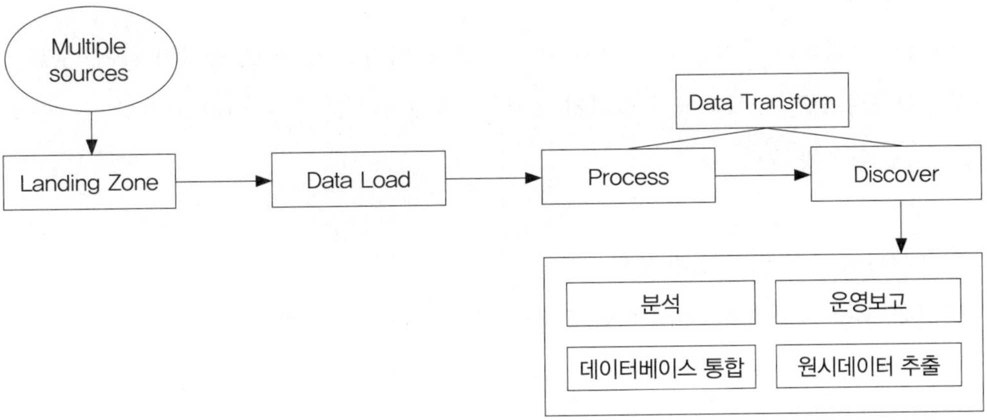

그림 10.4 빅데이터 분석 및 처리과정

빅데이터는 데이터의 량, 다양성 및 속도를 처리하는 매체인 랜딩 존에 먼저 저장되며, 랜딩 존에 저장된 데이터는 일반적으로 분산 파일 시스템 구조이다. 데이터가 저장된 후에는 효율성과 확장성을 유지하기 위해 이들 데이터를 변환한 후 처리하며, 이후 특정 분석 작업, 운영 보고, 데이터베이스 통합 및 원시 데이터 추출 과정을 거치게 된다.

데이터 분석과정과 처리는 ETL(추출, 변환, 로드)과 ELT(추출, 로드, 변환)로 구분되어 수행되며, ETL(Extract, Transform, Load) 방식은 데이터 소스에서 데이터를 추출하여 변환을 수행한 후 이를 데이터 웨어하우스에 로드하여 보고서와 질의를 수행하는 방식이다. 이 방식은 많은 I/O 처리 및 문자열 처리, 그리고 변수 변환 및 데이터 구문분석을 해야 하는 단점이 있다.

반면에 ELT(Extract, Load, Transform) 방식은 추출 및 변환과정을 온프레미스 서비스에서 수행하는 것이 아니라 클라우드로 수행하는 방식이다. 이 방식은 다양한 데이터 웨어하우징 솔루션에 사용되기 때문에 데이터 스테이징이 필요하지 않은 장점을 가지고 있다. ELT는 ETL에 비해 많은 장점을 가지고 있으며, 한 가지 중요한 장점은 모든 형식의 데이터가 출시되는 즉시 수집이 가능하다는 점이다. 또 다른 장점으로는 특정 분석에 필요한 데이터만 변환이 가능하다는 점이다. 그러나 ETL 경우에는 이전 구조가 새로운 유형의 분석을 허용하지 않는 경우 OLAP의 전체 파이프라인과 데이터 구조를 수정해야 하는 문제가 발생한다.

이처럼 빅데이터 처리는 기술 산업 외에도 의료, 거버넌스, 소매, 공급망 관리, 교육분야 등의 광범위한 데이터를 포함하고 있으며, 빅데이터 분석 및 처리의 장점을 간단히 살펴보면 다음과 같다.

| 빅데이터의 분석 및 처리장점 |

- 인터넷, 온라인 쇼핑 사이트, 소셜 미디어, 데이터베이스, 외부 제3자 소스 등 다양한 소스로부터 데이터 추출 및 축적이 용이하다.
- 대규모 데이터 세트의 처리가 용이하다.
- 시스템 및 업무 프로세스 관련 이슈를 실시간으로 파악하기가 용이하다.

• 고객의 기대를 충족하거나 초과하는 서비스/제품 제공이 용이하며, 고객의 요청, 질의, 불만사항에 실시간 대응이 용이하다.

10.2.4 클라우드 빅데이터

관계형 데이터베이스 관리 시스템과 기타 기존 시스템에서는 빅데이터를 분석하고 처리하는 데에 있어서 많은 어려움을 겪고 있다. 이러한 이유로써 빅데이터 기술이 등장하였으며, 빅데이터는 데이터의 량뿐만 아니라 데이터를 처리하고 분석하는 새로운 기술이다. 클라우드 컴퓨팅은 빅데이터 기술과 융합하여 데이터 저장, 처리 및 분석을 용이하게 지원하고 있다.

클라우드를 사용할 경우 다양한 공급업체에서 제공하는 거의 무제한의 스토리지와 컴퓨터 성능을 경험할 수 있으며, IaaS, PaaS, SaaS 등과 같은 서비스 플랫폼은 빅 데이터를 보다 더 쉽고 빠르게 처리하는 데 접근할 수 있다. 클라우드 컴퓨팅은 빅데이터를 저장하고 분석하기 위한 주문형 스토리지, 컴퓨팅 리소스, 도구를 제공하고 있으며, 따라서 클라우드 컴퓨팅과 빅데이터 융합은 매우 중요한 기술로 등장하고 있다. 이처럼 클라우드 컴퓨팅에 빅데이터가 등장하면서 빅데이터 분석 프로세스는 더욱 효과적인 방향으로 전환되고 있으며, 기업의 경우 클라우드 기반의 빅데이터 분석을 위해 IaaS, PaaS, SaaS의 세 가지 유형의 클라우드 서비스 플랫폼 중의 하나를 선택하고 있다.

빅데이터 관점에서 클라우드 분석은 본질적으로 조직의 온프레미스 시스템이 아닌 빅데이터 클라우드에 데이터를 저장하고 분석하는 과정을 의미하며, 여기에는 빅 데이터 분석을 포함하여 클라우드에 호스팅 된 모든 유형의 데이터 분석과정이 포함된다. 그리고 클라우드 관점에서 빅데이터 수집은 스마트 장치, 웹 사이트, 소셜 미디어 등과 같은 다양한 소스에서 정형 데이터 및 비정형 데이터 모두를 포함하고 있다. 정형 데이터 및 비정형 데이터가 수집된 후에는 이들 데이터를 분석하고 저장하는 단계가 수행되며, 그런 다음 빅 데이터 클라우드 제공업체의 빅 데이터 클라우드 도구를 사용하여 데이터를 처리하게 된다. 클라우드 빅데이터 처리는 빅데이터 클라우드 아키텍처에 의해 수행되며, 그림10.5와 같다.

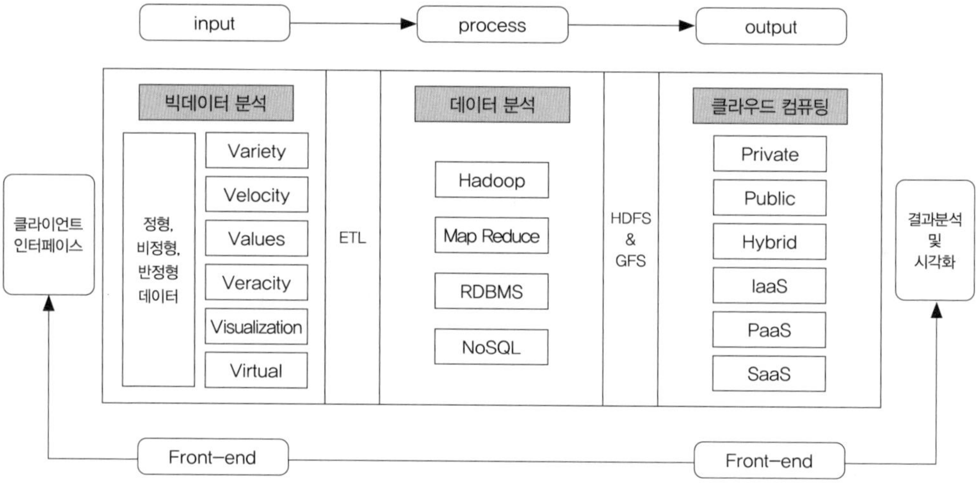

그림 10.5 클라우드 빅데이터 처리과정

그림에서 보듯이 클라우드 빅데이터 처리는 input, process, output처리 과정에 의해서 수행되며, input 과정에서는 빅데이터 분석, process 과정에서는 데이터 분석, 그리고 output 과정에서는 클라우드 컴퓨팅 과정을 수행한다. 이들 클라우드 빅데이터 처리과정은 클라우드 컴퓨팅과 빅데이터가 함께 사용되는 방식을 이해하는 데 도움이 되며, 빅데이터 분석 및 처리에 도움이 된다. 이러한 빅데이터를 처리하는 데 사용되는 솔루션으로는 AaaS(Analysis as a Service) 서비스플랫폼이 사용되고 있으며, AaaS는 분석 소프트웨어 및 절차를 제공하는 빅 데이터 클라우드 솔루션이다. AaaS는 기계 학습 알고리즘, AI, 예측 분석, 데이터 마이닝 등과 같은 고급 데이터 분석 기술이 포함되어 있어 데이터의 흐름을 분석하는데 유용하게 사용되고 있다.

10.2.5 클라우드 빅데이터 장단점

클라우드 빅데이터가 제공하는 장단점을 살펴보면 다음과 같다.

| 클라우드 빅데이터 장점 |

• 확장성

클라우드 빅데이터 기술은 필요에 따라 규모의 확장과 축소가 용이하며, 예를 들어 데이터 크기와 양이 증가할 때 클라우드 기반의 빅 데이터 솔루션 제공업체에 클라우드 스토리지 확장을 쉽게 요청할 수 있다. 이처럼 빅데이터 클라우드 서버는 기업이 고객 요구에 보다 효율적으로 대응할 수 있도록 도와준다.

• 효율성 제공

빅데이터 분석을 위한 클라우드 컴퓨팅은 효율적인 처리 능력을 제공하며, 클라우드 컴퓨팅 환경에서 온프레미스 시스템에 비해 빅데이터 처리를 보다 더 효율적으로 수행한다.

• 비용절감

클라우드, 빅데이터 클라우드 기술은 클라우드 서비스 제공업체가 모든 책임을 지기 때문에 비용발생이 크지 않다. 또한 클라우드 빅데이터는 종량제 모델을 기반으로 서비스가 수행되므로 비용이 절감된다.

• 재난복구

빅데이터를 위한 클라우드 컴퓨팅은 재해로부터 조직을 보다 더 빠르게 복구하는 기능을 제공한다.

| 클라우드 빅데이터 단점

• 보안위협

• 인터넷 연결

10.3 IoT 클라우드

10.3.1 IoT(사물 인터넷)

사람과 사물, 사물과 사물 간의 대화가 된다면 어떨까? 우리는 이러한 생각을 한 번쯤은 해 보았을 것이고, 이런 세상이 오기를 꿈꾸기도 했다. 그런데 이런 꿈이 사물 인터넷(Internet of Things)이라는 기술로 현실화되었다. 이제 사물 인터넷은 우리 생활도처에 이용되고 있으며, 우리 생활의 한 축을 담당할 것으로 예상된다. 사물 인터넷은 사물 또는 기기(Device)에 센서를 부착해 인터넷을 통하여 실시간으로 데이터를 주고받는 기술을 말하며, 우리 주변에서 이러한 사물 인터넷의 적용 사례들을 쉽게 볼 수 있다. 구글의 스마트 안경 '구글 글래스' 및 나이키의 건강관리용 스마트 팔찌 '퓨얼밴드'는 대표적인 예이며, 이처럼 사물 인터넷은 우리 곁에 가까이 다가와 있음을 실감할 수 있다.

사물 인터넷은 지금까지 우리가 경험한 인터넷 서비스와는 다르며, 사물 인터넷 시대가 열리면 인터넷에 연결된 기기는 사람의 도움 없이도 서로 알아서 정보를 주고받을 수 있으며, 대화할 수도 있다. 무엇보다 사물 인터넷은 스마트 기술과 융합되어 보다 똑똑한 기술로 진화될 것으로 전망되며, 스마트 냉장고의 경우, 내부에 보관된 식료품들의 유통기한 자동 감지, 기한이 임박한 식재료가 있는지 없는지 등의 정보를 사용자에게 알려주는 기능, 부족한 식재료를 원터치로 주문하는 기능 등의 정보가 제공되며, 스마트 에어컨의 경우에는 더운 여름날 운전자가 자동차 근처에 다가가면 자동으로 에어콘이 켜지게 함으로써 자동차 실내 온도를 쾌적하게 조절하는 기능 등의 정보를 제공한다. 그리고 스마트 가전 홈의 경우에는 스마트폰을 통해서 집 밖에서도 집안의 전등 소등 및 가전의 상태를 파악할 수 있으며, 인터넷을 통해 냉장고, 세탁기, 그리고 가스 등의 상태를 원격으로 감시하고 제어할 수도 있다 [출처: 네이버 지식백과, 사물인터넷].

사물 인터넷은 이처럼 여러 사물에 정보통신 기술이 융합되어 인터넷을 통하여 데이터를 실시간으로 주고받는 기술이며, 인터넷을 기반으로 모든 사물을 연결하여 사람과 사물, 사물과 사물 간의 정보를 상호 소통하는 지능형 기술 및 서비스를 말한다. 즉, 사물 인터넷이란 다양한 사물들이 센서 및 네트워크 접속 기능을 가지고서 데이터의 생성 및 상호 교환을 수행하는 기술을 말하며, 최근에는 일상적으로 이용하는 각종 생활도구에 사물 인터넷 기술이 폭넓게 적용되고 있다. 이러한 사물 인터넷 기술을 구현하기 위해서는 사물의 아이디와 IP주소를 알아야 하며, 사물끼리 통신을 수행하는 센싱 기술이 요구된다. 센싱 기술은 사물과 사물, 기기와 기기끼리 통신을 수행하는 기술로써 이 기술은 센서 네트워크를 통해서 정보를 수집·처리·관리하고 정보전송을 위한 환경을 지원한다. 이를 위한 구현기술로는 WLAN, WPAN 등과 같은 근거리 통신기술, 4G, 5G 등과 같은 이동 통신기술, 그리고 이더넷, BcN 등과 같은 유선 통신기술이 사용되고 있다 [출처: 네이버 지식백과, 사물인터넷 (Internet of Things), 사물과 사물이 인터넷으로 대화를 나눈다, 이지영].

이처럼 사물 인터넷 기술은 여러 분야에서 광범위하게 적용되고 있으며, IDC의 발표에 따르면 오는 2025년에 사물 인터넷 등에서 발생하는 디지털 데이터의 총량은 170ZB(1ZB는 약 1 조GB)에 이를 것으로 보고하고 있다. 이는 2015년 대비 17배에 증가한 수치이며, 사물인터넷 시대가 열리면서 데이터의 생성속도와 양이 폭발적으로 증가함을 알 수 있다 [출처:IT동아, 2020].

이러한 이유로는 저렴한 컴퓨터 칩과 고 대역폭 통신의 출현 덕분이며, 따라서 사물인터넷은 일상용품, 가전, 자동차 및 기계와 같은 일상적인 모든 분야에서 폭넓게 사용됨을 암시하고 있다.

10.3.2 IoT 구성요소

IoT는 실시간 데이터 수집 및 교환과정을 통해서 수행되며, IoT를 구성하는 구성요소를 살펴보면 다음과 같다.

| IoT 구성요소 |

• 스마트 디바이스(Smart Device)

스마트 디바이스는 스마트 프로세싱을 수행하는 프로세서가 부착된 스마트 냉장고, 스마트 CCTV, 스마트 텔레비전, 그리고 스마트 헬스케어와 같은 스마트 디바이스를 말하며, 사용 환경, 사용자 입력, 그리고 사용 패턴에서 데이터를 수집하고 인터넷을 통해서 사물 인터넷 애플리케이션과 데이터를 주고받는 기능을 수행한다.

- IoT 애플리케이션

IoT애플리케이션이란 다양한 사물 인터넷 디바이스에서 수신한 데이터를 통합하는 서비스 및 소프트웨어를 말하며, 인공지능의 학습 알고리즘을 사용하여 데이터를 분석하고 정보결정을 수행한다. 정보결정을 위해 사물 인터넷 디바이스는 입력된 정보를 처리하고, 그 결과를 IoT 디바이스에 전달하는 기능을 수행한다.

- 그래픽 사용자 인터페이스

그래픽 사용자 인터페이스란 인터페이스를 통해서 IoT 디바이스 또는 디바이스 플릿을 관리하는 기능을 말하며, 스마트 디바이스를 등록하고 제어하는 데 사용하는 모바일 애플리케이션 또는 웹 사이트가 대표적인 사용자 인터페이스 기능이다.

10.3.3 IoT 활용분야

IoT는 다음과 같이 여러 분야에서 활용되고 있으며, 대표적인 활용분야를 살펴보면 다음과 같다.

| IoT 활용분야 |

- 스마트 홈

스마트 홈은 주로 집안 모니터링과 스마트 기기 제어를 위해 사용되며, 예를 들어 스마트 콘센트는 전기 사용량을 모니터링 하는데 사용되고, 스마트 온도 조절기는 온도 제어를 위해 사용된다. 그리고 수경재배 시스템은 IoT 센서를 사용하여 정원을 관리하는 데 사용되며, IoT 연기 감지기는 담배 연기를 감지하는 데 사용된다. CCTV, 스마트 도어록, 화재 감지기 등과 같은 주택 보안 시스템은 위험 및 위협을 감지하고 방지하는 데 사용되며, 스마트 홈이 수행하는 기능을 살펴보면 다음과 같다.

- 사용하지 않는 디바이스 자동관리
- 자산 관리 및 유지 보수
- 사물 등의 물건 찾기
- 청소기 돌리기, 커피 내리기 등의 일상적인 태스크 자동화

• 스마트 커넥티드 카

스마트 커넥티드 카는 자동차의 가속기, 브레이크, 속도계, 주행 거리계, 바퀴 및 연료 탱크에서 데이터를 수집하여 운전자 행동과 차량 상태를 모니터링하는 데 사용되며, 커넥티드 카가 수행하는 기능을 살펴보면 다음과 같다.

- 연료효율 향상과 비용절감을 위한 렌터카 플릿 모니터링
- 운전 행동 추적 및 모니터링
- 자동차 충돌 시 자동 알림
- 차량 유지 관리 필요성의 예측 및 예방

• 스마트 시티

스마트 시티는 도시 계획 및 인프라 유지 관리를 위해 사용되며, 인프라, 건강 및 환경 문제를 해결하기 위해 활용된다. 또한 스마트 시티는 도시재생 등 스마트 환경구축을 위해 사용되며, 스마트 시티가 수행하는 기능을 살펴보면 다음과 같다.

- 공기질 및 방사능 수치 측정
- 스마트 조명기능을 통한 에너지 비용 절감
- 거리, 교량 및 파이프라인과 같은 중요 인프라의 유지 보수 및 요구 감지
- 효율적인 주차 관리를 통한 수익 증대

• 스마트 빌딩

스마트 빌딩은 빌딩의 주차관리 및 운영을 스마트하게 수행하는 기능으로써 건물의 운영 효율성과 비용절감을 위해 사용된다. 스마트 빌딩은 대학의 캠퍼스 및 공공건물, 그리고 개인건물 등에 사용되며, 스마트 빌딩이 수행하는 기능을 살펴보면 다음과 같다.

- 건물 에너지 절감
- 건물 유지보수 비용절감
- 보다 효율적으로 건물 공간활용

• 스마트 가전

스마트 가전은 냉장고, 세탁기, 공기청정기, 그리고 전기밥솥 등 생활 가전을 원격으로 모니터링하고 제어하는 데 사용되며, 스마트 가전이 수행하는 기능을 살펴보면 다음과 같다.

- 유통기한 자동감지 및 알림 기능
- 원격제어 및 감시
- 온도조절 및 제어
- 전력량 모니터링 및 제어 등

10.3.4 IoT 장단점

IoT는 다양한 분야에 폭넓게 활용되고 있으며, IoT가 제공하는 장점과 문제점을 살펴보면 다음과 같다.

| IoT 장단점

• IoT 장점

- 접근성 용이

접근성 용이는 언제, 어디에서든지 시간과 공간의 제약을 받지 않고, 어떤 IoT 장치든 접근성을 용이하게 한다.

- 확장성

  확장성은 기존 클라우드에 IoT 장치를 추가 확장하는 기능을 용이하게 해 준다.

- 자원절감

  자원절감은 종이, 전기, 금속 등과 같은 자원소비를 줄여준다.

- 상호 협력성

  상호 협력성은 승인된 직원이 어디에서나 액세스가 가능하도록 여러 부서 간의 협업을 보장한다.

• IoT 단점
  - 보안침해 및 위협
  - 인터넷 연결
  - 데이터 이관
  - 트래픽
  - 비용발생 등

10.3.4 IoT 클라우드

IoT 클라우드는 IoT 장치 및 애플리케이션 데이터를 저장하는 광범위한 인터넷 기반의 네트워크를 말하며, 여기에는 실시간 운영 및 처리에 필요한 기본 인프라, 서버 및 스토리지가 포함되어 있다. IoT 클라우드는 다양한 IoT 장치와 애플리케이션을 연결하고 관리하는 기능을 수행하며, 이러한 기능을 수행하는 IoT 유형에는 스마트 홈, 스마트 팜, 스마트 카, 스마트 헬스케어 등이 있다.

일반적으로 IoT 클라우드는 IT 자원 이용이 한정된 기업을 위해 제공되며, IoT 장치 및 애플리케이션 구동에 필요한 인프라와 서비스를 제공한다. 이처럼 IoT 클라우드는 비용 효율적인 온디맨드 하이퍼스케일을 제공하기 때문에 기업은 IT 인프라와 서비스를 처음부터 구축하지 않고도 IoT의 기능을 수행할 수 있게 된다.

IoT 환경에서 데이터 수집과 처리는 IoT 장치를 통해서 수행되며, IoT 장치에는 장치와 장치 간의 통신을 수행하는 센서와 추적기가 내장되어 있다. 이러한 기능을 통해서 데이터 수집이 수행되며, 수집된 데이터는 데이터 센터로 전송되어 관리되게 된다. 일부 데이터 센터는 온프레미스에 데이터를 보관하기도 하지만 오늘날 대부분의 기업(50% 이상)들은 데이터를 클라우드에 저장하는 방식을 선호하고 있으며, IoT 클라우드 서비스가 수행되는 클라우드 환경은 그림10.6과 같다.

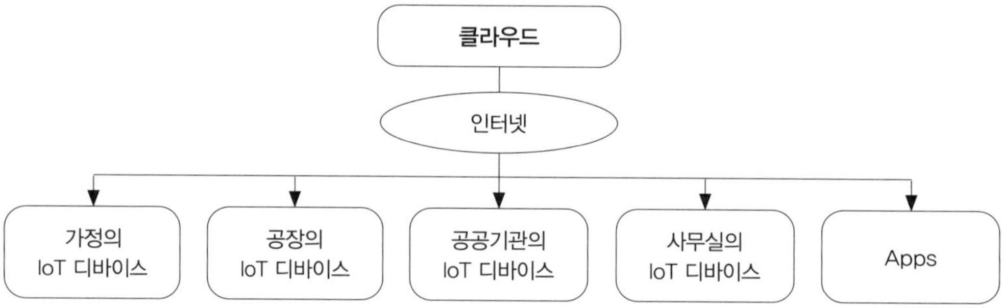

그림 10.6 IoT 클라우드 서비스 환경

그림에서 보듯이 IoT 클라우드는 인터넷을 통해서 여러 IoT 디바이스와 IoT 디바이스 간의 데이터 액세스가 수행되며, 이들 간의 데이터 서비스는 IaaS, PaaS, 그리고 SaaS 등의 플랫폼을 통해서 구현된다.

10.3.5 IoT, 빅데이터, 클라우드 컴퓨팅의 관계

IoT, 빅데이터, 클라우드 컴퓨팅은 서로 밀접한 관계를 가지고 있으며, 이들의 관계를 살펴보면 그림10.7과 같다.

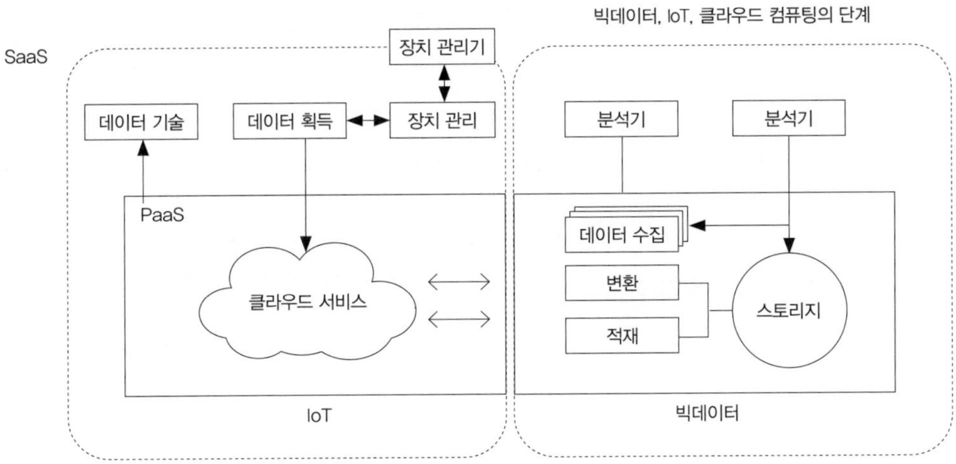

그림 10.7 IoT, 빅데이터, 클라우드 컴퓨팅의 관계

이미 앞 절에서 기술한 바와 같이 IoT는 가전제품, 센서, 자동차 등 스마트 기기가 서로 연결된 시스템이며, IoT 장치는 사람의 개입 없이 인터넷을 통해 통신하고 데이터를 전송하는 기능을 수행한다. 이처럼 IoT 기술은 자동화된 프로세스, 인건비 절감, 폐기물 감소, 향상된 서비스 제공 등과 같은 여러 가지 장점을 제공하며, IoT는 항상 실시간 데이터를 수집하게 된다. 예를 들어 스마트시티는 도시 곳곳에 IoT 센서를 설치해 교통, 조명 등과 관련된 데이터를 실시간으로 수집하며, 스마트 농업의 경우에는 센서를 현장에 배치해 토양 상태, 온도, 습도 등의 정보를 실시간으로 수집한다. 이렇게 수집된 정보들은 대용량의 크기의 속성을 가지고 있으며, 이들 정보들을 저장하고 관리하기 위해 빅데이터 기술이 요구된다. 스토리지에 이러한 대용량의 정보를 수집하고 저장하는 기술이 빅데이터이며, IoT는 실시간으로 도착하는 대량의 데이터를 획득하고 빅데이터에 저장하고 관리하는 기능을 제공한다. 따라서 이러한 기능들은 클라우드 컴퓨팅 환경을 통해서 사용목적에 따라 정보가 획득되기도 하고, 관리되기도 한다. 향후 클라우드 환경에서 인공지능, 빅데이터, 사물 인터넷은 상호 보완적인 기능을 가지면서 여러 분야에 융합되어 적용될 것으로 전망된다.

연습문제

1 인공지능이란 무엇인가?

2 빅 데이터란 무엇인가?

3 사물 인터넷이란 무엇인가?

4 인공지능 활용분야에 대해서 논하시오.

5 빅 데이터 활용분야에 대해서 논하시오.

6 사물 인터넷 활용분야에 대해서 논하시오.

참고문헌

1. Ray, Partha Pratim (2018). "An Introduction to Dew Computing: Definition, Con□cept and Implications - IEEE Journals & Magazine". IEEE Access. 6: 723–737. doi:10.1109/ACCESS.2017.2775042. S2CID 3324933.

2. Wray, Jared (2014-02-27). "Where's The Rub: Cloud Computing's Hidden Costs". Forbes. Archived from the original on 2014-07-14. Retrieved 2014-07-14.

3. Mosco, Vincent (2015). To the Cloud: Big Data in a Turbulent World. Taylor & Francis. p. 15. ISBN 9781317250388.

4. Announcing Amazon Elastic Compute Cloud (Amazon EC2) - beta. 24 August 2006. Archived from the original on 13 August 2014. Retrieved 31 May 2014.

5. Qian, Ling; Lou, Zhigou; Du, Yujian; Gou, Leitao. "Cloud Computing: An Overview". Retrieved 19 April 2021.

6. Windows Azure General Availability. The Official Microsoft Blog. Microsoft. 2010-02-01. Archived from the original on 2014-05-11. Retrieved 2015-05-03.

7. Announcing General Availability of AWS Outposts. Amazon Web Services, Inc. Archived from the original on 2021-01-21. Retrieved 2021-02-04.

8. "Remote work helps Zoom grow 169% in one year, posting $328.2M in Q1 revenue". TechCrunch. Archived from the original on 2023-01-17. Retrieved 2021-04-27.

9. "What is Cloud Computing?". Amazon Web Services. 2013-03-19. Archived from the original on 2013-03-22. Retrieved 2013-03-20.

10. Baburajan, Rajani (2011-08-24). "The Rising Cloud Storage Market Opportunity Strengthens Vendors". It.tmcnet.com. Archived from the original on 2012-06-17. Retrieved 2011-12-02.

11. "Recession Is Good For Cloud Computing - Microsoft Agrees". CloudAve. 2009-02-12. Archived from the original on 2010-08-14. Retrieved 2010-08-22.

12. He, Sijin; Guo, L.; Guo, Y.; Ghanem, M. (June 2012). "Improving Resource Utilisation in the Cloud Environment Using Multivariate Probabilistic Models". 2012 IEEE Fifth International Conference on Cloud Computing. 2012 2012 IEEE 5th International Conference on Cloud Computing (CLOUD). pp. 574-581. doi:10.1109/CLOUD.2012.66. ISBN 978-1-4673-2892-0. S2CID 15374752.

13. King, Rachael (2008-08-04). "Cloud Computing: Small Companies Take Flight". Bloomberg BusinessWeek. Archived from the original on 2010-08-07. Retrieved 2010-08-22.

14. Kuperberg, Michael; Herbst, Nikolas; Kistowski, Joakim Von; Reussner, Ralf (1 January 2011). Defining and Quantifying Elasticity of Resources in Cloud Computing and Scalable Platforms. Karlsruher Institut für Technologie. doi:10.5445/IR/1000023476. Archived from the original on 6 April 2013. Retrieved 12 December 2023.

15. "Economies of Cloud Scale Infrastructure". Cloud Slam 2011. Archived from the original on 2021-10-27. Retrieved 13 May 2011.

16. He, Sijin; L. Guo; Y. Guo; C. Wu; M. Ghanem (March 2012). "Elastic Application Container: A Lightweight Approach for Cloud Resource Provisioning". 2012 IEEE 26th International Conference on Advanced Information Networking and Applications. 2012 IEEE 26th International Conference on Advanced Information Networking and Applications (AINA). pp. 15-22. doi:10.1109/AINA.2012.74. ISBN 978-1-4673-0714-7. S2CID 4863927.

17. Marston, Sean; Li, Zhi; Bandyopadhyay, Subhajyoti; Zhang, Juheng; Ghalsasi, Anand (2011-04-01). "Cloud computing - The business perspective". Decision Support Systems. 51 (1): 176-189. doi:10.1016/j.dss.2010.12.006.

18. Mills, Elinor (2009-01-27). "Cloud computing security forecast: Clear skies". CNET News. Archived from the original on 2020-01-28. Retrieved 2019-09-19.

19. Bratton, Benjamin H. (2015). The stack: on software and sovereignty. Software studies. Cambridge, Mass. London: MIT press. ISBN 978-0-262-02957-5.

20. Shurma, Ramesh (8 Mar 2023). "The Hidden Costs Of Cloud Migration". Forbes.

21. Duan, Yucong; Fu, Guohua; Zhou, Nianjun; Sun, Xiaobing; Narendra, Nanjangud; Hu, Bo (2015). "Everything as a Service (XaaS) on the Cloud: Origins, Current and Future Trends". 2015 IEEE 8th International Conference on Cloud Computing. IEEE. pp. 621-628. doi:10.1109/CLOUD.2015.88. ISBN 978-1-4673-7287-9. S2CID 8201466.

22. Amies, Alex; Sluiman, Harm; Tong, Qiang Guo; Liu, Guo Ning (July 2012). "Infrastructure as a Service Cloud Concepts". Developing and Hosting Applications on the Cloud. IBM Press. ISBN 978-0-13-306684-5. Archived from the original on 2012-09-15. Retrieved 2012-07-19.

23. Boniface, M.; et al. (2010). Platform-as-a-Service Architecture for Real-Time Quality of Service Management in Clouds. 5th International Conference on Internet and Web Applications and Services (ICIW). Barcelona, Spain: IEEE. pp. 155-160. doi:10.1109/ICIW.2010.91.

24. "Integration Platform as a Service (iPaaS)". Gartner IT Glossary. Gartner. Archived from the original on 2015-07-29. Retrieved 2015-07-20.

25. Gartner; Massimo Pezzini; Paolo Malinverno; Eric Thoo. "Gartner Reference Model for Integration PaaS". Archived from the original on 1 July 2013. Retrieved 16 January 2013.

26. Enterprise CIO Forum; Gabriel Lowy. "The Value of Data Platform-as-a-Service (dPaaS)". Archived from the original on 19 April 2015. Retrieved 6 July 2015.

27. "Definition of: SaaS". PC Magazine Encyclopedia. Ziff Davis. Archived from the original on 14 July 2014. Retrieved 14 May 2014.

28. Carney, Michael (2013-06-24). "AnyPresence partners with Heroku to beef up its enterprise mBaaS offering". PandoDaily. Archived from the original on 2013-06-27. Retrieved 24 June 2013.

29. "built.io Is Building an Enterprise MBaas Platform for IoT". programmableweb. 2014-03-03. Archived from the original on 2014-03-06. Retrieved 3 March 2014.

30. Sbarski, Peter (2017-05-04). Serverless Architectures on AWS: With examples us-

ing AWS Lambda (1st ed.). Manning Publications. ISBN 9781617293825.

31. "Self-Run Private Cloud Computing Solution - GovConnection". govconnection.com. 2014. Archived from the original on April 6, 2014. Retrieved April 15, 2014.

32. "There's No Such Thing As A Private Cloud - Cloud-computing -". 2013-01-26. Archived from the original on 2013-01-26.

33. "FastConnect | Oracle Cloud Infrastructure". cloud.oracle.com. Archived from the original on 2017-11-15. Retrieved 2017-11-15.

34. Butler, Brandon (2017-10-17). "What is hybrid cloud computing? The benefits of mixing private and public cloud services". Network World. Archived from the original on 2019-08-11. Retrieved 2019-08-11.

35. "Gartner Forecasts Worldwide Public Cloud End-User Spending to Reach Nearly $500 Billion in 2022". Archived from the original on 2022-07-25. Retrieved 2022-07-25.

36. "Cloud's trillion-dollar prize is up for grabs". McKinsey. Archived from the original on 2022-07-25. Retrieved 2022-07-30.

37. "Gartner Says More Than Half of Enterprise IT Spending in Key Market Segments Will Shift to the Cloud by 2025". Archived from the original on 2022-07-25. Retrieved 2022-07-25.

38. https://blog.naver.com

39. 방송통신위원회(2011년)『스마트워크 활성화 추진계획』.

40. 이종득(2019), 운영체제, 전북대학교 출판문화원

41. 정용찬(2012a).『빅데이터 혁명과 미디어 정책 이슈』(KISDI Premium Report 12-02). 정보통신정책연구원.

42. 정용찬(2012b).『빅데이터, 빅브라더』. KISDI 전문가컬럼. 2012.6. 정보통신정책연구원.

43. Executive Office of the President(2010년) Designing a Digital Future. President's Council of Advisors on Science and Technology.

44. O'Reilly Radar Team(2012년) Planning for Big Data. O'Reilly. Vital Wave Consulting(2012년) Big Data, Big Impact: New Possibilities for International Development. World Economic Forum.

45. [네이버 지식백과] 빅데이터 정의 (빅데이터, 2013. 2. 25., 정용찬)

46. Hillbert M, Lopez P (2011) The world's technological capacity to store, communicate and compute information. Science III:62-65

47. J. Hellerstein," Gigaom Blog,"2019. Available: https://gigaom.com/2008/11/09/mapreduce-leads-the-way-for-parallelprogramming/. Accessed 20 Jan 2021

48. Statista,"Statista,"2020. Available: https://www.statista.com/statistics/871513/worldwide-data-created/. Accessed 21 Jan 2021

49. Reinsel D, Gantz J, Rydning J (2017) Data age 2025: the evolution of data to-life critical. International Data Corporation, Framingham

50. Forbes, "Forbes", 2020. Available: https://www.forbes.com/sites/bernardmarr/2018/05/21/how-muchdata-do-we-create-every-day-the-mind-blowing-stats-everyone-shouldread/?sh=5936b00460ba

51. Kaisler S, Armour F, Espinosa J (2013) Big data: issues and challenges moving forward, Wailea, Maui, HI, s.n, pp 995-1004

52. Wikipedia," Wikipedia," 2018. Available: https://www.en.wikipedia.org/wiki/Bigdata/. Accessed 4 Jan 2021

53. D. Gewirtz," ZDNet," 2018. Available: https://www.zdnet.com/article/volume-velocity-and-varietyunderstanding-the-three-vs-of-big-data/. Accessed 1 Jan 2021

54. Weathington J (2012) Big Data Defined. Tech Republic. https://www.techrepublic.com/article/big-data-defined/

55. PCMagazine," PC Magazine," 2018. Available: http://www.pcmag.com/encyclopedia/term/62849/big-data. Accessed 9 Jan 2021

56. WhishWorks, "WhishWorks", 2019. Available: https://www.whishworks.com/blog/data-analytics/understanding-the3-vs-of-big-data-volume-veloci-

ty-and-variety/. Accessed 23 Jan 2021

57. Yadav S, Sohal A (2017) Review paper on big data analytics in Cloud computing. Int J Comp Trends Technol (IJCTT) IX. 49(3);156-160
58. Kimball R, Ross M (2013) The data warehouse toolkit: the definitive guide to dimensional modeling, 3rd edn. John Wiley & Sons
59. LaprinthX, "LaprinthX,"2018. Available: https://laptrinhx.com/better-faster-smarter-elt-vs-etl-2084402419/. Accessed 22 Jan 2021
60. Xplenty, "XPlenty, ", 2019. Available: https://www.xplenty.com/blog/etl-vs-elt/#. Accessed 20 Jan 2021
61. Forbes,"Forbes,",2018. Available: https://www.forbes.com/sites/forbestechcouncil/2019/11/06/fivebenefits-of-big-data-analytics-and-how-companies-can-getstarted/?sh=7e1b901417e4. Accessed 13 Jan 202
62. EDHEC, "EDHEC, ", 2019. Available: https://master.edhec.edu/news/three-ways-educators-are-using-bigdata-analytics-improve-learning-process#. Accessed 6 Jan 2021
63. 냉장고에서 전등까지 스마트화(2020), 일상이 된 IoT 기술, IT 동아.
64. 사물과 사물이 인터넷으로 대화를 나눈다, 용어로 보는 IT, 이지영,
65. www.akamai.com/glossary
66. Avi Networks
67. www.cloudflare.com
68. Rouse, Margaret. "What is public cloud?". Definition from Whatis.com. Archived from the original on 16 October 2014. Retrieved 12 October 2014.

찾아보기

5G(5th Generation) 4
6G(6th Generation) 4

영어

A

AaaS 270
Absolute Loader 193
Amazon 33, 35, 50, 60, 61, 78, 79, 98, 281
Amazon Web Services 33, 50, 61, 281
Apache Hadoop 18
API 26, 33, 50, 58, 61, 74, 77, 78, 120, 221, 224
App Engine 22
Application 14, 50, 61, 62, 99, 162, 187, 282, 283
Application Software 162
ARP 129, 132
Artificial Intelligence 4, 168, 225, 253, 255, 260
Artificial Intelligence Cloud 260
AS 33, 35, 76, 137, 155, 210
as-a-Service 24, 55, 283
assembler 186, 187, 189, 242
AWS 33, 50, 60, 61, 281, 283, 284

B

Back-end 41
Bare-metal 111
Batch Processing Systems 171
Big Data 4, 262, 281, 285
Big Query 26
Block Type Storage 76
Broad network access 12

C

CDCS 242
CDN 117
Centralized Processing System 238
CIDR 145, 146, 147, 157
Client-Server 36
Cloud 4, 11, 18, 19, 20, 21, 26, 27, 33, 35, 40, 49, 50, 60, 61, 73, 79, 98, 120, 196, 219, 223, 260, 266, 281, 282, 283, 284, 286
Cloud Computing 4, 11, 27, 281, 282, 283, 284
Cloud Management Platform 223
Cloud operating systems 21
Cloud OS 196
Cloud Service Provider) 49
CMP 129, 132, 140, 223, 225, 233
CMS 219
compiler 186
Computation Migration 196
Computer Network 124
Congestion Control 139
Connection Control 127
Connectionless Data Transfer 127

Container 18, 282
Context Switching 178
Control Program 185, 186
CPU 42, 64, 71, 84, 92, 99, 106, 109, 110, 118, 144, 166, 171, 172, 173, 174, 175, 176, 177, 178, 179, 181, 188, 199, 200, 201, 209, 210, 211, 241

D

Data Management Program 185
Data Migration 196
DDoS 123
Deep Learning 256
Dew Computing 37, 281
Distributed Processing 17, 181, 183, 237
Distributed Processing Systems 181
DNS 117
Dropbox 37
DSP 206
Dynamic Loading 194
Dynamic Routing Algorithm 136

E

EBS 79
EC2 22, 26, 33, 98, 281
EC2(Elastic Computing Cloud) 26
EFS 79
EGP 136, 137
ELT 268
Embedded Computing 205, 207
Embedded Operating Systems 201, 202
EMR(Elastic Map Reduce) 26
End User 162, 166
Error Control 127
ETL 268, 270
Event-driven 212
External Cloud 19

F

FaaS 20, 24, 49, 59, 60, 67
fault tolerance 18
FF 258
File Type Storage 75
Firmware 208, 210
Flow Control 127, 139
Fog Computing 37
fogging 37
Fragmentation 126
Front-end 41, 49, 270
Full Virtualization 109

G

Google 23, 24, 25, 26, 33, 35, 41, 50, 60, 61, 198
Google Docs 23, 24, 25, 33
Google Prediction API 26
Google Spreadsheet 25
GPU 42, 64, 84, 99
Greedy Computing 36

H

HDD 72, 73, 74
Hybrid cloud 15, 20, 27, 43
Hybrid Cloud 18, 19
Hypervisor 18

I

IaaS 20, 21, 24, 25, 36, 49, 54, 55, 56, 60, 61,

66, 67, 269, 270, 278
ICMP 129, 132, 140
Idle Time 171
IGP 136, 137
Infrastructure 14, 20, 21, 24, 282, 283, 284
Interactive Systems 174, 175
Internal Cloud Service 18
Internet of Things 4, 125, 140, 168, 272, 273
interpreter 186
Intranet 11
IoT 7, 20, 37, 38, 125, 140, 253, 265, 266, 272, 273, 274, 275, 276, 277, 278, 279, 283, 286
IPv4 140, 141, 145
IPv6 140, 141
ISP 219

J

Job Control Program 186

L

LAN 21, 64, 134, 138, 169, 182, 194, 240, 241, 242, 249, 250, 273
Language Translator Program 186
Layer 65, 66
Linkage Editor 186, 191
Linker 163, 191
linking 192
Linux 96, 99, 101, 104, 210, 221
Loader 163, 191, 192, 193
Loading 194
loose coupled 37
LOS 195

M

MAC 129, 132, 134, 143, 144
Machine Learning 256
Mainframe Computer 38
MBaaS 20, 24, 49
Measured service 12
MIB 228
multiplex 107, 108
Multi-Processing Systems 180
Multi-programming Systems 177

N

NACL 122
Network Computing 40
NIST 11, 21, 27
NOS 195

O

Object Type Storage 76
Off-line Systems 173, 174
on-demand availability 31
On-demand self-service 12
On-line Systems 174, 175
On-Premises 21
OpenStack 33
OS 35, 99, 101, 102, 107, 109, 110, 111, 126, 128, 129, 130, 134, 136, 138, 140, 161, 162, 163, 167, 169, 195, 196, 197, 198, 202, 210, 211
OSI 126, 128, 129, 130, 134, 136, 138, 140

P

P2P 34, 39
PaaS 20, 22, 24, 36, 49, 50, 54, 55, 58, 59,

60, 61, 62, 66, 67, 269, 270, 278, 279, 283
PAD 242, 244
Para Virtualization 110
PCN 120
PDU 128
Physical computing 44
Platform 14, 20, 22, 24, 59, 79, 223, 282, 283
Private Cloud 19, 120, 284
Problem Program 186
Processing Program 186
Process Migration 196
Processor Pool 239, 241
Public Cloud 19, 120, 284

R

RAM 64, 71, 106, 206, 210
Rapid elasticity 12
RAS 155
Real-Time System 171
Reinforcement Learning 258
Relocating Loader 193
relocation 192
Remote Job Entry 32
Remote View 36
Resource pooling 12
RTOS 211

S

S3(Simple Storage Service) 26
SaaS 20, 23, 24, 36, 39, 49, 54, 55, 56, 57, 58, 60, 61, 62, 66, 67, 75, 223, 269, 270, 278, 279, 283
SAN 72
Sandbox 40
Semantic 126
Sequencing 128
server 17, 20
Server-based Computing 38
Service Program 186
Simple DB 26
SmartCloud 33, 35
Smart Device 273
Snapchat 264
Static Routing Algorithm 136
Supervisor Program 185
Synchronization 128
Syntax 126
system call 110
System Program 187
System Software 162, 163

T

TCP/IP 128, 129, 131, 132, 138, 154, 155
Throughput 164, 165
Tightly Coupled System 180
Time Quantum 175, 176
Time Sharing 32
time slice 176
Timing 126
Topology 239, 244, 250
Turnaround Time 164

U

USB 72, 73, 74, 166
Utility Computing 39

V

Virtualization 17, 91, 109, 110
Virtual Machine 50, 92, 95, 99, 100, 109, 220
VLAN 21
VM 92, 93, 94, 95, 98, 99, 100, 101, 102, 103, 104, 107, 111, 118, 220, 223
VPC 120, 121, 122, 123
VPN 34, 117

W

WAN 36, 152, 240, 241, 249, 250
Window Azure 22
Windows 22, 96, 99, 104, 198, 281

한국어

ㄱ

가상네트워크 120, 151
가상머신 6, 21, 23, 24, 50, 89, 94, 95, 98, 99, 100, 101, 103, 105, 106, 107, 108, 112, 118, 197, 198, 224, 226
가상 사설망 34, 117
가상자원 12
가상화 5, 6, 17, 18, 32, 40, 42, 43, 44, 50, 53, 54, 55, 61, 62, 63, 65, 78, 83, 89, 91, 92, 93, 94, 95, 96, 97, 98, 99, 100, 101, 103, 104, 105, 106, 107, 108, 109, 110, 111, 112, 118, 151, 153, 154, 196, 197, 198
가트너 35, 225, 233
강결합 시스템 180
객체 21, 75, 76, 77, 78, 79, 258
객체타입 76, 77
거버넌스 221, 223, 268
게이트웨이 121, 134, 182
경로 26, 76, 77, 131, 134, 135, 136, 138, 140, 150, 151
경로 알고리즘 136
경성 실시간 컴퓨팅 213
계층구조 6, 43, 46, 47, 64, 65, 66, 77, 126, 128, 129, 130, 131, 132, 183, 184
고장허용 102, 103
공개형 클라우드 18, 19, 27
공용망 151
광역 통신망 194, 240, 249, 250
구글 22, 23, 24, 25, 26, 35, 49, 72, 73, 92, 97, 107, 202, 272
그리드 컴퓨팅 36, 37, 39, 46
근거리 통신망 194, 195, 240, 249, 250
기억장치 71, 73, 103, 166, 167, 172, 176, 177, 179, 181, 185, 188, 191, 192, 193, 194, 199

ㄴ

내부 클라우드 서비스 18
네이버 21, 92, 272, 273, 285
네트워크 계층 128, 129, 131, 132, 134, 136, 138, 140
네트워크 위상 239, 240, 244
네트워크 컴퓨팅 40

ㄷ

다음 11, 15, 18, 19, 21, 22, 23, 34, 36, 41, 44, 51, 53, 55, 58, 59, 60, 63, 64, 65, 73, 75, 79, 80, 82, 83, 85, 86, 93, 96, 100, 101, 102, 105, 107, 108, 109, 110, 111, 116, 118, 119, 121, 125, 130, 133, 137, 139, 140, 141, 143, 144, 145, 147, 151, 152, 153, 154, 161,

163, 164, 165, 166, 167, 168, 170, 171, 173, 174, 175, 177, 179, 180, 181, 182, 184, 185, 186, 188, 189, 190, 192, 193, 194, 197, 199, 200, 202, 203, 204, 207, 208, 210, 211, 212, 221, 223, 226, 230, 231, 232, 238, 239, 240, 243, 244, 249, 256, 257, 258, 260, 267, 268, 269, 270, 273, 274, 275, 276
다중처리 시스템 180
다중프로그래밍 시스템 177, 178, 179
다중 프로세서 169, 180
다중화 107, 108
단편화 126, 127
대역폭 12, 115, 117, 119, 134, 273
데이터링크 계층 127, 128, 131, 132, 134
동기화 128, 180, 184, 203
동적 로딩 193, 194
동적 링킹 193, 194
동적 할당 102, 103
듀 컴퓨팅 37, 38, 46
딥러닝 258

ㄹ

라우터 63, 64, 97, 115, 117, 118, 121, 131, 133, 134, 135, 136, 137, 138, 145, 153
라우팅 37, 50, 117, 121, 123, 131, 132, 134, 135, 136, 137, 138, 145, 147
라우팅 알고리즘 136
런타임 23, 42, 55, 61, 83, 104
로더 163, 187, 188, 191, 192, 193
로드 밸런서 21, 63, 117, 122
로딩 191, 192, 193, 194
리눅스 206, 210
리소스 12, 15, 17, 18, 19, 21, 24, 25, 31, 40, 41, 42, 44, 49, 50, 52, 53, 54, 55, 63, 64, 78, 80, 82, 83, 84, 85, 87, 98, 99, 100, 102, 103, 104, 105, 115, 116, 117, 118, 120, 121, 123, 157, 196, 198, 219, 220, 221, 222, 223, 224, 226, 230, 231, 232, 261, 269
리피터 134
링 구조 247, 248
링커 163, 188, 191, 192, 193
링킹 192, 193, 194

ㅁ

마이크로소프트 22, 24, 25, 49, 211
망구조 115, 122, 124, 125, 250, 259
매크로 187, 188, 189, 190, 191
머신러닝 80, 222, 256, 257, 258, 260
멀티캐스트 143, 144, 145
멀틱스 34, 198
메모리 63, 64, 72, 73, 74, 91, 92, 95, 99, 100, 103, 106, 118, 169, 181, 184, 199, 200, 206, 207, 208, 209, 210, 259
메인 프레임 38, 93, 180
모바일 폰 125, 127, 202
무결성 154
문맥교환 178, 179, 200
문제 프로그램 185, 186
물리계층 127, 128, 129, 130, 131, 132, 134

ㅂ

바이트 26, 77, 107, 141, 142, 263, 265
반가상화 6, 89, 108, 109, 110, 111, 112
방화벽 21, 42, 63, 84, 85, 115, 118, 119, 120,

122, 155
배포모델 43
백업 21, 42, 45, 51, 63, 77, 79, 80, 84, 116, 197
백엔드 24, 41, 55, 60, 82, 83, 84, 197, 198
벤더종속 82
보안성 17, 52, 54, 75, 79, 80, 87, 120, 122, 152, 155
분산처리 5, 7, 17, 18, 25, 37, 181, 182, 183, 194, 235, 237, 238, 239, 240, 244, 249, 251
브로드캐스트 143, 144, 149, 150
브리지 34, 134, 242
블록 21, 75, 76, 77, 78, 79, 88, 127, 212, 266
블록타입 76
비연결형 127, 140
비트 126, 127, 140, 141, 142, 145, 148, 149, 210
비트스트림 127
빅데이터 6, 7, 9, 25, 26, 64, 77, 253, 255, 256, 260, 262, 263, 264, 265, 266, 267, 268, 269, 270, 271, 278, 279, 284, 285
빅쿼리 26

ㅅ

사물인터넷 125, 140, 272, 273
사설망 34, 115, 117
샌드박스 40
서버기반 컴퓨팅 39, 40
서브넷 121, 122, 145, 147, 148, 149, 150, 157
서비스 인프라 6, 47, 63, 64, 67
서비스 프로그램 185, 186
성형 구조 247
세션계층 128, 129, 130
소프트웨어 4, 11, 13, 14, 15, 16, 20, 21, 22, 23, 24, 25, 26, 33, 35, 40, 41, 42, 49, 52, 55, 56, 58, 59, 61, 63, 74, 79, 82, 83, 84, 93, 94, 95, 96, 98, 99, 100, 101, 102, 108, 109, 115, 116, 117, 120, 162, 163, 168, 186, 187, 188, 196, 197, 198, 201, 202, 203, 205, 208, 209, 210, 220, 223, 224, 255, 258, 262, 270, 274
순서화 128
스레드 198, 200, 201
스위치 63, 64, 97, 118, 134, 209
스케일 98, 277
스토리지 5, 6, 11, 12, 13, 14, 17, 18, 21, 23, 24, 25, 26, 31, 32, 39, 41, 42, 44, 49, 50, 53, 55, 58, 61, 62, 63, 64, 69, 71, 72, 73, 74, 75, 76, 77, 78, 79, 80, 81, 82, 83, 88, 92, 94, 95, 98, 99, 100, 115, 118, 123, 196, 197, 223, 228, 231, 269, 271, 277, 279
시간할당량 176
시멘틱 126
시분할 32, 34, 38, 168, 169, 175, 176, 177, 199, 212, 241
시스템 소프트웨어 163, 188, 205
시스템 프로그램 185, 187, 191, 192, 211
식별자 76, 141, 142, 143
신뢰성 32, 44, 54, 139, 140, 145, 164, 180, 181, 182, 183, 207, 209, 238, 239, 244, 245, 249, 250, 267
실시간처리 169, 172, 173

ㅇ

아마존 21, 22, 25, 26, 35, 49, 98, 124

아웃소싱 81
암호화 75, 80, 87, 123, 130, 153, 154, 155, 229
약결합 시스템 180
어셈블러 163, 186, 187, 188, 189, 191
연결제어 127
연결형 127, 128, 140
연성 실시간 컴퓨팅 213, 214
오류제어 127, 131
오프라인 시스템 173, 174
오픈 네뷸라 35
온라인 시스템 174, 175
운영체제 5, 7, 21, 22, 42, 49, 50, 55, 56, 58, 61, 83, 93, 94, 95, 96, 99, 100, 101, 102, 104, 105, 106, 107, 108, 159, 161, 162, 163, 164, 165, 166, 167, 168, 169, 170, 171, 174, 177, 181, 183, 184, 185, 187, 188, 194, 195, 196, 197, 198, 199, 201, 202, 203, 204, 205, 206, 210, 211, 212, 213, 215, 221, 223, 231, 237, 238, 246, 284
워크플로우 232
원격 뷰 36, 46
원격접근 156
유니캐스트 143, 144
유틸리티 컴퓨팅 32, 39
유휴시간 171, 175, 176
응답시간 164, 171, 175, 228, 229
응용계층 126, 128, 129, 130, 132
응용 도메인 14
이벤트 구동 212
익스트라 넷 155, 156
인공지능 4, 7, 49, 80, 168, 169, 170, 205, 253, 255, 256, 257, 258, 259, 260, 262, 274, 279, 280
인공지능 클라우드 7
인스턴스 104, 118, 119, 122, 232, 262
인증 120, 152, 153, 154
인터네트워킹 133, 134
인터클라우드 43
인트라넷 11, 43, 64, 74, 154, 155
인프라 6, 14, 15, 21, 22, 23, 26, 31, 32, 33, 34, 35, 39, 41, 42, 47, 49, 50, 54, 55, 58, 59, 60, 61, 63, 64, 67, 71, 75, 78, 82, 83, 84, 87, 98, 99, 100, 115, 117, 118, 119, 120, 121, 123, 155, 196, 197, 198, 219, 220, 221, 224, 225, 230, 232, 275, 277
인프라 스트럭쳐 14
일괄처리 168, 169, 171, 172, 199, 215, 266
임베디드 시스템 201, 202, 203, 204, 205, 206, 207, 208, 209
임베디드 컴퓨팅 202, 205, 206, 207

ㅈ

자동화 50, 87, 95, 98, 176, 197, 202, 219, 221, 222, 223, 230, 232, 257, 260, 261, 262, 275, 279
자원관리 165, 166, 167, 195, 196, 197, 226, 227, 232
재결합 126, 127
재배치 192, 193, 228
전가상화 6, 89, 108, 109, 110, 111, 112
전송계층 128, 129, 130, 131, 132, 138
전자상거래 38, 124, 133, 138, 205, 260
주소지정 118, 140
주소체계 140, 141, 142, 143, 145, 147

중앙처리장치 91, 164, 166

ㅊ

처리율 17, 45, 93, 164, 165, 178, 180, 198, 212, 228, 229
추상화 44, 63, 64, 67, 91, 92, 101

ㅋ

커넥터 122
커뮤니티 클라우드 20
컴파일러 163, 186, 191, 192, 210
컴퓨터 네트워크 7, 31, 113, 124, 125, 128, 131, 139, 250
컴퓨팅 자원 11, 12, 18, 53, 65, 66, 92, 95, 99, 100, 115
콘테이너 6, 89, 105
클라우드 1, 3, 4, 5, 6, 7, 9, 11, 13, 14, 15, 16, 17, 18, 19, 20, 21, 22, 23, 24, 25, 26, 27, 29, 31, 32, 33, 34, 35, 36, 37, 38, 39, 40, 41, 42, 43, 44, 46, 47, 49, 50, 51, 52, 53, 54, 55, 56, 57, 58, 59, 60, 61, 62, 63, 64, 65, 66, 67, 69, 71, 72, 73, 74, 75, 76, 78, 79, 80, 81, 82, 83, 84, 85, 86, 87, 88, 89, 91, 92, 97, 98, 99, 100, 101, 105, 108, 112, 113, 115, 116, 117, 118, 119, 120, 121, 122, 123, 124, 151, 157, 159, 161, 170, 194, 196, 197, 198, 199, 201, 202, 215, 217, 219, 220, 221, 222, 223, 224, 225, 226, 227, 228, 229, 230, 231, 232, 233, 235, 237, 238, 251, 253, 255, 260, 261, 262, 263, 268, 269, 270, 271, 272, 277, 278, 279, 280, 288
클라우드 계층구조 6, 47, 64, 65
클라우드 네트워킹 43, 116, 117
클라우드 운영체제 5, 7, 159, 161, 196, 197, 198, 215, 221
클라우드 컴퓨팅 1, 3, 4, 5, 6, 9, 11, 13, 14, 15, 16, 17, 18, 20, 21, 24, 26, 27, 29, 31, 32, 33, 34, 35, 36, 37, 39, 40, 41, 42, 43, 44, 46, 49, 50, 52, 54, 55, 58, 59, 60, 61, 62, 63, 65, 71, 76, 78, 82, 83, 84, 87, 88, 97, 98, 99, 101, 108, 112, 115, 117, 170, 196, 198, 199, 201, 202, 219, 223, 230, 237, 251, 260, 262, 263, 269, 270, 271, 278, 279, 280, 288
클라이언트 서버 36
클래스 140, 141, 142, 143, 145, 157

ㅌ

타이밍 126
태스크 42, 83, 84, 93, 96, 199, 200, 203, 211, 212, 223, 256, 257, 275
터널링 92, 153
템플릿 98
통신망 18, 36, 170, 183, 194, 195, 239, 240, 249, 250, 251

ㅍ

파일 21, 23, 37, 40, 71, 72, 73, 74, 75, 76, 77, 78, 79, 81, 88, 94, 95, 97, 104, 106, 130, 163, 166, 167, 170, 182, 184, 185, 186, 191, 192, 199, 209, 210, 211, 222, 239, 241, 242, 246, 267, 268
파일타입 75, 76
패킷 117, 119, 132, 134, 135, 136, 137, 138,

139, 144, 150, 242
팬데믹 33, 35, 124
퍼블릭 클라우드 15, 27, 50, 52, 53, 75, 85, 86, 120, 197, 198, 220, 225, 226
펌웨어 168, 208, 209, 210
폐쇄형 클라우드 18, 19, 27, 35
포그 컴퓨팅 36, 37, 38, 46
표현계층 128, 129, 130
프런트엔드 41, 44, 82, 83, 84
프로그램 13, 16, 22, 26, 31, 35, 38, 39, 40, 77, 100, 101, 106, 107, 108, 155, 163, 166, 169, 170, 172, 174, 175, 176, 177, 178, 179, 184, 185, 186, 187, 188, 189, 190, 191, 192, 193, 194, 199, 200, 201, 204, 205, 206, 207, 208, 210, 211, 240, 241, 242
프로비저닝 17, 21, 53, 108, 222, 223, 225, 230
프로세스 38, 82, 87, 100, 101, 103, 107, 131, 165, 166, 167, 177, 179, 184, 196, 197, 198, 199, 200, 201, 211, 212, 213, 219, 220, 222, 230, 231, 256, 257, 260, 261, 262, 268, 269, 279
프로시저 24, 199
프로토콜 122, 125, 126, 127, 129, 132, 133, 134, 135, 136, 137, 138, 139, 140, 145, 152, 153, 154, 155, 157, 183, 205, 242, 244
플랫폼 5, 6, 7, 12, 14, 22, 23, 32, 34, 35, 37, 41, 47, 49, 50, 51, 52, 53, 54, 55, 56, 57, 58, 59, 60, 61, 64, 65, 66, 67, 76, 82, 83, 84, 98, 101, 123, 196, 197, 211, 217, 220, 222, 223, 224, 225, 257, 261, 269, 270, 278

ㅎ

하둡 18, 267
하드웨어 11, 14, 15, 17, 20, 22, 32, 33, 34, 35, 40, 42, 43, 44, 45, 49, 50, 52, 58, 61, 63, 64, 67, 71, 81, 82, 84, 93, 94, 96, 98, 99, 101, 102, 103, 104, 106, 107, 108, 109, 110, 111, 162, 163, 164, 182, 183, 184, 196, 197, 198, 201, 205, 206, 208, 210, 215, 239, 255
하이브리드 클라우드 15, 19, 27, 33, 75, 82, 85, 86, 120, 123, 197, 198, 224, 225, 226, 230
하이퍼바이저 18, 21, 42, 63, 74, 83, 94, 95, 97, 98, 99, 100, 101, 102, 103, 105, 106, 107, 108, 109, 110, 111, 112
허브 97, 133, 134
혼잡제어 139
혼합형 클라우드 18, 19, 35
홉 135

클라우드 컴퓨팅의 이해

지은이 이종득
펴낸이 양오봉
펴낸곳 전북대학교출판문화원

초판 1쇄 인쇄 2024. 8. 5
초판 1쇄 발행 2024. 8. 10

전북대학교출판문화원 전북특별자치도 전주시 완산구 어진길 32 (풍남동2가)
전화 (063) 219-5319~5322
FAX (063) 219-5323
출판등록 2012년 8월 20일 제465-2012-000021호

저자 및 출판사의 허락 없이 이 책의 일부 또는 전부를 무단 복제·전재·발췌할 수 없습니다.
잘못된 책은 바꿔 드립니다.

값 24,000원

ISBN 979-11-6372-228-1 93560